KB126813

불륜의 심리학

불륜의 심리학

게르티 젱어·발터 호프만 지음 | 함미라 옮김

우리는 왜 사랑하는 사람을 두고
또 다른 사랑을 꿈꾸는가?

탐나는책

그림자 키스, 그림자 사랑,

그림자 인생, 대단하지!

바보 같은 여자여, 그대는 믿는가,

모든 것이 변치 않고, 영원하리라고?

우리가 사랑이라며 단단히 붙잡고 있는 것은

꿈결처럼 사라질지니

가슴은 망각에 빠지고

두 눈은 잠들리라.

- 하인리히 하이네Heinrich Heine

일러두기

본문 속 역주의 일부 로마자는 원서처럼 독어식 표기를 우선했다.

들어가는 글

두 사람이 함께할 때, 멀지 않은 곳 그늘 속에 제3의 인물이 서 있다. 이 구도는 아담과 하와, 유혹적인 뱀이 존재하던 그때부터 지금까지 크게 변하지 않았다.

여러 해 전부터 우리는 '그늘 속의 사랑'이라는 문제에 관심을 쏟아왔다. 학문적으로 이 문제를 대하게 된 것은 14년 전으로 거슬러 올라간다. 그때 우리가 다룬 문제는 사랑의 아픔을 정신적으로 극복하고 소화하는 것이었다. 당시 이 고통의 주제를 놓고 연구하면서 우리는 그늘 속의 사랑이라는 은밀한 현상을 계속 접해야 했다. 한 여자가 두 남자를 사랑하거나, 한 남자가 두 여자를 사랑하거나, 파트너 각자가 저마다 은밀한 관계를 갖는 그늘 속의 사랑. 이 불륜의 사랑은 눈을 돌려보면 어디에든 있었다.

이 주제는 더 이상 그냥 놔둘 문제가 아니었으므로 우리는 3년 전부터 불륜의 은밀한 사랑에 관하여 체계적이고 학문적인 연구를 진행해왔다. 이 기간에 실시한 설문 조사, 인터뷰, 세미나, 연구 활동 등도 똑같이 이 주제와 연관된 심화 자료들을 바탕으로 했다. 또한 최근 몇 년간 메이저 언론매체의 의뢰 아래 설문자 경험을 묻는 조사들에서도 불륜관계와 밀접한 연관성을 갖는 문제들을 다루었다. 특별히 우리는 한 오스트리아 일간지의 도움을 받아 성인 남녀들의 내밀한 애정관계 사연들을 접할 수 있었다.

그 외 추가로 20대에서 60대 사이의 오스트리아 성인 남녀 946명에게 한 설문 조사 결과, 기존의 파트너관계에서 불륜으로 이어지는 뚜렷한 변화를 포착할 수 있었다. 설문 조사를 통해 우리가 파악하고자 했던 것은 다음과 같다.

- 행복한 부부와 불행한 부부는 어떤 점으로 구별되는가?
- 얼마나 자주 외도 또는 내연관계를 맺는가, 그 빈도수는?
- 불륜의 사랑은 어떻게 생기고, 얼마나 지속되고, 어떤 패턴으로 흘러가는가?
- 어떤 동기로 내연녀 혹은 내연남이 돼버리는가?
- 어떤 인격구조가 내연녀 혹은 내연남으로 이끄는가?
- 불륜의 사랑은 전형적으로 여성들에게만 나타나는 현상인가?

이 설문 조사 및 인터뷰 결과는 수많은 상담 사례와 함께 이 책에 반영했다. 한편, 내연관계에 관한 구체적 사연들은 저마다 특징화하여 인용했다. 단 심리학적 배경을 염두에 둔 이야기들은 그늘진 불륜의 사랑이라는 주제를 위해 보기로 든 것인데, 치료학적으로 깊이 다뤄야 하는 만큼 좀 더 세밀하게 설명하고자 노력

했다.

한 가지 분명히 해둘 것이 있다. 이 책 속에 인용한 사연들은 100% 그대로 기술한 게 아닌, 다양한 불륜관계의 현상을 좀 더 잘 이해할 수 있도록 재구성한 것이다.

우리를 신뢰하고 설문에 응해준 남녀 응답자들의 신원 보호 차원에서, 인용한 인물들의 신상 정보 또한 모두 변경했다. 따라서 실제 인물 그대로 기술한 사례는 전혀 없음을 밝혀둔다.

제1장

사랑의 기하학

'그와 그녀 그리고 그녀'

'그녀와 그 그리고 그'

어려운 구도다. 그런데 이는 우리 존재의 원原구도이기도 하다.

인간의 애정생활은 어머니, 아버지, 자녀의 삼각구도로부터 시작된다. 갈등의 부담을 안고 있는 긴장된 3인 구도인 동시에 충만하고 아름다운 3인 구도이기도 하다. 이 삼각구도는 훗날 성인 대부분의 애정관계에 영향을 미쳐 관계에 그늘을 드리우거나 그 관계를 확장시킨다. 삼각관계로 말미암아 당사자가 혼란을 겪고 고통과 침체를 맛볼 때, 애정관계에는 짙은 그늘이 드리워진다. 그러나 제3의 인물이 관여함으로써 파트너관계는 위기에서 벗어나거나 그렇지 않으면 파트너 중 한쪽에 의해서만 관계가 유지되는 일이 벌어질 수도 있다.

삼각관계와 불륜은 멀리 고대의 신들 사이에서도 존재했다. 사랑의 여신 아프로디테도 똑똑하지만 '장애를 지닌' 자기 남편 헤파이스토스를 속였다. 신화의 상징성 측면에서 볼 때, 헤파이스토스는 부드러움과는 거리가 먼 남자였거나 내향적인 존재였거나 성불구자였을지도 모른다. 어쨌든 아프로디테는 남몰래 둔 애인에게서 마음의 위로를 받았다. 신이었음에도 불구하고 마음을 다친 헤파이스토스는 다른 신들을 불러 모아 그 연인에게 복수했다.

이렇듯 신들조차도 삼각관계를 뛰어넘을 힘과 자유가 없는데, 하물며 지상의 인간들은 말해 무엇하랴.

살아가는 동안 성인 남녀 대개는 최소한 한 번쯤 단기적으로 삼각관계의 한 각을 이루는데, 심한 경우 장기적으로 각을 이루기도 한다. 현재 오스트리아의 경우, 20세에서 60세 사이의 성인 남녀 중 3~4%가 장기적인 삼각관계에 있다.

베를린 훔볼트대학교 교육학과의 레나테 발틴R. Valtin 교수의 보고서에 따르면, 독일에 거주하는 여성 중 15,000명 이상이 기혼 남성과 내연관계라고 한다. 이 수치는 사랑의 삼각형과 관련하여 우리가 조사한 데이터 수치와 대체로 일치했다.

삼각형

인간은 태곳적부터 삼각형에 관하여 상상력을 집중해왔다. '3'이라는 숫자는 일찍부터 신적인 완전함을 대변했다. 하나의 원에 둘러싸인 한 개의 삼각형 눈이 신을 상징하는 기호였다. 오늘날에도 기독교의 성삼위, 성부·성자·성신에서 '신적인 삼위일체'를 볼 수 있다.

그러나 항상 그래왔던 것은 아니다.

전능

남성이 생식에 참여한다는 사실이 알려지지 않았던 때, 삼각형은 다산을 뜻하는 여성의 품을 상징했다. 그러나 남성에게서 생식 능력이 발견되고, 정착생활 및 농경생활과 더불어 가축을 사육하면서 가부장제가 형성되었고, 그러면서 삼각형의 의미도 변화했다. 원래 여성성의 상징이던 것이 가부장적 신의 남성적 전능함을 위한 상징, 즉 아버지와 아들(성부와 성자) 그리고 성신이 되었다.

형태

삼각형은 가장 단순한 기하학 도형으로, 일직선상에 서 있지 않은 세 개의 점으로 이루어져 있다. 등변삼각형 외에 예각삼각형과 둔각삼각형이 있다. 각각의 두 점은 언제나 하나의 선에 의해 연결되어 있는데, 서로 경계를 이루는 선들이 삼각형의 변을 이룬다.

등변삼각형은 각을 가진 모든 평면도형의 조화로운 원형으로 우리에게 인식되어왔다.

그렇다고 한들 삶에서 그런 조화를 예견하기란 불가능하다. 기하학에서만 삼각형은 시각적으로 그 모양이 분명하고 계산이 가능할 뿐, 사랑이 개입되는 순간부터 다른 법칙들이 효력을 발휘하게 되는 것이다.

삼각관계

세 사람이 하나의 삼각형 구도를 형성할 때 이들의 연결고리는 커뮤니케이션과 관계다. 시각적으로 보이는 결과는 각각 관계의 의미가 다른 다양한 형태의 삼각형이다.

- 이런 경우를 상상해보자. 하나의 삼각형이 있는데, 이 삼각형에서 각각의 변이 마주 놓여 있는 한 각에 상응한다고 하자. 이것을 관계에 적용해본다면, 이 각은 중심인물들 한 사람 한 사람이 저마다 취하는 시각이라고 할 수 있다.
- 이 각이 클수록 해당 인물이 삼각구도에서 득을 볼 수 있는 '장점'이 그만큼 커진다. 얼마나 큰 득을 거둘 것이냐는 마주 놓인 변의 길이를 보고 알 수 있다(22, 25, 26쪽 그림 참조).

삼각형의 메타포(은유)를 구체적으로 알아보기 위해 가장 널리 사용되는 두 가지 형태의 삼각형을 살펴보자. 다른 도형들은 모두 이 두 삼각형을 바탕으로 도출된 것이다.

사랑의
정삼각형

같은 크기의 세 각, 같은 길이의 세 변. 이는 힘의 관계에서 조화로움에 대한 상징이며, 그러한 삼각구도의 관계에서 특징적인 것이 이 조화로움이다.

시각

사랑의 정삼각형에서 세 사람은 각자 같은 크기의 시각(각으로 설명되는)과 장점(변의 길이로 설명되는)을 갖는다. 비용과 이득이 공정하게 배분된다. 삼각관계라는 점 때문에 어쩔 수 없이 겪어야 하는(예컨대 사랑하는 사람을 '나눠야' 하는) 한계가 있긴 하지만, 세 사람 모두 골고루 실이 아닌 득을 거둔다.

변의 길이가 같은 사랑의 정삼각형에 관한 전형적인 예로 수잔네와 크리스토프의 경우를 들 수 있다. 두 사람은 결혼한 지 19년차 부부로, 크리스토프는 회사를 운영하고 수잔네는 전업주부이자 어머니이다.

원래 열정적이던 애정관계는 세월이 지나면서 적절한 온도를 지닌, 친구 사이와 같은 관계가 되었다. 크리스토프는 아내와의 섹스에서 더 이상 성취감을 느끼지 못했고, 아내 역시 더 이상 그에 대한 간절한 욕구가 없었다.

그러던 중 크리스토프가 자신보다 열세 살이나 어린 그의 비서 리아네와 남몰래 관계를 맺기 시작했다. 리아네는 싱글이었고 여러 남자와 자유롭게 관계를 맺고 있었다. 크리스토프도 그중 하나였다. 크리스토프가 그녀를 사랑한다고 확실히 말했음에도, 리아네는 처음부터 그에게 연애관계 그 이상은 끼어들지 말 것을 분명히 했다.

장점

리아네는 크리스토프의 외모나 그의 잠재력보다는 그를 통해 얻을 가능성에 더 깊은 인상을 받았다. 얼마 지나지 않아 리아네는 회사 내 보이지 않는 막후 인사가 되었다. 고가의 자동차를 몰았고, 봉급이 유례없을 만큼 인상되었는가 하면, 디자이너가 만든 옷을 걸쳤고, 크리스토프와 함께 세계적인 최고급 호텔들을 두루 섭렵하기 시작했다. 여행 기간 내내 리아네는 마치 대재벌의 부인이라도 된 듯했다.

이 일에 관하여 걸림돌이 되는 것은 단 하나. 크리스토프의 점잖은 친구들이 그의 관계에 관해 알고 있다는 것이다. 하지만 어쨌든 공식적으로는 모두 비밀 유지에 동참하고 있다. 크리스토프의 대외적 옆자리는 예나 지금이나 그의 부인 수잔네가 맡고 있다. 크리스마스, 신정, 그리고 모든 기념일 때마다 크리스토프는 가족들과 함께 지낸다. 리아네는 말 그대로 그림자 존재로서 살고 있는 것이다. 이 때문에 한때 마음이 상하기도 했지만, 지금 그녀는 자신의 상황을 잘 받아들이고 있는 상태다. 그와의 관계에서 얻는 장점이 다른 모든 불편함을 압도한 것이다.

대차대조 결과

수잔네의 경우도 진행 상황은 비슷했다. 처음에 그녀는 크리스토프가 '잠자리를 위해' 다른 여성과 함께한다는 사실에 심적 압박이 심했다.

'혹시 그가 이 여자를 사랑하기까지 하는 건 아닐까?'

그러나 이 연적이 자신의 사회적 위치를 위협하지 않음을 인식한 뒤, 수잔네는 이 삼각관계와 타협했다. 심지어 요즘 들어선 남편이 성적 욕구로 부담을 주지 않아 편하기까지 하다.

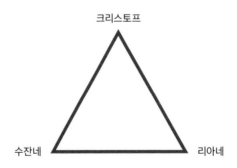

크리스토프의 경우도 대차대조 결과는 긍정적이다. 옆자리엔 언제나 사교적으로 세련된 여성, 훌륭한 어머니이자 집안 살림을

완벽하게 이끄는 여성, 그리고 성적 무관심을 근거로 혼외관계를 용인해준 여성이 있다. 게다가 그가 제공하는 호화생활에 만족하는 애인이 그를 즐겁게 해주고 있으니!

이런 삼각구도는 '성공적인' 것이지만, 극히 드문 경우에만 볼 수 있다. 일상생활에서 균등한 '등변'의 삼각구도란 거의 존재하지 않는다. 사람 대부분이 비이성적 소유욕 때문에 삼각구도의 실제 장점을 간과해버리는 경우가 많기 때문일 것이다.

사랑의
이등변삼각형

이등변삼각형은 두 변과 두 각의 크기가 같다. 따라서 이 기하학 형태는 한 사람이 다른 두 사람의 희생 위에 살거나 두 사람이 즐긴 것에 대한 대가를 제3의 인물이 치러야 하는 관계의 전형적 원형이 된다. 같은 길이의 등변이 이루고 있는 모서리각이 예각인가, 둔각인가에 따라 저마다 시각이 달라진다.

시각

시각이 좁혀져 있다면(예각), 삼각형의 한쪽 각은 아주 짧아진다. 예컨대 귄터와 도리스의 경우가 그렇다. 귄터는 주변 상황을 살피지 않고 애인 소냐와 즐기는 중이다. 이 둘은 아이 두 명에 대한 책임과 일상생활 그리고 오래전부터 내부를 수리해야 하는 집까지, 전적으로 도리스에게 떠넘긴 상태이다. 도리스는 직업교육을 받은 적도 없고, 별도로 자신만의 친구들과 모임을 가진 적 없으며, 경제적으로는 남편 귄터에게 완전히 의존하고 있다. 이혼할 경우, 그녀는 경제적·사회적으로 파국을 맞게 될 것이다.

변형 사례

극적인 상황 연출로, 두 사람의 대립 상황에 제3의 인물을 성공적으로 끌어들인 커플도 있다. 예컨대 모나는 자신에게 무관심해진 게르노트에게 복수하고자 빌헬름이라는 남자 친구를 사귄다. 자신이 목표한 대로 게르노트가 이전보다 더 자신에게 노력을 기울이자 모나는 빌헬름에게 냉담해졌다.

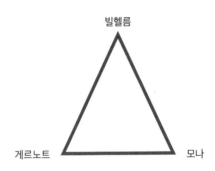

장점

반대로 둔각은 삼각구도에 있는 한 사람이 누리는 장점이 다른 두 사람의 부담을 증대시킬 때 두드러진다. 심리학자들이 흔히 언급하는 삼각관계가 있는데, 강변에 사는 연인 이야기가 그것이다. 여자는 강 이편에, 남자는 강 저편에 살고 있다.

이 강변엔 뱃사공도 한 명 살고 있는데, 다리가 건축되면서 실업자가 되었다. 어느 날, 홍수로 말미암아 다리가 무너졌다. 젊은 여인은 강 저편에 살고 있는 애인을 만나기 위해 뱃사공에게 일을 맡긴다. 뱃사공은 그녀의 요청을 수락하지만, 그 대가로 그녀에게 하룻밤 동침을 요구한다. 그녀는 애인을 사랑하는 마음에 뱃사공과 관계를 갖는다. 그러나 그녀가 한 일을 알게 된 그녀의 애인은 결국 그녀를 떠나버린다.

이 이야기에서 누가 이득을 보았고 누가 대가를 치렀는지는 명확하다. 하지만 실제로 벌어지는 일들에서는 유감스럽게도 이 경우처럼 항상 투명하지 않다. 어쨌든 삼각구도의 관계에서는 한 사람의 이익이 다른 두 사람에게 부담을 주는 경우가 종종 있다.

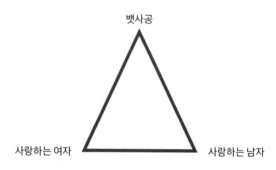

불안정

그 외에도 또 다른 많은 부등변의 삼각구도가 있다는 것을, 그리고 그런 경우 당연히 손익계산상의 불균형이 존재한다는 것을 모르는 사람은 없을 거다. 삼각형 내각의 합이 180도라는 것에 대해 이론의 여지가 없으므로 삼각관계에서도 최소한 누구 하나는 항상 다른 두 쪽이 누리는 장점에 대해 값을 치르게 마련이다. 따라서 모든 삼각구도의 사랑이 또한 시기, 질투, 미움, 경쟁과 필연적으로 연결된다는 것은 놀랄 일이 아니다.

- 삼각구도 상황에서 52.9%가 극단적 질투심을 드러냈다. 47.1%는 '질투하는 것 같다'고 느꼈다.
- 소수의 예외(5% 이하)에 이르기까지 항상 한 사람이 손해를 본다는 의미에서 삼각관계는 불안정하다. 삼각구도의 관계 중 66.4%가 이혼으로 끝난다. 그러니까 여기에 해당하는 2/3의 사례에서 속은 쪽이 패자가 되는 것이다.

역학

사회심리학적 실험들은 삼각구도에서 승패가 갖는 파괴적 힘의 역학을 잘 보여준다. 즉, 언제나 한 사람은 '나쁜 패'를 갖게 되는 것이다. 우선 규정대로 세 사람으로 이뤄진 한 조에 매력적인 액수의 금액이 제시된다. 물론 돈은 정해진 시간 안에 특정 분할 비율(예컨대 60:40, 20:80 혹은 50:50)에 동의한 두 사람만 나눠 갖게 된다. 참가자 각자의 과제는 이 금액을 자신과 나눌 준비가 된 파트너를 한 명 찾아내는 것이다. 참가자 세 명 각자는 자신을 제외한 다른 두 명의 참가자 중 한 명에게 자신 외의 잠재적 경쟁자들보다 더 매력적으로 보이도록 행동해야 승자가 된다.

누군가를 자기편으로 끌어들이기 위해서 어떠한 유혹 작전이라도 다 허락된다. 두 명의 후보가 분할 비율을 50:50으로 하자는데 합의하면, 세 번째 사람은 자신이 손해를 보며 40:60을 제안함으로써 두 사람의 위협적인 합의를 방해할 수 있다. 결론적으로 40%의 이윤이 빈손으로 아웃당하는 것보다는 훨씬 더 낫기 때문이다.

유혹 능력

누가 누구와 나눌 것인가에 대한 결정은 순수하게 이성적으로 내리는 결정이 절대 아니다. 일반적으로 화학적 기호가 맞는 사람들이 일치를 본다.

다양한 삼각구도를 놓고 같은 참가자 30명을 대상으로 이 실험을 반복해보면, '승자'와 '패자'가 뚜렷이 구분된다. 경쟁에서 내몰린 '패자'는 대개 빈손으로 끝난다. 삼각관계에 있는 사람의 승패 여부는 그의 매력과 더불어 특히 그의 유혹 능력 그리고 경쟁에 응할 준비 자세에 달려 있다. 호감을 주는 사람은 유리한 반면, 공격적으로 보이는 사람은 불리한 만큼 그늘진 위치를 감수해야 한다.

빛과
그림자

그림자 사랑은 많은 얼굴을 갖고 있다. 서로 사랑하는 미혼 남녀 두 명을 예로 들어보자. 로미오와 줄리엣의 사랑에 그림자가 드리워진 것은 제3의 인물 때문이 아닌, 그들 양쪽 집안 간 적대감 때문이었다.

우리는 '그림자 사랑'이라는 표현을 통해 대부분 삼각구도 속에서 벌어지는 관계의 짜임, 그러니까 두 사람이 한 쌍을 이루고 한 사람은 제외되었다 느끼는 관계를 표현하고자 한다.

관계를 끌고 가는 동인

한쪽 사람이 어떤 형태의 삶을 택할지 결정하지 못하여, 다른 한쪽 사람이 그늘진 위치로 몰리게 될 수도 있다. 예컨대 싱글 두 명이 관계에 대해 서로 다른 바람을 갖고 만나는 경우, 즉 한 사람은 사랑을 원하고 다른 한 사람은 섹스만 원하는 경우가 여기에 해당한다. 한 사람은 결혼하기를 원하는데, 다른 한 사람은 그 관계를 결혼까지 끌고 갈 관계로는 인정하지 않는다. 항상 한 사람이 그림자 속에 있게 되는 것이다. 하지만 이런 구도가 고전적인 그림자 사랑, 즉 내연관계의 사랑은 아니다.

고전적인 내연관계는 삼각구도(부부 한 쌍, 독신 한 명) 혹은 사각구도(부부 두 쌍)를 토대로 발생한다. 그러니까 한 사람 혹은 경우에 따라 두 사람이 바람피울 때 발생하는 것이다. 외도가 없다면 삼각구도를 이루는 내연관계의 사랑도 없는 것이다.

그늘 속에서 살아가기

한 핵물리학자와 그늘진 불륜의 사랑 기하학에 관해 이야기한 적이 있다. 그는 다음과 같은 물리학적 유사점에 주의를 기울이게 해주었다. 물리학에는 음영부와 반음영부가 있다고 한다. 이것은 빛 속에 서 있는 몸체가 확장된 광원光源에 비해 더 작을 때, 또는 다수의 광원이 현존할 때 생긴다는 것이다.

이를 그림자 사랑과 연결해보면, 그늘 속에서 살아가는 다양한 양상이 도출된다.

- 파트너 양자 중 한 사람이 '강한 빛으로 다른 사람을 가린다'. 예컨대 빛도 색깔도 없는 평범한 여성을 옆에 둔 카리스마 넘치는 남자를 생각해보라. 아니면 색깔 없는 배우자와 함께한 다채로운 색깔의 여성을 말이다.
- 다수의 여성 또는 남성이 한 사람에게 '조명을 비춘다'. 그러니까 그 사람을 간절히 요구하거나 사랑한다.
- 두 경우 모두 내연녀와 내연남과 같은 내연관계의 파트너가

존재할 수 있다.

- 내연녀와 내연남 중 몇몇은 다른 관계에선 주역일 수도 있다.
- 결론적으로 어딜 가든지 가장 절실하게 인정받기를 원하는 바로 그 사람에게 무시당하는 사람들이 있다.

그늘 속에서 살아가는 인생에 관한 거의 모든 사회적, 심리적 상태와 생각은 '빛과 그림자'라는 이분법적 단어 조합에도 반영되어 있다. '눈이 멀었다', '빛 뒤로 이끌려 들어가다(기만을 당하다)', '보는 눈이 어둡다', '어둡게, 즉 어렴풋이 예감하다', '사랑에 눈 멀다', '음울한 생각을 하다' 등등.

다양한 구도들

'그림자 속의 사랑', 즉 불륜이라는 말 자체는 특정한 생각들을 떠오르게 한다. 이를테면 비밀스러운 하룻밤의 정사One-Night-Stand 같은 것 말이다. 전혀 모르는 사이이거나 어쩌면 잘 아는 사이인 두 사람이 딱 한 번 동침할 뿐, 그 이후 적어도 감정적으로는 서로에게 전혀 구속되지 않는 경우다. 바람도 있는데, 이 경우는 한 쌍을 이룬 사람들이 서로 게임하듯 유혹당하고 유혹하기도 하지만, '진지한 사이'로 진전되지는 않는다. 각기 책임 소재가 다른 두 사람이 다소 오랫동안 서로에게 구속되는 밀애가 있는가 하면, 내연관계도 있다. 내연관계에선 한 파트너가 약점으로 작용할 만한 점을 본격적으로 '숨기게' 된다. 여기에는 늦은 결혼이나 단기간에 걸친 결혼 혹은 여러 번의 결혼을 통해 사적으로 새로운 시간적 구조에 처하게 될 때 단기적 혹은 장기적으로 발생하는 내연관계들이 모두 속한다.

　결론적으로 전혀 실제적인 만족을 목표로 하지 않는 그늘진 사랑도 있다. 이 이상한 형태의 그늘진 사랑, 하룻밤의 정사, 가볍고 서로 구속하지 않는 바람 등에 대해선 깊이 다루지 않을 것이다. 우리가 집중해야 할 것은 '일상에서 흔히 볼 수 있는' 내연관계다. 한 사람은 그냥 즐기길 원하는데, 다른 한 사람은 최종적인 관계를 추구하는 데서 발생하는 결정의 딜레마 혹은 파트너 중 한 사람에게 떠맡겨지는 '제2의 바이올린 주자' 역할, 즉 부수적인 역할로 말미암아 어떤 형태로든 복합적 문제를 불러일으키는 관계들이다.

사랑을
공유할 수 없는 이유

삼각관계에 연루된 각 사람이 모두 균등하게 장점을 취한다는 건 순전히 이론적으로만 가능한 일일 것이다. 실제로 그런 훌륭한 예는 눈 씻고 찾아봐도 없다. 이제는 서로의 관계가 익숙한 습관에 따라 유지되는 사람들에게 이에 대해 지적한다면, 무리한 요구로 받아들여질 것이다.

하지만 몇 년 동안이나 구석에 처박아두고 눈길조차 주지 않던 장난감이라도 다른 아이가 갖고 싶어 하면, 단번에 다시 관심의 대상이 되는 법이다.

잠자는 숲속의 공주처럼 잠이 든 채 그저 생활공동체화된 관계일지라도 제3의 인물로 말미암아 그 관계가 위험해질 때 최소한 잠에서 깨어날 수 있음은 누구나 알고 있다. 그러나 그 일이 지나가면 관계는 언제나 다시 옛날처럼 지루해지거나 심드렁해진다. 이러한 현상이 오는 건 진짜로 파트너에 대한 순수한 사랑에 이상이 있어서일까? 아니면 자기 자신의 소유욕을 지키려는 것, 그러니까 힘과 무력의 문제에서 오는 건 아닐까?

야박하게 들릴지 몰라도 정확히 후자가 문제다.

공유

무의식 속에서 파트너는 항상 자신의 관할 영역을 의미하기도
한다. 파트너를 '사랑하게' 된다는 것은 그 영역을 '소유하게' 된다
는 뜻이다. 그러나 상대방은 영역을 지키기 위해 침입자에 대항하
여 '이빨'을 드러내고 '발톱'을 세우게 된다. 마찬가지로 사랑과 사
랑의 아픔뿐만 아니라, 오히려 소유와 다른 사람에게 가장 중요한
존재가 되고자 하는 욕구가 문제 될 때가 더 많다.

실제로 각자 소유욕을 버리고 사랑을 전면에 내세운다면, 세
사람일지라도 두 사람일 때와 똑같이 그들의 '애정생활'을 알콩달
콩 재미나게 만들어갈 수 있을 것이다. 일요일, 한 남자가 자기 부
인 그리고 애인과 함께 사이좋게 산책길에 나선다는 것은 하나의
유토피아이며 분명 상상조차 할 수 없는 일이다. '사랑'은 독점을
요구하지 않는다. 이것은 상대방에게 다른 모든 사람보다 더 중요
한 사람이고자 하는 우리의 자기애에 근거를 둔 욕구이다.

한 어머니는 두 명의 자녀를 똑같은 강도로 사랑할 수 있다. 자
신이 다른 형제에 비해 중요한 존재가 아니라고 느낀 한 아이는
마음에 상처를 입는다. 진즉 가인은 아벨을 돌로 쳐 죽였다. 신인
'아버지'로부터 사랑을 덜 받았다고 느꼈기 때문이다. 아마도 눈치
빠른 사람은 이제 은밀한 내연의 사랑에 부모 중 한쪽 부모의 귀
여움을 받으려고 형제간에 벌이던 경쟁과 같은 현상이 숨겨져 있
음을 감지할 것이다. 사랑하는 그에게 누가 더 중요할까? 그녀일

까, 나일까? 사랑하는 그녀에게 넘버원은 누구일까? 그일까, 나일까? 사랑하는 연인은 항상 어떤 '아이'를 더 사랑하는지 결정해야 하는 어머니와 아버지의 역할을 하도록 재촉당한다. 그런 문제는 사실 사랑과는 무관한 문제이다. 전적으로 '힘이 있느냐, 무력하냐?'와 관련 있는 것이다. 사랑은 나눌 수 있지만, 소유는 확실히 아니다.

침입자

근원으로 거슬러 올라가면 우리는 모두 다른 사람의 소유, 그들의 영역에 대한 권리를 인정하지 않던 '침입자'였다. 그렇다. 우리는 다른 사람들이 자신의 소유 자원을 신참자인 우리에게 나눠주었기에 생존할 수 있었다. 그러나 이후의 삶에서 이 상황은 180도로 바뀐다. 유아의 우주는 자기 자신, 그리고 이미 자궁 속에서 하나의 공생적 일치를 갖게 해준 그의 최초 자원 출처, 즉 어머니로 이루어져 있다. 나중에야 비로소 아버지, 형제자매, 조부모, 친척, 친구, 지인으로 이뤄진 관계의 그물이 거기에 추가된다. 1차적으로 이들은 환영받는 존재가 아닌, 어머니와의 공생을 위협하는 존재이다. 심지어 젖먹이들조차도 침입자에 대항하여 자기 구역을 방어한다.

이미 생존 방식상 어린아이들이 자발적으로 자기들의 '장점'을 포기하는 법은 없다. 사회화 과정을 거치는 동안 비로소 아이들은 자기 욕구의 한계에 직면한다. 성장하는 생명체의 성장을 제한할 가장 이상적인 방법은 작은 통조림 속에 넣는 것이다.

"한 번만 더요, 제발요……."

언젠가 마지막 한 번은 진짜 마지막 한 번이 될 수밖에 없는 법이다.

반복 강박

패배의 트라우마는 아이로 하여금 내면적으로 현실의 한계를 인정하기를 거부하게 한다. 즉, 현실을 부정하도록 이끈다. 나중에 이런 사람은 그가 패배의 쇼크를 경험했던 그 상황을 회복시키려는 경향이 있다. 그때는 이 상황이 성공적으로 끝나 원천적인 아픔이 재발하지 않아야 한다. 반복은 내연의 사랑에서 대개 근본 동인의 특성을 갖는다. 그런데 유감스러운 것은 원천적인 상황의 불행한 출발이 반복될 경우, 이 또한 '반복 강박'이라는 운명의 굴레를 쓰게 된다는 사실이다.

무력감

삼각관계로 말미암아 파트너를 잃었다는 것, 단지 그 사실 때문에 고통스러워하는 경우는 극히 드물다. 그런 상황을 너무나 참을 수 없게 만드는 것은 자신이 무력하다는 그 느낌이다. 이 무력감은 삼각구도에서 누가 패자인지를 가차 없이 가리킨다. 이러한 측면에서 무력감이 왜 종종 스스로에 대한 폭력행사로 이어지는지도 이해가 간다. 다른 사람을 굴복시킴으로써 무의식적으로 자기 자신의 힘과 우월성을 증명하는 것이 중요했다. 이때 문제 되는 것은 자기 자신을 위해 다른 사람을 이기는 힘이 아니라, 그를 파괴함으로써 경쟁자의 행복도 파괴하는 그 힘이다. 한때 사랑했던 한 인간이 일순간에 무슨 일이 있어도 제거되어야만 하는 적이 되는 까닭도 이것 외엔 달리 설명하기 힘들다. 요컨대 '내가 못 갖는 것은 다른 사람도 가져선 안 된다'는 심리다.

절망감

내연의 은밀한 사랑은 살인이나 자살의 모티브로 자주 등장한다. 성숙한 생활공동체가 유아기적 종속성에 지배될 때, 무력감과 아울러 유아기적 상실의 두려움 역시 버림받은 사람이 절망적 행동을 하도록 몰고 갈 수 있다. 여기선 '사랑하는 대상이 어떤 종류의 사람이냐', 즉 '그 대상의 질이 어떠하냐'가 아니라 단순히 '그가 있다는 것, 그 자체를 통해 서로 연결되어 있다'는 안정감이 중요하다.

아이들이 어머니의 부재를 정서적으로 세상이 무너진 것처럼 받아들이듯, 파트너에게 버림받은 사람들 역시 자주 '다른 한쪽 없이는 더 이상 살 수 없다'는 느낌을 갖는다. 그러나 살인 혹은 자살을 택함으로써 이런 식의 버림받았다는 감정은 주관적으로 저지되기도 한다. 죽은 파트너는 더 이상 한쪽을 버릴 수 없는 법이다. 마찬가지로 한쪽이 사라져주면, 버림받지 않아도 되는 것이니까.

삼각관계에서 자기애에 근거한 모욕감, 자신의 무력함에 대한 시인, 자기 자신보다 다른 사람이 더 중요하다는 깨달음은 삼각관계를 절망의 늪으로 빠뜨려 몰락시키는 요인이다. 이는 너무나 빈번히 나타난다.

발육 과정 중에 자신의 권력욕과 소유욕을 상대화하는 데 성공한 사람, 지극히 고통스러운 일을 겪으면서 피할 수 없는 인생의 한계를 인정하는 법을 배운 사람은 참 흥미롭게도 파트너의 부정 不貞을 쉽게 극복할뿐더러 삼각구도에서도 패자의 편에 서는 경우가 별로 없다.

배신당한
아내

유부남의 애인이 된 여성은 일반적으로 패자의 편에 서 있다고
본다. 그녀는 부수적 역할의 '제2 바이올린 주자'로 간주된다. 그
러나 그의 아내 역시 그의 애인으로 말미암아 관계의 그늘로 빠져
들게 마련이다.

이러한 관점에서 볼 때 삼각구도에는 희망, 무력감, 실망, 싸울
각오, 분노, 상실에 대한 두려움 등 정신적으로 나타날 모든 비상
사태가 똬리 틀고 있다. 세 사람 모두 심리적 고통을 겪는다. 특히
배신당한 쪽의 고통은 말할 필요도 없다.

죽음

애정 상담 연구 결과, 사랑하는 사람과의 이별은 죽음과 대면
하는 것으로 드러났다. 사랑하던 파트너를 잃는 것은 '모자일치
론Mutter-Kind-Einheit'의 선상에서 상징적으로 해석할 수 있다. 이때
사랑하는 사람은 동일시하는 대상('나는 너와 같다!', '우리 둘은 하
나다!')이기 때문에 이별과 연결된 배신은 자기 훼손이요, 정체성

의 상실로 말미암은 자아 파멸을 초래한다.

하나의 삼각구도에서 배신당한 여자가 자주 갖게 되는 감정은 '나는 내 남자에게 죽은 사람이구나' 하는 생각이다. 이렇게 자신이 죽었다는 의식은 사랑의 고통에 특별한 한 차원을 부여한다.

"발아래 딛고 있던 바닥이 갑자기 사라진 것 같았어요. 붙잡아주고 아껴주던 사람이 더 이상 존재하지 않는다는 것, 편한 마음으로 함께 하며 솔직한 대화를 나눌 사람이 더 이상 존재하지 않는다는 것, 그것은 공허함이나 슬픔 그 이상이었죠. 사랑이 없다는 건 생명이 없다는 것입니다." (클라우디아, 44)

자부심 상실

애정관계가 위기에 처했거나 아예 사랑을 잃었을 때 얼마나 고통스러운지 모르는 사람은 없을 것이다. 그러나 이 고뇌의 핵심에 자기애가 깔린 고통도 숨겨져 있음을 인식하는 사람은 거의 없는 듯하다. 우리는 나르시시즘의 시대를 살고 있다. 개체화라는 악순환을 통해 사랑의 이상상理想像이 발생한 나르시시즘의 시대, 그 사랑의 이상상에 의해 사랑하는 파트너에 대한 총체적 요구사항이 만들어지는 그런 나르시시즘의 시대를 살고 있다. 자기애적 고통은 단지 이 총체적인 요구사항을 지키는 것 때문에 사랑을 잃을 위험에 처하거나 실제로 사랑을 잃는 데서 오는 것만은 아니다. 파트너는 자신의 자부심과 정체성을 위해서도 중요한 역할을 한다. 사랑하는 파트너를 위해 다른 한 사람이 그림자 속으로 들어간다면, 자기애적 조절 시스템에 혼선이 생긴다. 아마 더 이상 사랑이 관계하지 않을 때도 상황은 같을 것이다.

"나는 나의 가치를 알아요. 나는 내가 지적이고 외모도 나쁘지 않다는 걸 알고 있어요. 그렇기에 자꾸만 묻게 되는 거죠. '그런데 왜 그 사람은 나를 원하지 않는 걸까?'라고요." (리타, 39)

남자든 여자든 자기 확신이 없는 사람, 그래서 파트너가 실제로 그의 인격적 결함을 보완하거나, 보완해줄 것으로 짐작되는 사람은 애정관계에서도 자연스레 고도의 자기애적 노선을 유지한다. 그러다가 동반자가 등을 돌리면, 그러니까 동반자가 자신에게 부여된 역할 기능을 '거절'하면, 자기애에 근거한 밸런스가 본격적으로 무너지는 것이다.

"그럴 때 사람들은 더 이상 살 수 없다고, 모든 것을 잃어버렸다고 생각하죠. 자의식이 해체되어 사라지고 미래도, 현재도 없는 상태랄까요." (실비아, 45)

자살

이런 상황에선 자살을 생각하는 경우가 드물지 않다. 남자에게 배신당한 여성의 1/3이 한 번쯤 자살을 생각해본다고 한다. 이때 죽음에 관한 생각은 '죽음을 통한 존재의 합일'이라는 조화와 안정의 위안적인 상태를 위해 상징적으로 자기 정체성을 포기하는 것이다.

이 단계를 지나면 '이 다리에서 뛰어내리는 것이 그대를 자유롭게 하리라(독일 고전주의 대표 작가 실러Friedlich von Schiller의 시 중 한 구절)'는 생각에 자살을 감행하는 상상에 빠질 수도 있다.

그러나 위로 삼을 만한 점은 삼각관계에 변화가 없을지라도 몇 주가 지난 뒤 죽어버리겠다는 생각이 대부분 사라진다는 사실이다. 이 단계가 지나면 온통 암담하기만 했던 그 속수무책의 상태는 넘어서게 되는 것이다.

"괴로워하며 거의 반년 동안은 그냥 울기만 했던 것 같아요. 그 시간이 지나자 한편으로 그 이기적인 젊은 여자에 대한 분노도 일더군요. 싸움 한번 못 해보고 그렇게 무저항적으로, 비탄에 잠긴 채 그 애에게 남편을 보내주고 싶지는 않다는 생각이 들었어요. 우리의 결혼생활을 지킬 수 있는 일이라면 무엇이든 해봐야겠다고 생각했습니다. 결국 승리했고요." (미라, 40)

"이별로 가는 첫걸음을 뗀 것은 나였어요. 그이에게 맡겨놓았다면, 그 삐걱거리는 관계는 계속 그 상태로 갔을 거예요. 그이는 무엇이든 미뤄놓는 경향이 있었거든요. 그이는 그 사건과 자신이 감정적, 육체적으로 행하는 모든 거부행위가 나를 얼마나 아프게 하는지, 그것이 얼마나 나쁜 행동인지 전혀 이해하지 못했죠." (카린, 46)

라이프이벤트, 일생일대의 사건

일생일대의 사건을 뜻하는 라이프이벤트Life-Event 연구에 따르면, 삼각관계 때문에 파트너를 잃을 뻔한 경험은 인생을 변화시키는 두 번째로 큰 부담스러운 라이프이벤트에 속한다고 한다.

일생일대의 사건 목록에서 첫 번째 순위를 차지한 것은 파트너의 사망이었지만, 그다음에 이어지는 것은 모두 아래처럼 삼각관계와 연관된, 특히 배신당한 쪽의 상황들이었다.

- 파트너의 별거 시도라든가 불륜과 같이 성적 정체성을 위협했던 사건
- 고립
- 익숙했던 생활 습관을 변하게 만든 사건들
- 파트너와의 관계 단절 같은 '완전성'을 깨뜨리게 된 사건들
- 이별
- 파트너의 불륜 같은 것에서 오는 실망감

위협

궁극적으로 배신당한 여성의 정서적 상태는 배우자와 그동안 어떤 관계를 맺고 있었는가에 따라 결정적으로 영향을 받는다. 어쩌면 남편의 부정이 밝혀진 것은 비극이 아닐 수도 있다. 배신당한 여성 자신이 배신자로서 이제 자신을 위한 자유공간이 더 많아졌다고 볼 수도 있기 때문이다. 또한 현재의 부부관계에서 여전히 충분한 이득을 볼 수 있기에 처음의 쇼크와 실망 단계가 지나

면 이 관계와 타협하는 것이 그리 고통스럽지 않을 수 있다.

이와는 정반대로 배신당한 여성의 절반가량은 배우자에게 애인이 있다는 사실을 알게 됨으로써 실존적 위협감을 느낀다. 특히 마음속 깊이 '나는 가치가 없는 존재다'라고 느끼는 여성일수록 더욱 그런 감정에 끌린다. 이 여성들은 자신의 이상, 즉 사회적·경제적·지적으로 인정받는 조건을 두루 갖춘 배우자와 자신을 동일시한다. 이러한 배우자와의 동일시가 자기 정체성보다 앞설 경우, 이것은 대개 정서상의 '초특급 재난Supergau'이 될 가능성이 커진다. 실제적이고 경제적인 열세 상황에 있다면 더욱 그렇다.

"대체 그이 없이 내가 뭘 어떻게 해야 할까요? 남편이 없으면 나는 아무것도 아닌데…… 그이 없이 나는 한 발짝도 나아갈 수 없는데…… 그건 사는 것이 아닌데…… 그 여자는 내게서 그이를 빼앗아 갔을 뿐 아니라 그렇게 함으로써 나를 완전히 파멸시켰습니다." (안나-마리아, 50)

스트레스 극복

배신에 따른 부담이 곧 막대한 스트레스로 이어진다는 것은 이야기할 필요조차 없을 것이다. 그러나 마찬가지로 주지해야 할 사실이 있다. 스트레스 상황이 단지 배우자와의 관계 위협에서 오는 중압감과 연결된 것뿐만 아니라, 상황 극복에 대한 자극 Coping(정식 명칭은 Stress Coping이다. 스트레스를 평가하고 대처함을 말한다)도 활성화된다는 것이다.

스트레스를 극복하는 데 무엇보다 중요한 것은 자아의 강인함이다. 자아가 약한 데서 일찌감치 막대한 손실과 해결할 수 없는 갈등이 야기되고, 종종 부적절한 행동 방식을 취하게 되는 것이다. 자아가 강하면 삼각관계에서 오는 부담감을 확연히 줄일뿐더러 현명하게 기다릴 힘과 갈등에 대처할 힘, 시급한 문제들을 처리할 힘을 기를 수 있다.

"여전히 우리는 근본적 조건에서 나무랄 데 없이 잘 맞았죠. 누구든지 원하는 요소들 있잖아요? 관심 분야라든가 성향, 관점, 사고와 교육 수준 등에서 우리는 여전히 최상의 궁합을 자랑했죠. 그걸 믿고 다시 시작했죠." (카롤린, 41)

우리의 조사에 따르면, 배신당한 입장이지만 심리적으로 흔들림이 없는 여성들의 경우, 대략 다음과 같은 과정을 거치며 스트레스 상황을 극복한 것으로 나타났다.

견적 단계
미하엘라는 남편 파울에게 애인이 있다는 것을 알게 된다. 그녀는 한동안 이 사실을 부인하고 떨쳐버림으로써 심적 고통을 줄이려 노력한다. 그 단계가 지나면 자신이 이 사건을 극복할 수 있는 잠재 요인들을 미리 확보했는지에 관심을 갖는다.

'견적 단계'에서 미하엘라는 파울을 잃게 될 때, 자신이 겪어야 할 어려움이 얼마나 클지, 그리고 이 문제를 해결할 가능성은 있는지를 검토한다. 이 단계에서 미하엘라는 두려움과 번민처럼 거센 감정들을 참고 견뎌야 할 것이다. 자신이 파울을 다시 쟁취할 수 있을지 회의도 밀려올 것이다. 그녀가 두려움에 짓눌려 괴로워하거나 의존 성향이 있다면, 그녀는 자신의 스트레스 극복 가능성을 과소평가하게 될 것이다. 그러나 심리적으로 흔들림이 없는 여성이라면, 자신이 위기 상황을 극복할 수 있다는 데서 새 출발을 할 것이다.

이 단계에서 미하엘라는 이렇게 판단할 수도 있다.

'어차피 파울과 헤어지는 편이 현명해! 새로운 스트레스가 더해지겠지만, 여하튼 전환점이 마련될 수도 있는 일이니까.'

정보탐색 단계

또 다른 관점에서 살펴보자. 미하엘라가 삼각구도의 문제성이 커지는 것을 느끼고 그 상태를 변화시키려 한다는 데서 출발해보는 거다. 그러면 그다음 단계는 정보탐색으로 이어진다. 정보를 얻게 되면 미하엘라 입장에서 이 사안을 두고 결정할 여러 가능성과 입지가 넓어질 수 있다. 예를 들어 남편의 친구를 만나 이야기를 나누며, 그에게 어떻게 된 상황인지 물어볼 수 있을 것이다. 자신의 여자 친구에게 자문을 구할 수도 있고, 전문 상담소를 찾아가 보호된 공간에서 자신의 상황에 관해 깊이 숙고해보거나, 경우에 따라 자신에게도 공동책임이 있음을 깨닫고 반성하는 기회를 가질 수 있다.

행동 단계

그다음에 취할 방법은 미하엘라가 적극적으로 '스트레스 요인들'에 영향력을 행사하는 것이다. 파울의 애인을 찾아가 앞으로 둘의 부부관계에 더 이상 끼어들지 말라고 할 수도 있다. 아니면 '가만히 있는 게 상책'이라며 모른 척 잠자코 있을 수도 있다. 혹은 파울과 살면서 비슷한 경우를 수차례 겪어본 바 한바탕 위기가 지나고 그녀 쪽에서 헤어지자 위협하면, 남편이 애인을 포기할 것임을 알기에 적극적 자세를 취하지 않을지도 모른다.

그러나 그녀의 노력이 전부 수포가 될 경우, 견적 단계·정보탐색 단계·행동 단계 과정은 다시 새로 시작된다. 그러나 피드백 과정이 빈번하게 반복되다 보면 미하엘라가 남편의 내연관계에 더 이상 스트레스를 받지 않는 날이 올 수도 있다. 충분히 생각해볼 만한 일이다. 어쩌면 그녀는 '내적 망명(항거의 표현으로 현실 참여를 기피하는 것)'으로 들어갈지도 모른다. 그리고 자기 자신을 위로하는 무의식적 방법으로써 그녀 스스로 외도를 준비할 수도 있다. 이미 오래전에 식어버린 부부관계에서 벗어나고자 말이다.

불륜의
전개

확실하게 결속된 배우자가 있는 사람이 같은 상황의 다른 이성과 외도하는 것은 독신인 이성과 하는 외도와는 차원이 다르다. 두 사람이 각기 배우자와 결속된 사각구도는 한쪽으로 치우치지 않는 균형 잡힌 무게감 때문에 적어도 혼외정사의 시작 단계에선 안정감을 준다.

보호

두 사람은 출발 여건이 같기에 기존의 부부관계를 걸고 섹스 상대를 바꾸는 모험을 무릅쓰지 않아도 된다. 독신의 경우처럼 상대방이 배우자와 결속되어 있다는 사실이 이런 구조에선 단지 방해 요인이 아니라, 모종의 보호 요인으로 작용하기도 하다. 적어도 신중함에 관한 한 그렇다. 그러나 이런 구도라고 해도 둘 중 한쪽에서 갑자기 더 많은 것을 원하면 기존의 균형 상태에 변화가 초래되어 한쪽으로 기울어지고 만다. 그러고 나면 이제껏 유지되던 은밀한 사랑의 유희가 비로소 극적 상황으로 뒤집어진다.

"우리는 확실히 규칙을 세웠습니다. '남의 이목을 끌거나 위기 상황을 만들지 말 것, 각자의 부부관계에 우선권을 둘 것'이었지요. 이렇게 하기로 의견 일치를 본 뒤, 그 부분에 관한 한 어떤 문제도 없었습니다. 그것이 우리의 관계를 이어나가기 위한 전제조건이 되었다고 말해야겠네요." (루카스, 46)

"처음엔 모든 것이 환상적으로 잘 맞아떨어졌지요. 그런데 얼마 뒤 그녀가 갑자기 이렇게 말하는 겁니다. 남편에게 모든 것을 고백하고 싶고, 나도 각오를 해야 한다고 말입니다. 그녀는 은밀한 관계는 더 이상 계속하고 싶지 않고, 남편과 이혼하고 나와 확실한 관계를 맺고 싶어 했죠. 그것은 내 계획에는 없던 일이었습니다. 유감스러웠지만 그녀와의 관계를 끊을 수밖에 없었습니다." (알폰스, 34)

"그이의 부부관계를 해결하지 못한 상태예요. 부인이 있고, 그 부인을 배려해야 한다는 건 늘 생각일 뿐, 그렇게 한다는 건 내 체질상 맞지 않아요. 내가 원하는 건 그이의 부인이 되는 겁니다." (올가, 29)

장애 요소

독신의 경우 종종 확실한 관계까지도 원한다. 그렇기에 그들은 상대방의 현재 부부관계를 별로 존중하지 않을 때가 많다. 부부관계가 확고한 사람들은 대부분 성적 대상을 바꿔보려고 시도하면서도 현재의 부부관계를 위기에 빠뜨리는 것은 원치 않는다. 반대로 싱글들에게서 좀 더 문제 되는 건 그들이 독신생활을 원치 않을 경우, 어쩔 수 없이 사랑하는 사람을 기존의 생활공동체로부터 분리하는 데 관심을 쏟게 된다는 것이다. 상대방의 현재 부부관계를 깨뜨려야만 자유의 몸이 된 그 사람과 마침내 제대로 관계를 맺을 기회를 얻으니까 말이다.

예를 들어 싱글인 여성이 유부남을 사랑하게 되어 그를 자기편으로 만들려는 상황은 무엇보다도 다음과 같은 모순적 이유 때문에 어렵다. 즉 원시적인 의미에서 볼 때, 사랑하는 사람은 유혹해야 하고 경쟁자는 '살해해야' 하기 때문이다.

다른 이를 '죽이는' 사람은 꿈이든 단순한 바람이든 간에 이 거침없는 행동 때문에 그가 격전 후 얻게 될 상대방을 당혹스럽게 만든다. 그러한 행위와 동시에 상대방이 '침통해하는 유가족'의 입장에 서기 때문이다.

죄의 갈등

수년간 함께한 동반자를 버리고 떠나는 건 정서적으로 그 사람을 '파괴'하는 것과 같다. 마찬가지로 파괴적 행동을 하도록 내몰렸다는 느낌을 갖는 쪽의 죄책감과 반감 또한 그에 못지않게 강하다.

"내겐 그의 기대와 희망이 한마디로 너무 버거웠어요. 남편은 좋은 남자이고 또 좋은 아빠이기도 하죠. 내가 그가 원하는 대로 아주 이기적으로 남편을 버리고, 그래서 남편의 인생을 파괴했다면, 나는 다시는 편한 마음으로 살아가지 못하고 크나큰 불행에 시달렸을 거

예요." (아스트리트, 35)

죄와 그늘진 불륜의 사랑은 샴쌍둥이 같다. 죄의 갈등은 한쪽
이 다른 쪽보다 더 많은 것을 원하고, 기대고, 희망하는 순간에 생
겨난다. 이 순간부터 은밀한 사랑은 종종 사랑이 아닌 공격으로
이어질 때가 더 많다.

이중의 배신,
하필이면 당신이!

그늘진 불륜관계와 밀접하게 연관된 것은 비단 죄뿐만이 아니다. 공격성도 그와 밀접한 관계가 있다.

벌써 몇 년째 우정의 가치에 관한 연구서들이 물밀듯 쏟아져 나오고 있다. 그러나 막상 독이 되는 친구관계에 관한 연구는 별로 없다. 소위 '친구'라고 하면서도 부끄러운 줄 모르고 사기를 치거나 냉정하게 배신해버리는 그런 무늬만 친구인 사람에 관한 이야기를 모르는 이는 없을 것이다. 특히 심각한 것은 배우자 또는 파트너가 자신의 여자 친구와 함께 자신을 속이는 '이중의 배신'이다.

금기 깨뜨리기

현재 널리 통용되는 도덕 기준에 의거할 때 원래 근친상간의 확대된 금기 사항(친척 또는 친구들과의 성관계 금지)에 해당하는 사람들과 성관계를 감행, 그로써 금기를 깨뜨리는 것. 그 배후엔 종종 억압된 공격성이 숨겨져 있을 때가 많다. 친구들 사이에선 자주 미움, 시기, 질투, 경쟁심과 같은 부정적인 감정들을 삼켜버리거나 쫓아버릴 때가 많다. 모두 다 우정을 위해서다. 그러다가 오히려 가장 고통을 주는 부분인 사랑에서 크게 일격을 당하곤 한다. 무의식적인 공격성이라는 동인動因을 살펴보지 않더라도 다른 이유들에서도 이중의 배신이 안고 있는 위험성은 상당히 크다.

아마 이 책을 읽는 독자들 중에도 비슷한 유혹 상황을 경험한 이가 있을 것이다. 그때 당신만을 향하던 눈길, 따뜻하고 온몸에 전기가 흐르는 듯한 돌발적 접촉이 있지 않았던가.

> "그것은 뭐랄까, 무언의 동의와 같은 어떤 것이었어요. 어쨌든 그 일에 대해 '이러면 안 되는데, 이건 해서는 안 되는 일인데'라는 걸 의식하면서도 동시에 내 친구의 남자 친구와 내가 묘하고도 깊이 결속되었음을 감지할 수 있었어요." (마리나, 35)

게임

마리나와 릴리는 벌써 수년 전부터 서로 흉허물없이 지내온 친구 사이이다. 둘은 세계관도 같았고, 남자 취향도 같았다. 상대 모습을 통해 자신의 정체성을 확실히 깨달을 정도로 둘은 정말 비슷했다. 그런 만큼 사사건건 서로 비교하기 일쑤였다.

처음에 마리나가 릴리의 동거남에게 관심을 보였을 때만 해도 그녀에게 중요했던 것은 '릴리와 내가 같은가, 내가 더 나은가?' 하는 문제였다. 거의 1년 가까이 그와 은밀한 관계를 유지하게 될 줄은, 그래서 가장 절친한 친구를 계속 배신해야 할 정도로 관계가 발전할 줄은 정말 전혀 예상하지 못했던 것이다.

마리나가 막스를, 막스가 마리나를 마음에 들어 한 것은 놀랄 일이 아니었다. 두 사람 모두 서로 평소 높이 평가해오던 바로 그런 긍정적 특성을 갖추고 있었기 때문이다.

남자 친구든 여자 친구든 기존의 파트너관계를 파괴하는 친구는 파트너관계뿐 아니라 친구 간의 우정 어린 관계도 '파괴하는 것'이다.

> "우리는 정말로 가깝게 지낸 친구였어요. 휴가를 가서도 나는 그녀에게 전화했고, 생일 파티를 할 때 한 번도 거르지 않고 그녀를 초대했지요. 그녀는 나에 대해서, 나는 그녀에 대해서 모든 것을 알고 있었어요. 그녀가 내 남편을 노리기 전까지는요." (모니카, 44)

여성의 경우 세 명 중 한 명이, 남성의 경우 네 명 중 한 명이 한 번씩은 제3의 인물이 파트너관계에 끼어들 뻔한 경험을 갖고 있었다. 그러나 남성의 경우 이런 상황을 인정하는 사람은 소수에 불과하다. 이 문제와 관련하여 여성들보다 훨씬 큰 상처를 입고, 그런 사실을 억눌러두기 때문에 그럴 수도 있다. 혹은 영역 싸움에서의 패배에 대한 두려움 때문일 수도 있다. 그렇기에 이런 두려움을 극복하고, 그렇게 함으로써 자기 자신의 '생존'보다 여자가더 중요하다는 걸 보여주는 그런 남성들 또한 여성들에겐 감동의대상이 되는 것이다.

외도일까,
내연관계일까?

그늘진 사랑, 즉 '내연관계'라고 하면 통상 오래 지속되어온 불행한 애정관계를 의미한다. '유부남과 불행한 정부情婦'라는 상투적 표현은 예나 지금이나 변함없이 통용되는 말이다. 앞서 말한 것처럼 내연관계의 그림은 다수의 관계모델에 적용될 수 있다. 정확히 말하자면 내연관계라는 말은 삼각구도의 관계에서 한 사람이 다른 사람의 요구에 따라 뒤로 물러나 있을 때, 그러니까 말 그대로 음지에 머묾으로써 다른 사람이 양지바른 곳에서 살아가도록 할 때만 쓸 수 있다.

시점

삼각관계는 대개 부부로서 관계를 맺은 지 약 5년이 지난 시점에 발생한다. 이 5년이라는 시간은 놀랍게도 아이를 양육하는 데 소요되는 시간이다. 초기 단계의 삼각관계는 아직 매우 불안정하다. 만난 지 6개월에서 8개월이면 대부분의 삼각관계는 끝이 난다. 그러나 시간이 길어질수록 삼각관계는 더욱 안정적으로 자리 잡아간다.

동기

삼각관계의 주요 원인은 다음과 같다.

• 남편이나 아내에게서 더 이상 '느낌'이 오지 않을 때! 아내 혹은 남편에게서 더 이상 감정상의 공명이 느껴지지 않는다 (15년 이상 함께 살아온 부부의 62%가 여기에 해당한다). 한 번 더 새로운 사랑에 빠지고 싶다는 동경이 내연관계를 맺게 하는 한 원인이다.

"그 일에 관해 곰곰이 생각해볼 때마다 자연스럽게 나 자신한테 물어봐요. 어떤 점이 나를 매혹했었는지 말이죠. 오로지 남자라는 존재 그거 하나 때문에 매혹된 건 아니었던 것 같아요. 단지 내 안에서 나비가 팔랑이는 것과 같은 설렘을 다시 느끼고 싶었을 뿐이었죠. 남편과 사귈 때 느꼈던 그런 설렘 같은 것이랄까요." (라라, 39세)

• 질문에 응한 남녀 응답자의 2/3가 세월이 지나면서 상대를 향한 열정적 열망이 식어버렸다고 했다. 과반수 이상(56%)이 둘 사이의 섹스를 '의무방어전' 치르듯 한 경험을 갖고 있었다.

"지금도 아내에 대한 사랑은 변함없습니다. 결혼 전 아내와 사귀던 당시에도 제 아내 게랄디네를 사랑했지요. 정말이지 온 마음을 다 바쳐서요. 그런데 지금은 함께 잠자리해본 게 언제인가 싶습니다. 굳이 꼽아본다면 대략 두세 달에 한 번 정도나 될까요. 남자에겐 너무 심한 일이죠. 적어도 너무 적지 않습니까?" (볼프강, 50세)

생물학적 타이밍이 '부부간 정절 유지에 얼마나 많은 영향을 끼치는가'는 나이와 혼외정사의 확실하고 분명한 연관관계를 보면 잘 알 수 있다. 여성의 경우 나이 듦에 따라 이 경향이 줄어드는 반면, 남성의 경우엔 증가한다.

조사 결과, 남성들은 40세부터 비약적으로 외도 가능성이 커지는 데 반해 여성은 마의 고개인 40세에 도달하기 전까지 두드러지게 바람피우는 횟수가 많았다.

마의 40세 생일을 맞이하기 전까지 여성들은 다른 남성, 그러니까 유전적으로 현재의 남편이나 애인보다 더 낫다고 짐작되는 그 남자와 함께 아이를 생산할 수 있는 무의식적 가능성이 존재하는 한, 눈에 띌 정도로 그에게 응할 태세가 되어 있다. 그러나 이 고개를 넘으면 상황은 완전히 뒤바뀌어 남성들에게 유리해진다.

준비 태세

여성에게서 불륜에 대한 욕망이 서서히 막을 내리는 바로 그 시점에 남성들에게선 불륜의 '황금기'가 시작된다. 이 부분에서도 유전적 특성을 언급하지 않을 수 없다. 남성들의 경우 젊은 여성과 짝을 이루는 것은 본질적으로 유전자의 성공적 번식이라는 측면에서 더 많은 의미를 갖는다. 남자들이 젊은 여성에게 더욱 매력을 느끼는 근본적 이유에 대한 간단한 설명이 된다.

또한 남자를 선택할 때 여자들이 남자의 나이 따위에 그다지 큰 비중을 두지 않는 이유도 분명해진다. 결론적으로 나이가 많은 남성은 육체적으로 매력을 발휘하는 시기 또한 지났다. 그러나 젊은 여성들의 눈에 비친 원숙한 남성의 '관할 영역', 즉 사회적 지위·돈·권력·영향력·명성과 같은 것은 이제 막 삶의 전선에 나서 자신을 입증해 보여야 하는 젊은 남성들의 영역보다 종종 더 매력적으로 보이는 것이다.

부등변삼각형

마리온과 프리츠는 균형이 맞지 않는 커플이다. 여자는 곧 24세가 되고, 남자는 65세이다. 귀염성 있는 마리온이 육중한 프리츠 옆에 서면 꼭 소녀처럼 보인다. 어찌 됐든 프리츠는 완전히 목하 열애 중이다. 마리온을 '내연녀'로 붙잡아두기 위해 모든 것을 제공한다. 프리츠의 부인 게르다는 '그에게 다른 여자가 생겼다' 하는 감은 잡고 있다. 하지만 그녀의 나이 67세. 프리츠보다 두 살 연상인 그녀가 위험을 무릅쓰고 감행할 일이 뭐 있겠는가? 게다가 현재 프리츠의 상태는 '말릴 수 없는' 상태인 것을……

"지금과 비교할 만한 일은 한 번도 겪어보지 못했습니다. 단 한 번도 이번 같은 일은 없었어요. 이번엔 모든 게 다 다릅니다." (프리츠, 65)

정말로 그럴 수 있을까? 키스할 땐 서로 입술만 댈 뿐인데. 애무할 때도 여태껏 해왔던 것처럼 살과 살을 댈 뿐이고, 사랑의 행위 땐 성기가 보충될 뿐인데. 그런데도 모든 것이 다르다고 한다.

울렁거리는 마음

이 체험이 특별한 것은 노년의 프리츠에게 이 사랑이 마지막일지도 모른다는 데서 비롯된다. 어쩌면 마지막이 될지도 모를 사랑의 만남에선 평범하기 짝이 없는 행동이라도 농축될 대로 농축되어 울렁거리는 순간이 되는 법이다.

한 여자의 삶에서 젊은 시절의 마지막 연인이 되는 것, 한 남자의 삶에서 마지막으로 젊은 연애 상대가 되는 것. 이런 행동은 대부분 월권행위다. 이 경우 중요한 건 겉으로 드러나는 매끈한 피부나 탄탄한 근육, 팽팽한 젖가슴 혹은 생식 능력과 같은 게 아니라 젊음을 되찾고 인생의 유한함에 도전하고자 시도하는 것 자체다.

"처음부터 나는 그녀의 젊음이 뿜어내는 광채와 사람을 끌어들이는 힘에 매료되었습니다. 그녀에 대한 나의 사랑은 그동안 알고 지낸 모든 사람, 그리고 친구들과 맺었던 친분을 깨뜨려도 될 만큼 가치가 있었어요. 쉽지는 않았습니다. 밀접하게 맺은 친분관계가 만년에 눈뜬 사랑과 똑같이 중요할 수 있으니까요." (다비드, 56)

유한성

팔팔하게 젊은 여자와 인생의 마지막 단계에 있는 남자, 원숙한 연령대에 있는 여자와 젊은 혈기 그 자체인 남자. 이렇듯 나이 차가 많은 커플들이 드러내는 주요 관심사는 사실 육체적 매력이긴 하다. 그러나 실제로 이런 사랑의 회전목마는 한계를 벗어나려는 열망, 해방에 대한 바람을 축으로 돌아간다. 그러므로 일차적인 요구 사항은 욕망이 아닌, 삶인 것이다.

대부분의 남성 혹은 여성에게서 생일은 하나의 작은 기원起源을 의미하기도 한다. 새로운 기원을 위해 '나는 어디에 서 있는가?'라는 물음은 피할 수 없는 질문일 것이다. 우리의 인생을 아주 간단하게 주 단위로 측정해보면, 많은 것이 다른 의미를 갖게 된다.

납득하기 힘들겠지만, 우리에게는 한평생 평균 4,200주가 주어진다. 아직 열정이 있다. 내게 키스해줄 이 누구인가? 아직도 힘이 느껴진다. 나를 멈추게 할 자 누구인가? 아직 마음속에 불과 같은 뜨거움이 느껴진다. 내가 포옹해줄 이 누구인가? 그런 때 나이차가 많은 젊은 상대를 사랑하는 것은 치료제인 동시에 독이 든 주사와 같다. 치료제가 되는 것은 젊음으로 되돌아갈 기회가 주어진 것처럼 보이기 때문이다. 그러면서도 한편으론 '어쩌면 더 이상 오지 않을 것'이라는 생각을 떨쳐버릴 수 없기에 독인 든 주사가 된다.

"완전히 새로운 인생이 펼쳐진 것 같았지요. 마치 신비로운 회춘요법을 쓴 것처럼, 나는 다시 젊어지고 강해졌다는 느낌을 받았습니다. 그녀가 그녀 또래의 직장 동료들과 외출하기만 해도 벌써 기분이 나빠졌지요. 그래서 그런 생각이 들더군요. 동갑내기인 아내와의 관계를 능가할 만한 것은 그 무엇도 없다고요. 하지만 그 생각 뒤엔 무엇보다도 그녀가 돌아와서 나한테 '당신은 너무 늙었어요'라고 말하면 어쩌나

하는 두려운 마음이 있었지요." (칼, 54)

생물학

한 사람은 아주 젊고, 다른 한 사람은 늙은 그런 파트너관계가 실제로 젊음의 일부분을 찾아주는지에 대해선 논쟁이 분분하다. 확실한 것은 반드시 젊은 피부만이 활력 증대의 중요 요인이 되는 건 아니라는 거다.

여성의 경우 다른(더 나은) 대상과 그가 자신에 비해 나이가 훨씬 더 많더라도 출산이 가능하다는 희망이 있는 한, 더욱 혼외관계를 할 용의가 있다. 무의식적으로 생물학적 동기가 작용한 것이다. 의식적으로 임신하기 위한 수단으로 남자와 섹스하려는 여성은 거의 없다.

반대로 남성은 평생의 반려가 나이가 들수록 더 젊고 '말을 잘 듣는' 대상에게로 기운다. 유전적으로 각인된 특성을 지나칠 수 없는 것이다.

연령 차이

젊은 여성이 자기보다 현저히 나이 많은 남자와 관계를 맺을 때, 돈이 논거가 되는 건 확실하다. 그러나 남자의 나이에도 '불구하고'가 아니라, 남자의 나이 '때문에' 관계를 맺는 사람도 많다. 젊은 여성은 연령 차이 덕분에 자책감을 갖지 않고 그에게 종속되어도 되기 때문이다.

순응

젊은 여성들에게서 자주 듣게 되는 말 중 하나가 "섹스할 때, 의식적으로 복종할 수 있어서 좋아요" 하는 말이다. 원숙한 남성이 높은 사회적 지위를 갖추고 있다고 전제할 때, '나이와 경험과 명성'의 콤비네이션은 젊은 여성들이 그에게 성적으로 응하는 것을 이성적으로 생각해보도록 하는 '허용' 조건이 된다. 그렇다면, 나아가 상당 기간의 내연관계도 받아들이지 말란 법이 있을까.

신세계

20세의 여성에게 그녀와의 섹스를 원하는 22세의 남성이 무슨 대수겠는가! 그의 생활은 그녀의 생활과 별반 다를 게 없다. 아마 그는 아직 대학 재학 중이거나 경력을 쌓느라 일하고 있을 것이다. 남자 앞에는 여자와 똑같이 아직 경험해보지 못한 삶이 놓여 있다. 그런데 그녀의 할아버지뻘 되는 남자가 평소 그녀가 접근하지 못한 세계에 그녀를 들여보내준다. 그녀는 그를 만난다. 물론 은밀한 만남이다. 그러나 그녀는 그 이상은 전혀 원하지 않는다. 당장 그와 함께하기를 원하는 것도 아니다. 당연히 그는 젊은이처럼 강하지도 않다. 그러나 그가 열렬히 그녀의 젊음과 아름다움에 대해 열정을 불태움으로써 그녀는 완전히 새로우면서도 에로틱한 체험을 하게 된다. 그녀는 상징적이긴 하지만 성적인 면에서 자신을 그에게 양도할 수 있고, 동시에 자신의 활기찬 힘이 그에게로 전달되는 걸 감지한다.

"내 인생에서 최고의 섹스는 내 나이 스무 살 때 예순아홉 살의 남자와 나눈 섹스였어요. 나는 날씬한 몸매에 운동을 즐겼고 아름다웠지요. 그는 결혼한 몸이었고, 과체중에 운동과는 거리가 먼 사람이었죠. 그런데도 내가 침대에서 전적으로 나를 맡겼던 유일한 남자가 바로 그 사람이었어요. 한순간도 나 자신이 무기력하다고 느끼지 않은 채 말이에요. 우리가 그의 부인에 대해 그렇게 양심의 가책을 갖지 않았더라면, 우리는 아마 수년간 계속 관계를 지속했을 거예요."(게르트 라우드, 56)

최초의
삼각관계

성인인 연인들에게 때로 너무도 많은 아픔을 주고, 그렇지 않더라도 최소한 그들을 혼란스럽게 만드는 삼각관계. 이 관계야말로 모든 관계 양식의 가장 원시적인 형태이다.

부모와 자녀의 삼각관계

인간은 완제품 상태로 세상에 태어나지 않는다. 정신적·성적 발달 단계를 거치면서 비로소 성인으로 특정할 수 있는 존재가 되어간다. 따라서 성인이 된 사람이 삼각구도에서 취하는 태도는 그의 유전적 장비(체질)뿐만 아니라 가장 초기에 맺은 삼각관계 속에 각인된 것들, 즉 오이디푸스적 삼각관계로 많이 인용되는 부모와 자녀의 삼각관계가 어떠했느냐에 따라 달라진다.

환상

적어도 정신분석학적 관점에서 볼 때 자녀들은 누구나 부모 양쪽 중 한쪽을 향한 오이디푸스적 애정 단계와 다른 한쪽을 밀쳐내고 이 한쪽과 동맹을 맺고자 소망하는 단계를 겪는다("엄마는 내 거야!", "난 아빠랑 결혼할 거야!"). 이 시기의 아이 세계상은 보통 아이의 천진난만한 바람으로 결정되는 환상적 단계에 아직 머물러 있다.

정신분석 분야에서 5, 6세 사이의 연령대를 두고 사용하는 용어가 있다. '오이디푸스적 삼각관계의 와해'가 그것이다. 이 말은 이제 아이가 현실을 고려하는 시각을 갖게 되었다는 말이다("엄마는 아빠 거야. 하지만 내가 크면 나도 엄마처럼 될 거야!", "아빠는 엄마 거야. 하지만 나도 아빠 같은 남자가 될 거야!").

배척당함

현실을 인정하고, 환상적인 소망의 세계가 안고 있는 한계를 인정하는 것은 아이에겐 당연히 폭력적인 '거세 경험'이 된다. 아이들은 오이디푸스적 삼각구도에서 자신이 부모와 같은 역할을 하지 못한다는 걸 받아들일 수밖에 없다. 이것은 성생활에서 가장 분명해진다. 보통의 경우 부모 사이의 성적 관계에서 아이는 배척당하게 마련이다. 아빠와 엄마가 한 침대를 쓰고, 아이는 '그 바깥에' 머물러 있어야 하니까.

파라다이스

부모와의 관계에서 자신의 성기기性器期적 소망들을 실현할 수 없음을 인식하는 즉시 아이는 어쩔 수 없이, 이미 저기 멀리 최초의 인간인 아담과 이브가 그랬던 것처럼, 부모에게 속해 있던 파라다이스를 떠나게 된다. 동화에서처럼 어린 주인공들은 자기책임의 세계로 들어가는 입구에 발을 들여놓고 가족 외의 '타인'에게서 그들의 행복을 찾을 수밖에 없다. 아이는 이곳저곳을 두루 다니며 목숨을 위협하는 도전과 위험들을 이제부터는 부모의 후원 없이 혼자 극복해야 한다.

어머니와 아버지도 여자와 남자라는 걸 인식하고, 어린이의 역할을 포기하는 것에 대한 대가는 부모의 후견에서 벗어나 독립과 자유를 얻는 것이다. 이제 아이는 부모와 같은 수준에 선다. 자기를 책임질 줄 아는 성숙한 사람은 자신에게 퍼붓는 풍성한 모성을 필요로 하지 않을뿐더러 자신을 아버지의 보호 아래 두지도 않는다.

순환

'아버지, 어머니, 자녀'라는 첫 번째 애정의 삼각관계는 따라서 몰락의 운명을 지니고 있다. 한 여자와 한 남자가 실제로 한 쌍의 연인이 되는 즉시 부모와 맺었던 원천적 관계의 삼각구도는 더 이상 의미가 없다. 애정관계가 확장된다는 데서 출발할 때, 2인 혹은 두 배우자의 관계와 함께 새로운 '아버지, 어머니, 자녀'의 삼각구도를 위한 전제조건이 형성된다. 이로써 종종 평생 지속되는 삼자 간 긴장의 역사가 시작되는 것이다. 오이디푸스적 삼각구도는 붕괴되거나, 배후에서 계속 효력을 발휘하게 된다. 원천적인 삼각구도는 2인의 관계에 의해 해체되며, 이 관계는 또다시 새로운 '아버지, 어머니, 자녀'의 삼각구도를 위한 기본전제가 된다.

사랑의 이야기는
살인의 이야기

오이디푸스적 '사랑의 삼각관계'에 관한 이야기에선 작열하듯 타오르는 열정과 격한 증오가 주제로 다뤄진다. 사랑이라는 이름 아래 세 사람이 모인 곳에선 언제나 한 사람이 잉여분으로 남게 된다. 상상에서나 현실에서나 종종 사랑 이야기는 살인 이야기가 될 때가 있다. 폭행치사 범죄의 가장 빈번한 살해 동기 중 하나로 질투가 등장하는 것은 근거 없는 현상이 아니다. 놀랄 일이 아니란 말이다. 우리의 문화적 이해에서 사랑은 독점을 요구하기 때문이다.

질투

질투에 관한 한 아이, 어른의 구분은 없다. 반면 아이들은 원치 않는 라이벌에 대한 질투의 감정을 훨씬 좋지 못한 방향으로 억누를 수 있다. 다른 많은 경우와 마찬가지로 질투는 오이디푸스적 삼각구도에 그 원천을 둔다. 부모가 감정이 잘 통하고 서로에 대한 이해심이 많을 경우, 아이는 자신의 오이디푸스적 사랑을 이루려는 소망 때문에 심하면 시기심과 증오심, 경쟁심으로까지 발전시킨다. 부모가 상상뿐만 아니라, 현실적으로도 철저하게 아이의 '적'이라는 것이 밝혀질 때, 아이의 질투는 그만큼 더 강해질 수밖에 없는 것! 이에 더하여 아이 입장에선 다분히 선동적인 교육 규범을 통해 '순지純至한' 미성숙 단계의 질투를 부채질한다면, 이 적의에 찬 충동을 성공적으로 가다듬을 수 없다.

쿠르트 이야기
: 오셀로가 되는 과정

지금도 쿠르트는 '멘쉬-에르거레-디히-니히트-게임Mensch-ärgere-dich-nicht-Spiel(남녀노소 불문하고 독일에서 즐기는 보드게임 중 하나. 게임 규칙은 비교적 간단하나, 주사위에 의해 판세가 달라지기 때문에 승패 예상이 쉽지 않다)'에서 지고 난 뒤, 그의 아버지가 가족들이 모여 있는 앞에서 그를 웃음거리로 만들었던 일을 또렷이 기억한다. 당시 다섯 살배기 사내아이 쿠르트는 어머니와 두 누나 앞에 승자의 모습으로 한껏 뽐내며 서 있어야 했었는데 말이다. 그것은 참패 자체였을 뿐 아니라, 그가 본격적으로 벗어나야 하는 강력한 라이벌에게 받은 최초의 조롱이었다.

수치

이 상황을 어림잡아 그려보자. 분노 때문에 어린 쿠르트는 볼이 빨개지고, 얼굴이 일그러졌다. 그리고 증오심에 가득 차 아버지에게 소리를 질러댔다. 그와 동시에 주체할 틈 없이 두 눈에서 눈물이 솟구쳐 나왔다. 이것은 그의 가장 깊은 내면에서 수치감이 불타고 있음을 폭로하는 표시였다. 그리고 그가 이 순간 자신을 얼마나 보잘것없는 존재로, 그리고 조롱당한 존재로 느끼고 있는지를 세상에 공표하는 신호였다.

쿠르트는 더 이상 이 상황을 견딜 수 없었다. 다른 사람들의 웃음소리를 뒤로하고 쿠르트는 방에서 뛰쳐나왔다. 응접실의 한구석에 몸을 웅크리고 있는데 "당장 나오지 못해!" 하는 아버지의 성난 목소리가 그를 끌어냈다.

쿠르트는 비겁하고, 온당치 못한 행동을 했다는 이유로 아버지에게 엄청나게 매를 맞았다. 그런 다음엔 벌을 받았다. 구석진 곳에 서 있는 것으로 말이다. '살다 보면 지는 법도 알아야 한다'는 것을 깨달을 수 있도록!

쿠르트의 기억은 이른바 '위장기억Deckerinnerung(주요 회상을 억제하는 부차적 회상기억. 즉, 어떤 특정한 기억을 잊고자 기억되는 기억들)'에 해당한다. 이 기억은 아버지와 아들의 관계를 결정지었던 상황, 그 상황과 닮은꼴로 저장되어 있는 많은 상황을 대변한다.

굴욕

쿠르트는 많은 패배를 감수해야 했다. 그러나 잃는 법, 지는 법은 여전히 배우지 못했다. 마찬가지로 어떻게 해야 그것을 배울 수 있는지도 몰랐다. 아버지의 엄격한 교육은 그에게 완전히 반대급부를 낳았다. 이 시점부터 쿠르트는 그가 당해야 했던 굴욕감을 이전의 상태로 환원시키려는 일념에 불탄다. 사랑에서도 그가 중시하는 것은 행복한 관계보다 자신의 권한 요청에 대한 승인이다. 그에게 여성은 그가 '승자'임을 확인하는 심판관의 역할을 담당한다.

배신

쿠르트는 여자들과의 관계에서 별로 운이 없었다. 그에게 기회를 준 여자들은 이르거나 늦거나 시기만 달리했을 뿐 모두 이별을 고했다. 도대체 왜일까? 쿠르트는 여자들을 간절히 원했다. 그러면서도 아버지와 겪었던 정신적 외상 경험 때문에 또한 여자들을 '천박한 기회주의자'로서 증오하고 있었던 것이다. 여자들이란 결정적인 순간에 그와 가까이 지내는 대신, 그를 배신하고 적수에게로 향하는 존재라고 생각한 것이다.

불신

쿠르트는 유년 시절부터 모든 여성을 불신했다. 그를 질투에 사로잡혀 광기에 빠진 오셀로로 변신시킬 하나의 작은 단초로써 충분조건이 갖춰진 셈이다.

이것을 의식하지 못한 채 쿠르트는 유년 시절의 상처받고 피해당한 장면들을 성인이 된 뒤의 애정생활에서 판에 박은 듯 반복한다. 여자들에게 인기 있고, 별 어려움 없이 그의 여자 파트너들을 돌아서게 만드는 저 참으로 잘난 남자들에게 그는 진즉부터 증오스럽도록 그를 웃음거리로 만들던, 그토록 우세했던 아버지 같은 라이벌의 역할을 위임했다. 쿠르트에게 그들은 '마초Macho' 들이다.

전가

어머니와 여자 형제들에 관한 내면의 상象, 즉 이미지는 그가 살아오는 동안 '천박한 기회주의자 여자들'에게로, 그러니까 남자들에게서 남자의 순진한 덕성과 아울러 약간의 자기 확신, 매력, 유머, 관능미, 그리고 성적 만족까지도 기대하는 그런 여자들에게로 전가되었다. 과거의 불행이 현재의 불행이 되었다.

그의 마지막 관계도 이 이유 때문에 깨졌다. 쿠르트는 자신의 파트너 미리암이 진짜로 다른 사람을 발견할 때까지 불신과 질투로 그녀를 힘들게 했다. 반년간 그녀는 쿠르트에게 자신의 부정한 관계를 감출 수 있었다. 마침내 그 사실을 알게 된 쿠르트는 그 순간 완전히 돌아버렸다.

폭력

분노로 제정신이 나가버린 쿠르트는 거칠게 내뱉던 목소리가 갑자기 잦아들고, 절망한 채 끊임없는 흐느낌으로 이어질 때까지, 미리암에게 마구 폭행을 가했다. 얼마 뒤 그는 자살하려다가 생각을 고쳐먹고, 미리암의 애인 이를 몽땅 부러뜨려놓겠다고 협박했다. 또한 그 말을 마치기가 무섭게 그녀에게 즉각 자신과 섹스하자고 요구했다. 그녀가 거절하자, 그는 발작을 일으키며 바닥으로 쓰러졌다. 그리고 미리암에게 자신 곁에 머물러달라고 애걸했다. 그러더니 곧바로 그녀를 더러운 창녀라고 욕하며, 분노에 가득 찬 모습으로 집을 뛰쳐나갔다.

이 질투의 장면들은 되풀이되었다. 쿠르트는 미리암을 집에 가

두었고, 그녀를 발로 찼고, 강제로 그녀에게 자신이 보는 앞에서 전화를 걸어 상대 남자와의 관계를 끊으라고 강요했다.

테러

같은 날, 미리암은 친구의 집으로 거처를 옮겼다. 이혼이 이루어지기까지 몇 달 동안 쿠르트는 본격적으로 전화 테러를 가했다. 그는 미리암이 예상치 않은 곳에서 숨어서 기다리고 있다가 때로는 맹세로, 때로는 위협으로 그녀를 압박하며 괴롭혔다.

쿠르트가 미리암을 두고 벌인 투쟁 방식은 그런 종류의 남자들에게선 특징적으로 나타나는 전형이다. 근본적으로 그들에겐 정말로 여자가 중요한 것이 아니다. 그들에게 중요한 건 증오했던 라이벌을 강제로 무릎 꿇게 하는 것이다. 아버지와의 관계에서 쿠르트가 복종한 사람이었다는 바로 그 이유 때문에 그는 오늘날 또 다른 한 남자에게 그가 어린 시절에 참아야 했던 저 모욕감을 앙갚음하는 것이다. 남자들의 위계질서에서 동성의 라이벌을 복종시키고 강자가 되는 건 여자를 사랑하는 것으로 평가되지 않는다. '윗자리'는 여자를 '소유'한 자의 몫인 것이다. 그 외의 다른 사람은 거세된 자이다.

균형을 이룬
사랑

두 사람이 서로 사랑하고 육체적으로 간절히 원하는 한 그 관계는 튼튼하고 제3의 인물이 관계상에 떠오르든 말든 상관이 없다. 매력적인 남성과 젊고 아름다운 여성은 언제나 나타나게 마련이다. '다른 여자' 혹은 '다른 남자'가 관심권에 들어온다고 해도 이들이 항상 제3의 인물로서 관계 속으로 들어오는 것은 아니다. 현재의 고정된 파트너관계가 닳아버리고 욕구를 충족시켜주지 못할 때, 그래서 이들의 매력에 대한 저항력이 약해졌을 때, 혹은 파트너관계가 균형을 잃었을 때만, 관계 속에 제3의 인물로 들어올 수 있는 것이다. 그렇게 되면 원천적인 2인 구조에 변화가 오거나, 깨어지게 되고 삼각구도로 나아가게 되는 것이다.

징후

한 사람은 "이건 실수야"라고 말한다. "그건 속인 거야"라고 다른 한 사람이 말한다. 어려운 문제에 어려운 말들이다. 바람을 피운 쪽에선 단언컨대 "내가 원해서 그렇게 된 게 아니다"라고 말한다. 혹은 "우리 관계랑은 상관없는 일이다"라고 말한다. 그런 주장들은 속은 쪽으로 하여금 이중으로 배신당한 느낌을 갖게 한다. 은밀히 주고받은 문자들, 속삭이며 나눈 전화 통화, 죄의식을 느끼며 돌아오는 새벽녘의 귀가……. 이 모든 것이 우리의 관계와 아무런 상관이 없다고? 이 사건은 홍역을 알리는 피부 발진과 비슷하다. 즉, 현재 파트너관계의 상태를 보여주는 증상에 다름 아닌 것이다.

욕구

대개 관계는 욕구와 거부, 심리적 억압과 순응으로 이뤄진 복잡한 구성물이다. 한 쌍의 커플이 오랫동안 그들의 세계 속에서 정말로 만족해하며 지내고 있다. 어느 한쪽도 눈에 띌 만한 사건도 일으키지 않고, 큰 문제도 없다. 그 뒤 일이 발생한다. 제3의 인물이 떠오른 것이다. 시선, 대화, 접촉 그리고 통제할 수 없는 상태가 된다.

균형

아무도 은밀한 내연관계가 현재의 파트너관계와 전혀 상관없다고 주장해서는 안 된다. 대개 다음처럼 파트너관계에 평형을 유지해주던 세 개의 평면 중 한 군데가 균형을 잃게 되기 때문이다.

- 자율과 결속 사이를 잇는 평면

- 관철과 순응 사이를 잇는 평면
- 주기와 받기 사이를 잇는 평면

이 세 평면 간의 균형을 계속 유지할 수 있는 커플은 두 사람이 서로 만족해할 것이므로, 은밀한 내연관계가 벌어질 실제적 가능성은 없다.

쏠림 상태

이 평면들을 토대로 우리는 보통 상대방의 욕구에 대해 유연하게 이리저리 움직인다. 그러나 교대로 오가야 하는 욕구에도 불구하고 이들 평면 중 하나에서 '쏠림 현상'이 벌어질 때가 있으니 어쩌랴! 예컨대 두 사람이 자율이든 결속이든 모두 한쪽만을 극단적으로 고집하거나, 한 사람이 항상 주기만 하거나, 한쪽이 아무 영향력도 갖고 있지 못할 때 그렇다. 심리학적 관점에서 볼 때 이럴 경우 아주 가벼운 성적 '실수'가 발생할 수 있는데, 이 실수는 쏠림 상태를 도로 균형 잡힌 상태로 만들려는 시도이다.

미하엘은 그의 애인과 함께 관철, 순응 사이의 저울을 공평하게 맞추려고 했다.

"그녀는 내게 중요하다는 마음이 생기게 합니다. 아내가 그녀보다 훨씬 더 매력적이고 훌륭하다는 것을 인정할 수밖에 없지만 말입니다."(미하엘, 44)

리아네는 드디어 행복하게 받는 위치에 서게 되었다.

"마침내 이루었어요. 수년 동안 나는 언제나 주기만 하는 사람이
었답니다. 토마스가 나타나기 전까지는요. 이제는 나도 받을 수 있답
니다." (리아네, 40)

시모네는 '자율과 결속'의 평면에 나타난 쏠림 상태에 균형을
잡기 위해 노력 중이다.

"나는 언제나 그의 지체 중 하나와 같은 존재였죠. 손발이 되어주다
시피 했어요. 그것은 좋은 느낌이기도 했죠, 적어도 초창기에는요. 그
러나 시간이 지나면서 자문하게 되더군요. '대체 나는 어디에 있는 건
가?'라고요." (시모네, 37)

거의 절반(48.6%)에 달하는 여성들에게 모든 밀애의 공통점인
'비밀'은 스스로 위험하게 만들 거라고 생각하는 '자율'을 강화해
주는 가능성이다.

비밀에 대한
욕구

남몰래 하는 밀애, 은밀한 장소에서의 랑데부, 깨어진 금기. 이 말들은 불꽃같이 타오르는 모종의 이야기들을 떠오르게 한다. 그런데 정작 왜 그토록 불꽃처럼 타오르는지는 제대로 알지 못한다.

매력

상상이 정열을 자극하는 그림들을 그리기 때문일까? 기습 키스와 열정적인 포옹의 강렬함이 너무도 생생하기 때문일까? 아니면 비밀 그 자체가 그런 마력적인 흡인력을 지니고 있는 걸까?

모두 조금씩은 이유가 된다. 우리에겐 심리적인 균형을 맞추기 위해 우리의 자율 욕구를 확고히 할 수 있도록 특정 한도의 비밀을 필요로 하는 면이 있다. 또 다른 면에서 비밀은 본질상 특별하며 정서적이고 성적인 양질의 체험도 가능케 한다. 프레디와 레아의 이야기는 비밀의 매력이 얼마나 광범위한지 그 전형을 보여준다.

두 사람이 확실한 관계를 맺은 지는 이미 오래되었다. 이혼한 뒤 레아는 5년 전부터 한 남자와 함께 산다. 프레디는 학창 시절에 만난 여자 친구의 친정에서 그녀와 동거한 지 벌써 16년이다. 그녀는 유산 문제 때문에 그와의 결혼을 원하지 않지만, 그들은 여느 부부와 다름없이 자신들의 생활공동체를 받아들이고 있다.

결속감

프레디가 전기설비를 맡아 설계했고 후에 레아가 건물관리직을 맡기로 예정된 한 집의 상량식에서 저 유명한 불꽃이 옮겨붙었다. 전화번호가 오가고, 이내 서로 문자메시지를 보냈다. 그리고 은밀한 곳에서의 랑데부가 이어졌다.

> "아직 키스도 한 적 없던 그때 벌써, 우리 사이엔 아주 강한 결속감과 친밀감이 느껴졌죠."(레아, 39)

금지된 사랑에 대한 비밀 유지는 연대감과 구속력을 낳는다. 비밀의 공유는 마치 보이지 않는 벽처럼 사랑하는 두 사람을 외부세계와 구분 짓는다. 모든 것이 '극비'인데, 독특한 마력과 특별한 체험을 하게 한다. 속이지 않으면 밀월관계를 계속 살릴 수 없기에 죄책감을 느끼면서도 거짓말을 한다.

> "물론 양심의 가책이 느껴졌죠. 결론적으로 그건 금지된 어떤 것, 그래서 사람들이 아주 은밀히 행하는 것이니까요. 그러나 나는 우리의

만남에서 승리감과 같은 걸 느꼈습니다. 이미 오래전에 잊었던 생동감과 풍성한 느낌을 받았던 거죠." (프레디, 43)

"우리는 주차장이나 허름한 주점에서 몰래 만났어요. 그런데도 나는 해방된 느낌에 마치 취한 것만 같았지요." (레아, 39)

은밀한 애정관계는 자유를 촉발한다. 이 자유로부터 그동안 '굳건한 2인의 관계'를 위해 포기했던 자율성이 다시 복구된다.

영역

서로 믿는 오래된 사이에선 상대방이 무조건 터놓기를 기대한다. "무슨 생각하는지 말해봐"라든가 "네 속마음을 다 알게 해줘", "나한텐 아무것도 숨기지 마" 혹은 "나와는 비밀 같은 것 없기!" 등등.

융합 단계에선 경계를 두지 않는 친밀감에 대한 소망이 너무 크기 때문에, 참으로 많은 영역이 희생될 때가 종종 있다. 상대방에게 마음을 활짝 열고 그 상대방이 자기 영혼의 가장 깊숙이 숨겨진 곳을 들여다보게 한다.

이것은 아름다우면서도 동시에 위험하다.

자율성

하나가 되어 융합하고자 하는 욕구가 있다고 해서 거리를 두며 자율성을 갖고자 하는 욕구까지 완전히 배제된 것은 아니다. 집중적인 친밀감은 동시에 에로틱한 면을 마모시킨다. 새로움이 주던 불꽃 튀던 감각적 욕구들 역시 최소한 부분적으로라도 사라지게 되는 것이다. 그토록 열망했던 안정감은 이제 자유 영역의 상실로 받아들여진다.

이럴 때 비밀로 가득 찬 제3의 인물이 등장한다면, 은밀한 정사의 시작을 알리는 종소리가 울려 퍼지는 것이다. 갑자기 자신의 내부에서, 모든 감각적 욕구를 동반하며 다시금 찾아오는 감정이 있다. 바로 사랑이다. 자율을 가르치는 교훈극으로서의 사랑 말이다.

생동감

초기 때 레아와 프레디가 자신들만의 은밀한 랑데부를 통해 그토록 생동감 있고 풍성한 느낌을 품은 채 집으로 돌아온 것은 놀랄 일이 아니다. 그 생기 넘치는 생동감이라니! 그 열정적인 키스, 포옹, 숨결 그리고 달콤한 말들은 또 어땠고!

그러나 가짜 행복일 뿐이다. 밀월관계가 원래의 부부관계와 공존하며 몇 년 혹은 수십 년간 지속되는 경우는 극히 드물다. 금지된 행동의 짜릿함을 어딘가 말하지 않고는 못 배기는 법이니까.

밀애하는 사람들은 둘의 관계가 밝혀질까 봐 전전긍긍하며 침대에서 몸을 나누는데, 그 육체 외에 두 사람이 공유하는 것은 너무 적다. 서로의 친구들과 만나 교제하지 못할뿐더러 성적인 관계로 말미암은 죄책감이 늘 따라다닌다. 결국 정사의 비밀이 폭로되면서 파경을 맞는다. 그리고 전부터 벌어졌던 부부관계 또한 정사에 부딪혀 파경을 맞는다.

밀애는 한계가 분명한 자극 전달제요, 한바탕 정열적인 연극을 한 듯 자부심과 정체성은 물론이고 나아가 삐걱거리던 부부관계까지도 일정 기간 안정을 되찾게 하는 감정의 무대에 불과할 때가 많다.

기브 앤드
테이크

토마스는 안나에게서 모든 것을 받을 수 있다, 정말이지 모든 것을. 한 여자가 한 남자에게 그보다 더 많이 줄 수는 없을 거다. 안나는 이기적인 것과 거리가 먼, 남을 잘 보살피는 헌신적인 사람이다. 그런데 왜 토마스는 그녀와의 관계에서 100% 행복감을 느끼지 못하는 걸까? 그에게 얼마 전부터 애인이 생긴 이유는 무엇일까?

그것은 안나가 섹스에서도 이런 퍼주는 식의 태도를 보이기 때문이다.

모성적 사랑

그녀 쪽에서 섹스 신호를 보내지 않은 지 벌써 몇 년째다. 처음 얼마간은 억지로라도 자신이 토마스를 '남자'로서도 괜찮게 여기고 있다는 것을 느끼게 해줄 수 있었다. 그러나 현재 그녀는 그저 어머니가 아들을 보살피는 그런 마음으로 남편을 대할 뿐이다. 토마스는 자신이 사랑받고 있다고 느끼면서도 오히려 버릇없는 응석꾸러기가 된 듯한 기분이 든다. 안나와 섹스할 때마다 그는 뭔가 맞지 않다는 느낌을 받는다. 그는 말한다.

"그녀는 내가 그걸 하도록 해주죠. 마치 어머니가 아이에게 자신과는 별 상관이 없는 어떤 일을 하도록 해주는 것처럼요."

안나와 토마스 사이에서 벌어지고 있는 일은 다분히 문제가 있다. 한 사람은 요구하고 다른 한 사람은 항상 들어주기만 할 때, 왜곡된 관점이 발생한다. 요구하는 것은 사소하고 천박하게 보이고, 베푸는 것은 위대하고 고상하게 보인다. 토마스가 "~해도 돼" 하는 안나의 눈길을 편하게 느끼지 못하는 것은 당연하다.

토마스는 불편한 마음을 내연관계로 끌고 갔다. 그러나 일은 다른 식으로 펼쳐질 수도 있다.

불편한 심기

토마스는 안나를 부당하고 냉정하게 대했을 수도 있다. 그녀를 평가절하함으로써 그녀의 베풂에 대한 자신의 의존도가 약화되었다고 느낀다.

더욱 심각한 경우는 다음과 같다. 토마스가 심지어 헌신적인 안나에 대해 공격적 자세를 취하게 되는 것. 늘 받기만 하고, 그것도 자기 쪽에서는 줄 기회를 갖지 못한 채 받기만 하는 데 대한 불쾌한 마음을 보상하고자 그녀를 증오함으로써 무의식적으로 그녀를 벌하는 거다.

대부분의 사람에게는 주고받는 것, 즉 기브 앤드 테이크가 조화롭게 오가는 가운데 살고자 하는 욕구가 있다. 내가 주면, 네가 받고, 그다음엔 내가 뭔가를 다시 돌려받는 식으로. 정서적인 균형이 이루어지지 못하면, 종속의 나사가 더욱더 조여진다. 주기만 해오던 파트너는 잘못 길든 투덜이 동반자를 그래도 행복하게 해주려고 더욱 전력을 다한다. 그러나 그(그녀)가 많이 주면 줄수록 상대방은 이른바 보답도 하지 못한 채 받는다는 죄 때문에 그(그녀)에게 냉정하고 애정 없는 자세를 취하며 그(그녀)를 거부하게 되는 것이다.

인정받기

토마스의 경우, 다른 여자에게서 애인으로 인정받는 일이 점점 더 절박해졌다.

"어느 날, 엘리자베스가 나타났습니다. 그녀는 우리 회사의 컴퓨터 그래픽 담당자였어요. 그녀와 나는 제품에 관한 이야기들을 나눴습니다. 그땐 아무 일도 일어나지 않았죠. 업무상 접촉이 잦아지면서 비로소 서로 눈짓을 주고받는 사이로 발전했죠. 그 관계에 관한 한 나는 모든 것을 통제할 수 있었다고 생각합니다. 그러고 난 뒤 엘리자베스가 나를 섹시하게 생각하고 있다는 걸 분명하게 보여주었습니다. 이것이 전부입니다." (토마스, 43)

일어날 일이 일어났다. 벌써 첫날밤을 보낸 뒤부터 둘은 '우리는 서로 떨어질 수 없다'는 확신을 갖게 된 것이다. 토마스에게 이혼은 생각할 수 없는 일이다. 그의 부인은 완전히 망가지고 말 것이다. 더군다나 그녀가 그를 얼마나 사랑하는데, 어머니가 아이 사랑하듯 해서 문제지. 아이도 마찬가지이고······.

관대함

토마스는 집에서 '아이'로서의 자기 역할에 여전히 충실하며, 안나의 어머니와 같은 관대함에 호소할 것이다. 그리고 아이가 엄마에게 하듯 "마음껏 누리게 해줘"라고 칭얼거리며 더 많은 섹스의 자유를 구할 것이다. 어쩌면 그는 자신의 요구가 온전히 타당하다고 생각할지도 모른다. 자기가 아무리 버릇없게 응석을 부려도 안나가 자신을 사랑할 거라는 감이 있기 때문이다.

전적으로 100% 부당한 것만은 아니다. 그러나 서로 합의를 보지 않은 상태에서 파트너관계가 모자 또는 부자의 관계로 언급될 경우, 그러니까 한쪽은 주기만 하고 한쪽은 받기만 한다면 적어도 둘 중 어느 한쪽에겐 성적인 균형이 맞지 않는 것이다.

삼각관계의
형성

일반적으로 남성과 여성의 90% 이상이 이론적으로는 정절을 지키는 것이 아주 중요하다고 생각한다. 그러나 여성의 경우엔 최소한도 5명 중 1명이, 남성은 2명 중 1명이 바람을 피운다. 성별에 상관없이 현재의 파트너관계가 불만족스러울수록 그만큼 더 시각적으로 매력적인 외모가 주는 성적 자극에 대한 저항력이 떨어진다고 한다. 심하면 처음부터 그런 경우도 있지만 말이다. 충족감이 부족하면 부족한 것에 대한 동경심이 생기는데, 이는 종종 사랑과 동일시되곤 한다. 조사 결과 우리가 도달한 결론은 오해의 소지는 없지만, 듣기 편하지는 않다.

'충족감을 주는 파트너관계에는 대체로 제3의 인물이 끼어들 기회가 없다.'

충동 조절

결속과 친밀함, 활력, 인정 또는 자율에 대한 욕구가 너무 적거나 도무지 그치지 않을 정도로 강렬해지면, 그 즉시 정절에 적신호가 커진다. 유아기의 발육 과정에서 과도한 쇼크에 방치되었거나 친밀한 관계나 구속, 안정에 대한 기본적 욕구가 충족되지 못한 사람도 끝까지 정절을 지키기 어렵다. 그런 상황에선 '심리적 제동기제Hemm-mechanismus'가 불충분하게 형성되므로 '충동 조절 Impulskontrolle'의 능력이 떨어지게 된다. 나중에 유혹 상황에 맞닥뜨릴 때, 충동 조절이 잘되는 사람에 비해 이런 사람이 유혹을 뿌리치기가 훨씬 더 어려울 거라는 건 불 보듯 뻔하다. 충동 조절이 약한 사람은 또한 삼각관계에 빠져들기 쉽다. 거기서 파생될 결과에 대해 처음부터 올바로 계산하지 못하기 때문이다.

충동 조절이 떨어지는 사람일수록 파트너관계가 무뎌지면, 유혹에 빠지는 속도가 더 빠르다. 거기에 정력마저 강한 체질이라면 제3의 인물을 향해 문이란 문은 다 열려 있는 셈이다.

욕구불만의 내성

우리는 모두 발육 과정을 거치면서 '본능적 욕구Trieb'를 포기하는 것을 배워야 한다. 이것은 기정사실이다. 누구든 기분 내키는 대로 다 할 수는 없다. 또한 모든 것을 다 가질 수도 없고, 갖고 싶을 때 언제든지 가질 수도 없다는 걸 인정하고 받아들여야 한다. 이러한 포기를 실천에 옮기기 위해 인간은 자신의 '욕구 충동Triebimpuls'을 점진적으로 조절해가야 한다. 요컨대 '욕구불만의 내성'을 키우는 것이다. 그러나 이러한 조절 능력이 충분히 형성되지 않으면, 본능적 욕구가 강한 사람의 경우엔 이 관계가 끝나면 저 관계로 계속 삼각관계에 휘말려 다니게 된다.

위기 상황은 종종 욕구불만의 내성을 약화한다. 그래서 예를 들어 여성이나 남성이 원래 인격 발전의 새로운 한 장을 맞이해야 하는 중년기, 혹은 실존적 변화가 불가피한 시점에서 빈번히 삼각관계가 형성된다. 이때 특히 남성은 나이가 아주 어리거나 사회적으로 격이 맞지 않는 여성, 그렇지 않으면 어딘가 문제가 있는 여성들과 사랑에 빠지는 경우가 많다.

힘

외도하는 사람 4명 중 1명은 은밀한 애정관계를 통해 현재의 공허한 부부관계를 성적으로 되살리려 하거나, 장기 말 두듯 심리적으로 '말'을 움직임으로써 관계를 회복시키려고 한다. 불륜관계로 부부관계에 힘의 균형이 조정되어야 할 때도 많다("할 말이 없군. 하지만 난 충분히 애인을 둘 자유가 있어!"). 너무 가까워진 둘만의 생활을 '환기'하려는 것도 이유가 될 수 있다. 정서적 혹은 성적으로 만족스럽지 못한 부부관계가 그래도 계속 유지되고 있다면, 어쩌면 숨겨둔 애인 덕택일 수 있다. 애인의 관심과 인정을 통해 모인 힘이 부부관계로 유입되어 부부관계에 다시 균형이 잡힘으로써 이혼이나 별거 같은 결과를 맞이하지 않게 되는 것이다.

권력투쟁

오직 사랑이 유일한 이유가 되어 삼각관계가 형성되는 것은 아니다. 때로 권력투쟁의 차원에서 삼각관계가 이뤄질 수도 있다. 한 여자가 다른 여자의 파트너를 '빼앗음'으로써 그 여자에게 자신이 더 강한 여자임을 입증하고자 하는 경우가 그렇다. 그러므로 사람들이 내연관계를 맺는 데는 의식적이면서도 무의식적인 많은 동인이 작용한다. 다른 사람에게 이미 속한 사람이라는 사실 자체만으로 벌써 정열적 욕구가 끓어오르는 여성과 남성이 의외로 많다.

비슷한 주제를 다룬 여타의 조사들에서도 그랬고, 우리 연구팀의 연구 결과에서도 남성들뿐 아니라 여성들 역시 섹스 상대를 바꾸고, 집중적인 관능적 경험을 열망하는 것으로 나타났다. 여성들은 파트너관계에서 자신이 파트너의 관심권 밖에 있다고 느낄 때 특히 쉽게 '감염'된다. 남자가 제아무리 끈팬티를 입고 설친다 해도 남자가 있는 여자를 자극하기란 하늘의 별 따기다. 하지만 그 남자가 평소에 그리던 자상함과 애정 어린 관심을 줄 거라는 기대를 품게 한다면, 뜻밖에도 여자는 그와 내연관계에 빠질 가능성이 커진다.

본능적인
욕구와 열정

체질

체질적인 본능적 욕구의 강도는 불성실의 정도를 측정하는 중요한 척도가 된다. 성욕이 강한 사람은 성적으로 좀 더 강하고 절박한 압박 아래 서 있다. 습관적으로 공복감에 시달리는 사람이 다른 사람에 비해 더 자주 음식물을 섭취하게 마련이다. 성적 충동에 열중하는 사람들도 이와 다르지 않다. 그들의 관계에선 성적 관심이 다른 모든 것과 겹쳐진다. 설문자 중 여성의 11%, 남성의 15%가 과장처럼 들리지만, 대부분 파트너관계 밖에서 다수의 사람과 성적 접촉을 하고 있다며 성행위 빈도수 상승에 관해 언급했다.

"다른 것은 더 이상 아무것도 생각할 수 없었습니다. 얼마나 만족하지 못했는지 몸이 다 아플 정도였지요. 그것은 할 짓이 못 되었습니다. 살아도 산 것이 아니었어요." (안드레아스, 37)

"남편과 잠자리하지 않은 여자들은 어떻게 그걸 해결하지요? 난 그게 필요해요. 섹스 없이 나는 살 수 없어요." (카롤리네, 31)

섹스에 별로 적극적이지 않은 사람에게 점점 더 늘어가기만 하는 파트너의 섹스 요구가 과도하게 느껴지고, 그래서 거부반응을 보이는 것은 당연한 일이다. 계속 욕구불만에 시달리는 동반자가 거기서부터 외도 혹은 내연의 사랑을 향해 걸음을 내딛는 경우가 더욱 많아지게 된다.

수치심

일탈의 성적 소망을 가진 여성과 남성은 생활방식 역시 복잡한 경향이 있다. 우리가 조사한 바에 따르면 사드마조히즘 Sadomasochism(학대하고 학대를 받는 음란한 성행위)을 즐기는 사람은 자신의 성적 기호를 생활공동체, 즉 부부관계에 편입시키는 경우가 거의 없는 것으로 나타났다. 그들은 그들의 열정을 은밀하게, 그러니까 부부관계 밖에서 쏟는 걸 명백히 선호하는 것이다.

사회적 매장에 대한 두려움이나 파트너가 이런 성적 유희 방식에 응할 태세가 되어 있지 않은 것만이 이 현상의 원인은 아니다. 이렇게 외적으로 분리된 삶은 내면적 분리와도 일치한다. 요컨대 사드마조히즘적 상상이 잔혹할수록, 실제 체험에서 다른 '정상적인' 감정들과 그만큼 더 분리되게 마련인 것이다.

사드마조히스트들은 대개 그들의 생각, 혹은 기호가 같은 사람들이 해당 클럽에서 하는 행동을 수치스럽게 여긴다. 그들은 일

상생활에서는 파트너를 둠으로써 그 일을 기억에서 덮어두고자
한다.

순화

사드마조히스트들은 다른 사람들에 비해 억압뿐 아니라 순화
에 대해서도 좀 더 많은 애착을 갖는다. 어떤 형식으로든 우리는
모두 순화적 행동을 하는데, 다행이 아닐 수 없다. 그렇지 않으면
문화란 존재하지 않았을 것이다. 순화란 어린아이의 원초적이고
비사회적인 본능적 욕구가 지향하는 바를 다듬는 능력이라고들
이해한다. 어린아이가 아무렇지도 않게 재미 삼아 곤충 날개를
잡아 뜯는다거나 순진하기 그지없는 표정으로 자신의 배설물을
만지며 노는 걸 본 적 있을 것이다. 그러나 어린아이에게는 순도
100%의 만족감을 주는 이런 행동 단계에 마냥 머물러선 안 된다
는 건 자명한 이치다. 순화를 통해 아이들은 이러한 충동을 포기
하는 법을 배운다.

순화의 과정은 언제나 본능적 욕구에 대한 직접적인 충족을
포기하고, 본능적 욕구를 사회, 도덕적으로 허용된 좀 더 고상한
단계로 끌어올리는 것과 결합된다.

미성숙한 동성애적 욕구 충동을 추적해보면 순화 과정을 가
장 잘 알 수 있다. 동물계界에선 동성애가 널리 퍼져 있다. 인간은
순화를 통해 동성애 충동을 친구관계의 감정으로 변화시킨다. 정
신분석학적 관점에서 볼 때, 같은 성性끼리 나누는 우정은 순화
된 동성애이다. 이성관계에선 순화에 대한 필연성이 존재하지 않

기 때문에 남녀 간 '끈끈한' 우정은 극히 찾아보기 힘들다. 영화 〈헤리가 셀리를 만났을 때〉는 바로 이 주제를 코믹하게 다룬 작품이다.

결속 에너지

그러나 비단 동성애만이 우리 문화권에서 사회화 과정의 진행과 더불어 순화되는 유일한 욕구 충동은 아니다. 어렸을 적 대부분의 욕구 충동들, 예를 들어 사드마조히스트적이고 노출증적인 욕구 충동에서도 같은 순화 과정이 발생한다. 사디즘Sadism(학대음란증)은 심리성적 발달 과정을 거치면서 자상함으로 변화하고, 노출증은 자기 표출의 한 부분이 된다.

미성숙한 욕구 충동으로 거슬러 올라가는 성적 판타지, 특히 사디즘, 마조히즘Masochism(피학성음란증), 노출증 혹은 관음증과 같은 성적 판타지를 경험할 가능성이 적은 이성관계일수록, 파트너관계가 높은 결속 에너지를 지닌 탄탄한 친구관계로 발전하는 속도는 그만큼 빨라진다. 성생활을 중요하게 생각하지 않는 보수적이고 종교적 색채가 짙은 파트너관계는 그 흔들림 없는 탄탄함 덕분에 종종 깊은 인상을 남긴다.

불성실한
남자

남성 10명으로 구성된 집단에 들어 있다면, 이 중 4~5명이 외도하는 사람이라는 데서 출발할 수 있다. 그러나 남자들은 원래 정절에 관한 한 불성실을 천부적으로 타고났고, 그래서 바람피우지 않을 도리가 없다는 걸 증거로 끌어대는 것은 너무 단편적일 수 있다. 남성적 본성에는 유전자를 되도록 많이 전달한다는 원칙이 깊이 뿌리박혀 있음은 맞는 말이긴 하다. 그러나 어떠한 상황에서도 남자를 다른 침대로 몰아넣은 생물학적 '강제'란 없다. 당연히 외도와 내연의 사랑을 남자들에게 극단적으로 조장하는 조건들이 있는 것이다.

애착

남성 중 심리성적 발육 과정을 거치면서 한 명의 유아기적 관련 인물, 대개 어머니에게 고착된 남성들은 파트너관계에서 감각적인 충동과 감정적인 충동을 조화시키는 데 어려움을 겪는다.

근친상간 금기의 결과, 어머니들은 아들이 성숙해가면서 아들로부터 '탈섹스화'된다. 다시 말해 아들은 성숙해가는 과정을 통해 어머니에 관한 그의 체험에서 어머니의 성적인 면을 분리하여 그것을 다른 여성들, 그러나 일반적으로 그가 사랑하지 않는 여성들에게로 옮겨야 하는 것이다. 이런 방식으로 마돈나의 상과 창녀의 상이 생성된다.

사춘기가 되면 이 두 여성상은 다시 하나로 압축된다. 그러나 모든 남성이 다 이 과제를 성공적으로 해결하는 것은 아니다. 원천적인 분리를 고수할 경우, 손대서는 안 되는 마돈나의 상과 여성 파트너가 동일시되는 것은 시간문제에 불과하다. 그녀는 어떤 경우에도 남편의 '더러운' 성적 소망에 닿아선 안 되는 것이다. 그 결과, 그는 그가 원하긴 하지만 사랑하지는 않는 다른 여자와의 은밀한 내연관계를 통해 이 욕구를 마음껏 해소한다. 고전적인 창녀 대 마리아의 상황이다. 졸지에 성녀의 받침대 위에 세워진 부인이 그것을 원하느냐, 않느냐는 별개로 말이다.

초창기 집중적인 사랑의 체험으로 정절에 대한 불성실의 충동이 대체로 효력을 발휘하지 못하는 때를 제외하고, 습관적으로 외도를 일삼는 사람들(남성의 약 20%)에게선 불성실을 범하지 못하도록 저지하는 저항력이 제힘을 발휘하지 못한다.

무절제하게 바람피우는 남성의 경우 알코올에 대해서도 종종 윤리적 개념이 떨어지는 것을 본다. 불성실한 남성의 56.9%가 자신의 건재함을 위해 알코올을 필요로 하는 데 비해 여성은 그 비율이 28.4%에 그쳤다.

구속될 줄 모르는 남성들에게 무엇보다도 중요한 일은 가능한 한 많은 여성과 '성관계를 맺는 것'이다. 그들은 부인에 대해서 그리고 잠깐 도피해 간 내연의 여성에 대해서도 내적 거리를 둔다. 이런 남성들은 그들의 남성성을 상습적인 불성실, 즉 부정不貞을 통해 입증하는 것이다(여성의 입장에선 당연히 의아하게 여겨질 때가 많다).

쾌락적 욕구의
상실

파트너관계가 지속되면서 관능적 매력이 수그러드는 현상은 체질적(생물학적) 요소가 그 주요 원인일 것이라는 가정을 낳을 정도로 보편적인 현상이다. 간단한 용어로 말해보자면, 선택Selection의 장점이라고 할 수 있다.

선택의 장점

일부다처제는 개인적으로는 비극이 될 수도 있지만, 유전자에게는 최상의 유전자 결합을 보장한다. 개체의 다양함이 진화에 플러스 요인이 되는 것은 숨길 수 없는 사실이다. 물론 이것을 사회화하지 않고 '보급'에만 주력한다면 선택의 장점이 아닌, 선택의 단점이 될 것이다. 예컨대 제대로 양육되지 못하고 방치된 아이들이 그렇다. 이 아이들이 사회적으로 성공할 기회는 상대적으로 현저히 적어진다. 가장 좋은 것은 '일정 기간 부부간의 정절을 유지하는 것'이다. 이 경우 부부는 '새가 부화된 새끼를 포육하듯' 육아에 필요한 기간 동안만큼은 안정된 관계를 유지한다.

그러나 관계 속에서 리비도의 상실을 극복하는 방식이나 파트너관계에서 리비도의 상실이 미치는 영향까지도 생물학적 요소들에 의해 좌우되는 것은 아니다.

하향 추세

상대방을 향한 성적 동인, 욕망, 탐욕, 열망 등은 파트너관계가 시작된 지 1년 이내에만 계속 상승한다. 그 이후부터 소수의 경우를 제외하곤 남성과 여성 모두에게서 리비도는 계속 하향곡선을 그린다. 그러다가 남성들이 여성들보다 좀 더 빨리 쾌락적 욕구의 제로점에 이른다.

- 남성의 경우 고정 파트너에 대해 느끼는 성적 매력이 최저점에 도달하는 시기는 관계를 맺은 지 6년에서 9년 차 사이로, 나이와는 무관하다.
- 여성의 경우 파트너에 대해 성적 관심을 잃어버리는 시기는 좀 더 늦다. 여성들의 욕망이 내리막길을 걷는 것은 관계 10년 차부터다. 이 시기에 이르면 장기간 함께한 파트너들이 은밀한 사랑에 대한 저항력이 약해져 감염도가 특별히 높아진다.

눈에 띄는 또 다른 결과는 감각적인 이유로 말미암아 부부간의 정절을 지키지 못하는 강한 성향의 여성과 남성의 경우, 기억속에 각각 동성의 부모가 더 강하게 남아 있는 경우가 많다는 것이다. 강한 인상을 주는 남성적 정체성을 지닌 남성들은 마찬가지로 강한 아버지를 모범상으로 갖고 있었고, 강한 어머니를 둔 여성들은 자의식이 강한 여성성을 발전시킬 수 있다.

반면, 자신의 성性과 반대되는 부모와의 동일시는 리비도 제어 장치로 작용한다.

- 어머니와 강한 동일시를 한 남성, 그리고 내면적으로 아버지로부터 떠나지 못하는 여성들은 파트너관계가 길어지면 그렇지 않은 사람에 비해 훨씬 더 빈번하게, 그리고 훨씬 일찍 파트너에 대한 성적 관심을 잃는다.

어차피 부모의 그늘에서 벗어나기란 쉽지 않다. 우리도 모르는 사이 종종 어머니 혹은 아버지는 그들의 다 큰 '아이들'의 은밀한 배후 조종자가 되곤 하는 것이다.

아버지의 인정을
받지 못했을 때

많은 아버지가 내연녀로서 살아가는 딸의 운명이 간접적이긴 하지만 자신과 연관되어 있다는 말을 듣는다면 경악을 금치 못하거나 무척 당황해할 것이다.

바바라는 12년 전부터 레오나르드가 자신과 결혼하기를 기다려왔다. 하지만 그는 그때마다 결혼할 수 없는 이유를 새롭게 찾아내곤 했다.

> "2년 전, 그이가 내게 약속했었어요. 여름이 되면 최종적으로 결혼식 날짜를 확정하자고요. 7월이 지났는데도 그이에게서 그것에 관해 아무 말이 없었지요. 8월에도 마찬가지였고요. 그러고 나서 그가 진지하게 말하더군요. '올여름은 결혼식을 올리기에 적당치 않았어'라고 말이죠." (바바라, 36)

한 친구가, 레오나르드가 그녀를 인정하지 않는 거라는 이야기를 하자 그녀는 "하지만 나는 그이가 나를 사랑하는 게 느껴지는 걸"하며 그를 두둔했다.

인정

직장생활에서 바바라는 존경받고, 인정받는 여성이다. 그런 그녀이지만 사랑하는 남자로부터는 그에 걸맞은 인정을 받지 못하고 있다. 어떻게 이럴 수 있는 걸까?

바바라 같은 여성들은 대부분 아버지가 아예 자신을 인정하지 않는다는 것을 어린 시절부터 일찌감치 터득했다. 이런 여성들에게선 "나는 알아요. 아버지께선 나를 마음 깊이 사랑하셨다는 사실을요. 다만 아버지께서 그것을 결코 인정하지 못하셨을 뿐이죠"라는 말을 반복적으로 듣게 된다. "이제 당신 딸한테 그렇게는 더이상 안 된다는 것을 분명히 해줘요" 하는 어머니 부탁에 아버지가 어쩔 수 없이 취한 제재일 수도 있다. 어쩌면 정말 아버지는 딸이 참여한 학예발표회에 한 번도 가지 않았을지 모른다. 그토록 많은 아버지가 자랑스러운 표정으로 발표회에 왔건만, 그녀의 아버지만 그 자리에 없었던 기억이랄까.

"어렸을 적, 나는 몇 년 동안이나 아버지가 다른 사람들이 보는 앞에서 단 한 번만이라도 내 머리를 쓰다듬어주길 간절히 바랐죠. 다른 사람들이 오면, 나는 언제나 아버지의 눈길을 받으려고 애썼지요. 하지만 아버지의 눈길은 늘 날 비껴갔죠. 아버지에게 바싹 달라붙으려고 한 적이 있었어요. 아버지가 나를 밀쳐내시더군요. 모두가 그 모습을 보았지요. 나는 배신당한 느낌이 들었어요." (바바라, 36)

반복 강박

바바라처럼 끊임없이 결혼한 남성과 사랑에 빠지는 여성들은 오래된 유년기의 표본을 반복하는 것이다. 다시 말해 무의식적으로 남자가 그녀의 편에 서지 않는, 즉 그녀를 인정하지 않는 그런 관계들을 구하는 것이다. 옛날에 아버지가 그랬던 것처럼 말이다. 이러한 반복의 강제를 통해 그녀는 그때와 같은 상황이 만들어지지만, 결국 긍정적인 엔딩을 경험하도록 하려는 것이다.

얽히고설킨
내연관계

은밀한 내연관계는 한쪽 파트너가 역할 전가로 말미암아 점점 더 부모 역할을 떠맡게 될 때도 발생한다.

역할 전가

베로니카가 토마스와 결혼한 이후 토마스는 줄곧 내연관계를 가져왔다. 몇 달 만에 끝나는 경우도 많으나 1, 2년 정도 지속된 관계도 한두 건 있다. 베로니카가 토마스의 부정을 알게 되는 날이면 극적인 장면들이 연출되는데, 그럴 때마다 베로니카는 "이젠 끝장!"이라며 단단히 결심한다. 규칙처럼 여지없이 별거 상태가 이어진다. 그러면 토마스는 그의 내연관계를 포기한다.

자유

별거 상태가 되면 토마스에겐 자유가 주어진다. 사실 몰래 사랑하는 것으로 만족해야 했던 그 여자를 이제는 언제든지 볼 수 있는 것이다. 하지만 토마스의 행동은 어떨까? 그는 집에 앉아서 눈물을 지으며 부인을 바라보고 있다.

> "그 사람요, '난 당신이 필요해' 하며 절규한답니다. '한 번만 더 기회를 줘, 더 이상 그런 일은 절대로 없을 거야' 하면서요. 그 단계에선 정말로 그렇게 할 것 같은 믿음을 주는 듯도 해요. 하지만 나는 그 사람이 그냥 나오는 대로 지껄이는 말을 인정해줄 만큼 그렇게 어리석지 않아요. 그런데 그 사람은 자기가 '다시는 안 하겠다'고 맹세할 때, 그걸 정말로 진지하게 생각한답니다." (베로니카, 48)

대리모

배후에 '대리모'를 갖는다는 확신이 있을 때만 내연관계에 관심을 기울이는 사람이 많다. 베로니카는 자신이 대리모라는 느낌을 가져본 적이 없다. 그녀는 스스로 아량이 넓고, 평생 남편을 끌고 가야 한다고 생각한다. 그러나 실제로 문제 되는 것은 아량이 넓은 게 아니라, 어머니와의 분리에 실패한 것이 문제다.

생후 두 살 무렵의 아이는 실험과 모험의 즐거움을 발달시키기 위해 보호와 안정을 필요로 한다. 엄마가 근처에 있는 동안 어린 아이들은 엄마에게 전혀 관심을 쏟지 않는다. 아이들은 엄마에게서 잽싸게 달아나 이곳저곳으로 기어오르기도 하는데, 엄마가 기대하는 행동은 하지 않는다. 그러다가 엄마가 자리를 뜨려고 하는 즉시 울면서 엄마에게로 달려가 치맛자락을 붙잡고 늘어진다.

이 발육 단계는 '날 가게 내버려둬. 하지만 내가 돌아오면, 그 자리에 있어줘' 하는 구호가 안성맞춤이다. 너무 끼고돌지 않으면서 동시에 아이가 충분히 안정감을 느끼게 해주면, 아이는 이 발육 과정을 무사히 졸업한다. 안정을 관장하던 기관이었던 어머니는 이제 내적 확신으로 자리 잡게 되고, 어머니와의 종속성에서 벗어날 수 있게 된다.

완숙함

심리적으로 안정된 성인은 자기만의 호기심과 그 실험의 즐거움으로 말미암아 부부관계가 극단적인 혹사 상태 혹은 위험에 빠지지 않도록 조절한다.

그러나 사랑에서 균형을 유지하기란 쉽지 않다. 제아무리 좋은 의도라도 계속했던 대로 되지 않는 것은 개인적이고 발달사적인 이유뿐 아니라, 다음 장에서 확인할 진화생물학적 이유들 때문이기도 하다.

제2장

진화 그리고
불륜의 사랑

사랑의 가장 큰 비밀은 더 이상 비밀이 없다는 것이다. 정신분석학과 진화생물학에 의해 '사랑'이라는 신화의 매력이 상실된 지 오래다. 유전, 변이, 선택(자연도태)의 진화 알고리즘은 우리의 애정생활에도 결정적이다. 인간에게서 사랑의 감정은 그것이 진화론적 장점으로 드러났기 때문에, 단순히 그 이유로 말미암아 발전했다. 사랑과 결속의 능력이 있는 인간이 진화 과정을 거치면서 더 강하게 번식했던 것이다.

두뇌 체계

오늘날의 학문적 입장에 따를 때, 모든 것은 종족 보존을 축으로 돌아간다. 진화론 연구가들은 섹스가 즐거움을 주는 것은 자주 성행위를 하게 함으로써 종의 존속을 확실히 하기 위해서라고 본다. 사랑하는 커플의 감정 움직임도 바로 종의 보존에 기여한다. 두 사람이 함께하면 더 좋은 종족 보존의 성과를 이룰 수 있는 것이다. 게다가 후손에 대한 공동 양육은 생존의 요인이기도 하다.

욕구와 갈망, 행복과 열락悅樂의 상태와 같은 사랑의 신비도 명쾌하게 해명된다. 즉 세 개의 서로 다르면서 또한 서로 연결된 두뇌 체계가 욕구Lust와 매료, 결속이라는 세 개의 체험 영역을 조종한다. 각각의 두뇌 체계에서 화학물질을 만들어 그에 상응하는 행동을 취하게 한다.

- **욕구**는 이 맥락에서 단순한 성적 욕구를 의미한다. 즉, 성적 본능은 자기 종種의 한 구성원과 성적으로 결합하도록 동기를 유발한다.
- **매료**는 특정한 한 사람에 대해 관심이 높아지는 것이다. 이 열정적이고 낭만적인 감정에는 쾌락적 욕구의 짝짓기 에너지가 숨어 있는가 하면 감정의 합일에 대한 강한 욕구도 숨어 있다.
- **결속**은 극도의 행복감에 도취된 낭만적인 사랑이나 순전한 짝짓기의 에너지가 아닌, 대체로 내면적인 친근함과 배려를 뜻한다.

뇌에서 만들어낸 화학물질은 특정한 행동을 끌어낼 뿐만 아니라, 화학물질 상호 간에도 서로 영향을 끼친다. 극도의 행복감을 주는 낭만적 사랑이 원초적으로는 쾌락적 욕구에 초점이 맞춰진 만남에서 비롯되어, 결국 충만한 동지애적 사랑으로 빠져드는 걸 경험상 누가 모르겠는가. 깊은 결속에서 생성되는 신경물질은 성생활을 상당히 약화한다. 반면 성욕에 쫓기는 삶은 신뢰하는 사람과의 결속에 다시 부정적인 영향을 미칠 수 있다.

- **변화**로 이런 화학적 조절 작용을 배제할 때, 사랑의 현상은 심리학적이고 사회적인 전제조건들에 의해 좌우되기도

한다. 사랑은 순수한 학문적 접근을 불가능하게 할 정도로 깊은 열망이 압축되어 있다. 그러나 다른 한편에서 보면 사랑의 개념이 사회적 조건에 따라 변천된 것을 알 수 있다. 이제 결론에 근접했다. 요컨대 모든 사회 형태와 모든 발전 정도는 성적 태도와 결속 행동을 함께 관장하는 두뇌 체계와의 상호관계 속에 있다.

시간 여행

잠시 옛날을 더듬어보자. 우리 할머니에게 '사랑'이란 무엇이었을까? 증조할아버지에겐? 증조할아버지의 부모 세대에겐? 가계도를 짚어가며 중세 시대까지 거슬러 가보자. 그러고는 그 시점에서 우리의 짧은 시간 여행을 멈추어보자.

중세 때의 인간은 아직 스스로를 자기책임이 있는 개체로서 파악하지 못한다. 자신이 신에 의해 조종되고 있다고 느끼고 자신이 속한 신분이나 계층에 따라 자신의 정체성을 획득한다. 사랑도 이러한 세상과의 연계 아래 특성이 부과되었다. 사랑에는 쉽게 진정되고, 따라서 언제 끝날지가 정해진 '천박한' 사랑과 충족되지 않고 계속 이어지는 '고상한' 사랑, 따라서 '진정하다' 여겨지는 사랑이 있다. 중세 기사와 민네징어Minnesinger(12~13세기 독일 궁정의 서정시인)들은 자신과는 거리가 먼 고귀한 신분의 여인들을 사랑하며 그들을 숭배하고 찬양한다. 가망성 없는 사랑이야말로 이들 중세 기사와 민네징어의 정체성을 이루는 본질이 된다. 그리고 그 사랑으로 말미암아 이들은 '육욕적' 충동을 거리낌 없이 만족시킬 비非귀족계층의 사람들과 구분된다.

중세가 지나면서 인간은 더 이상 자신이 톱니바퀴의 일부이지만, 신적인 전지전능함에 내맡겨져 있다고 보지 않는다. 인간은 자신을 자기책임을 진 독립적 존재로서 인식한다. 초상화 유행은 이러한 개별화 현상을 잘 보여준다. 이와 결부하여 사랑도 어느 계층에 소속되었느냐가 아닌, 독립적 감정에 따라 결정된다.

성별 유형학

18, 19세기에는 성별 유형학에 의해 구체적인 사랑의 태도가 제시된다. 사랑하는 데서 남자는 적극적이고 여자는 소극적이다. 남자는 물질적인 부양과 보호 그리고 관리의 역할이, 여자에게는 온유하고 감사할 줄 아는 성품과 감정이 강조된다.

크니게Knigge의 《예절서Benimmbuch》는 '사랑'이란 모름지기 어떠해야 하는지 규정하고 있다. 그에 따르면 사랑은 파트너에 대한 윤리적인 행동과 존중 그리고 존경이다. 이것을 지키고자 노력할 때 중요한 것은 친밀감과 내면의 교통이 아니라, 함께 힘을 합쳐 일상생활을 잘 헤쳐가는 것이다. '건조한' 부부관계와 '외설스러운' 혼외관계가 존재한다. 서로를 향해 한 번 "예"라고 말했던 부부를 갈라놓을 수 있는 것은 죽음뿐! 이런 시대엔 원천적으로 내연의 사랑이 전성기를 누릴 수밖에 없다.

존경하는 공동체로서의 부부관계

아직 남자의 노동 활동이 집안을 벗어나지 않는다. 부인과 아이들 모두 노동공동체이다. 산업화에 의해 남성의 활동이 집 밖으로 확장되면서 비로소 노동공동체와 가족생활이 분리된다. 사랑이 점점 배우자 선택의 토대로 자리를 잡아간다. 대화 없는 존경의 공동체였던 부부관계가 대화를 인정하는 파트너관계로 발전한다. 20세기로의 전환기, 즉 19세기 말, 20세기 초까지도 '당신을 사랑합니다'라는 말은 여전히 '나는 나의 성별 유형에 따른 역할을 충실히 하겠습니다'라는 의미를 갖는다. 그러나 이와 동시에 달라진 점은 이 말에 '나는 당신에게 정신적 그리고 육체적인 관심도 보이겠습니다'라는 뜻이 함께 섞여 있다는 점이다. 하지만 여전히 갈등 부분은 예전과 똑같이 침묵으로 일관되고, 이혼은 최후의 수단일 뿐이다.

1960년대는 궁극적으로 사랑의 혁명을 주도한 시기다. 공적인 문제들과 대립하는 것만큼이나 사랑의 성적 측면이 중요해진다. 서로의 갈등이 심지어 커플의 친밀함에 대한 표시로 평가되기도 한다. 여성해방이 일어나고, 사랑의 맹세는 더 이상 '죽을 때까지' 효력을 발휘하지 못하게 되었으며, 부부관계는 해가 갈수록 점점 기간이 단축된다. 오늘날 30대의 92%는 60대가 평생에 걸쳐 한 이혼 횟수보다 더 많은 이혼 경력을 갖고 있다. 이것을 두고 사회학자들은 '연속적인 일부일처제'라는 표현을 쓴다. 한 명의 파트너와의 관계에 충실하다가, 헤어지고, 다시 결혼하여 새로운 가족을 형성하는 것이다.

대도시에선 이미 부부 1.7쌍 중 1쌍이 이혼한다.

이상주의

결혼은 예나 지금이나 위대한 이상주의와 함께한다. 모든 커플은 바라고 또 믿는다, "우리는 영원히 서로 사랑할 겁니다"라고. '4년 후에 헤어져야지'라는 생각으로 결혼하는 사람이 누가 있으랴. 사랑과 희망으로 맺어진 부부관계의 쾌락적 욕구가 저하되거나 서로 자기주장을 굽히지 않아 의견 조율이 안된다는 이유로, 또 스트레스로 말미암아 파경에 이른다. 그뿐 아니라 한편으로는 자기계발의 기치를 높이 들면서, 다른 한 편에선 '나'가 아닌 '너'에 대한 헌신을 요구하는 새로운 사회적 이상에 부딪혀 사랑이 깨지기도 한다.

상황이 이러할진대 아직 있기는 한 건가, 사랑이라는 것이? 그렇다, 사랑은 있다. 과거 친구들과 나눴던 이성적 사랑과 달리, 낭만적 사랑이란 정말로 깨지기 쉽다는 건 아이들도 다 아는 사실이다. 그런데도 바로 이 비이성적이고 변화무쌍한 성향이 현재 우위를 차지하고 있다!

꼭두각시

변화무쌍한 마음이라고 해서 사랑을 가볍게 생각한다는 말은 아니다. 오히려 그 반대이다. 사랑이 이렇게 중요한 대접을 받은 적은 여태껏 한 번도 없었다. 사랑은 이상화되고 완벽한 그 어떤 것으로 판타지가 더해졌다. 신과 국가가 해줄 수 없는 것을 파트너에게 요구한다, "신도 못 하고, 국가도 못 하지만, 당신만은 할 수 있어!"라고. 낭만적인 사랑이 종교를 대신하는 이념이 되는 사람도 있지만, 혹자는 DNA라는 줄에 매달린 꼭두각시라고 언급하기도 한다. 이것 역시 맞는 말이 아니다. 우리의 '새로운' 두뇌엔 너무도 많은 정보가 저장되어 있어서 사랑 자체는 못 만들지만, 사랑을 꽃피울 일상 및 행동 요건들을 형성할 수는 있다.

그러나 이미 언급했던 것처럼 기본적으로 거의 모든 사람이 충만한 사랑과 부부간의 정절을 열망함에도 외도가 발생하고 내연의 애정관계가 성립된다. 그 원인이 진화론의 영역에 있든, 생물학적인 영역에 있든, 아니면 이른바 '상습 복용'에 준하는 습관성에 의거한 것이든 혹은 심리학적인 영역에 있든 그건 중요치 않다. 중요한 것은 '사랑의 배신'이 끊이지 않고 발생한다는 거다.

이러한 종류의 정서적 변화는 부부간의 일상생활 속에서 자연스럽게 알아차릴 수 있다. 병의 원인은 아니지만, 위험이 다가왔음을 알리는 일종의 '징후'처럼 말이다.

핵심은
성공적인 번식

진화론적으로 시작되는 사랑과 내연관계에 관해 작은 실험을 하나 해볼까 한다.

증식

살아 있는 모든 것은 번식한다. 번식은 자기 의지와 상관없이 이루어지지 않는다. 번식은 선택의 지배를 받는다. 이 유전자 선택은 진화를 촉진한다. 불과 얼마 전까지만 해도 우리 인간들은 만물의 영장으로 간주되었다. 그러나 새로운 진화론 연구로부터 상향 조정된 내용은 유전자로 구성된 식물이나 동물이 유전자의 '생존을 위한 매개물'이듯 우리 인간도 다를 바가 없다는 것이다.

성공적인 번식

성공한 유전자는 성공적인 생존 매개물을 만들어내어 널리 전파했다. 별로 성공하지 못한 유전자는 수백만 년이 지나는 동안 진화의 무대에서 사라졌다. 따라서 생존하는 데 정말 중요한 것은 성공적인 번식인데, 이것은 다시금 자연도태된다. 즉, 선택에 의해 그 승패가 좌우된다. 미생물·곤충·애벌레·식물·고등 포유동물은 물론이고, 우리 인간에게도 이와 똑같은 방식이 적용된다.

밈

우리 인류는 우리의 성공적인 자연선택에 대해 마땅히 만족할 권리가 있다. 다른 영장류와 달리 인류야말로 이론이 아닌 실제적으로 모든 환경에 적응하는 특별한 능력을 형성하는 데 성공한 종種이기 때문이다.

고도로 발달된 여타의 포유류와 달리 인간은 학습하고 모방할 두뇌를 갖고 있다. 유전자는 성적 유전을 거치며 유전되고 유포되며, 두뇌는 밈Meme(문화 복제자 혹은 문화 유전자로서 '문화 전달의 단위 또는 모방의 단위'를 이르는 말. 1976년 리처드 도킨슨이 그의 저서《이기적 유전자》에서 생명의 진화 현상은 개체의 생존과 번식이 아닌 생물학적 정보의 기본 단위인 '유전자' 밈에 바탕을 두고 설명되어야 한다며, 문화의 진화에도 유전자와 같은 복제 단위가 있을 거라는 가설을 세우고 그 복제 단위를 밈이라 부른 데서 유래했다. 밈의 예로 음악, 문구, 패션 유행 등이 있다)들을 복제한다. 밈이란 두뇌의 신경 표본이다. 즉 하나의 사고 단위로, 다른 뇌들에 의해 복제되는 동시에 또한 그 자체가 복제자(복사기)로 작용하기도 한다. 예를 들어 광고에 삽입된 음악 중 기억에 남는 멜로디들은 성공한 밈들이다. 내용은 별로 기억에 남아 있지 않음에도 그건 성공한 것이다. 많은 뇌에 복제되었기 때문이다. 그러나 다른 광고 메시지들, 아울러 그에 해당하는 밈들을 배경으로 밀쳐놓은 점 때문에도 성공한 밈이다. 유전자의 증식이 생물학적 진화를 책임지는 반면, 밈들은 문화 발전을 담당한다. 유전자와 동일하게 밈도 번식과 자연선택이라는 진화론적 계산법의 지배를 받는다. 밈의 번식과 자연선택은 두뇌를 건너 성공적으로 이루어질 수 있는 데 반해, 성적 번식과 자연선택은 성교를 통해 남자와 여자가 하나 되는 게 바탕이 된다.

매력

지구별에서 우리 인간을 진정 유일무이한 존재로 만드는 것은 우리의 본질을 규정하는 문화와 본성의 대립이다. 그러나 우리는 순전히 합리적인 문화 본성도 아니고, 유전자에 따라 조종되는 비합리적인 본능적 충동 본성도 아니다.

이 점 때문에 성적인 매력이나 합일과 같은 극히 단순한 사건이 엄청나게 복잡해진다.

한번 생각해보자. 남자 두 명과 여자 두 명으로 구성된 한 그룹이 있다고 가정하자. 원래 이러한 그룹모델은 구성원 모두에게 성공적 번식을 가능케 하는 최적의 조건일 수밖에 없다. 어느 경우든 그들의 유전자가 다음 세대에도 살아남게 될 것이니까. 그룹 구성원 모두, 그들이 똑같이 많은 후손을 거느린다는 조건에서 볼 때, 똑같이 성공적인 번식을 이룬다. 이것이 원칙적으로 정당하고 올바른 일일 거다.

힘

그러나 인류문화사를 보면 그렇게 점잖고 정당한 번식모델은 단 한 건도 찾아볼 수 없다. 오히려 정반대이다. 예전의 고도문화 High Culture는 어느 문화권이든지 그 정상에 한 명의 남자가 있었고, 그는 전권을 가진 지배자로서 마음대로 그리고 심한 경우 논리적 귀결에 따르지 않은 채 사람을 죽이게 할 수 있었다. 그의 무제한적인 힘은 또한 그에게 불특정 다수의 모든 여성을 취할 권한도 허락해주었다.

장난 삼아 생각해본 것들이지만, 이러한 맥락에서 당연히 궁금해지는 것은 왜 자연선택이 오늘날 우리의 관점에서 보면 혐오스럽기만 한 번식모델을 우대하느냐이다.

앞서 우리가 생각해낸 그 그룹에서 한 남자가 육체적인 면에서 다른 남자보다 우세하다면 어떨까? 강자가 굳이 두 여자 중 한 명을 그에게 양도할, 그래서 그가 성공적인 번식을 하도록 할 이유가 있을까? 자신이 두 명 다 취할 수 있는데?

유전자 선택 관점에서 볼 때 이것은 의미가 없다. 남자 중 한 명이 두 여자를 혼자 차지할 힘이 있다면, 그는 그것을 이용하여 약자가 성공적으로 번식하는 걸 막을 거다. 그것은 지금도 마찬가지다.

섹스가
재미있는 이유

앞에서 가정한 남자 둘 여자 둘의 이야기를 계속해보자.

이 그룹에서 격투가 발생했을 거라는 건 충분히 상상이 가고도 남는다. 그러나 이 사람 혹은 저 사람과 섹스하는 것이 대체 왜 그렇게까지 중요할까? 성적인 합일을 위한 사냥이 정말로 유전자에 의해서 조종되는 것에 불과할까?

트릭

그럴 수도 있고, 아닐 수도 있다. 자연은 오로지 안전하고 확실하게 번식할 수 있도록 흥분과 황홀경, 절정과 같은 막강한 트릭 Trick, 한마디로 쾌락이라는 해결책을 찾아낸다. 섹스는 즐거움을 준다. 진화를 멈추지 않게 만드는 가장 확실하고 가장 좋은 방법이 그것이기 때문이다. 영장류들은 수태 가능 신호를 분명하게 드러낸다. 많은 영장류에 나타나는 현상으로, 배란기에 접어든 암컷이 보라색이나 붉은색 혹은 푸른색으로 몸 일부의 색깔을 바꾸는 것 그리고 가슴을 부풀리는 것 등을 예로 들 수 있다. 그것을 본 수컷은 마치 속이 비치는 얇은 끈셔츠에 미니스커트를 입고, 가터벨트를 단 스타킹과 하이힐을 신은 여자라도 본 것처럼 반응한다. 알록달록하게 부풀어 오른 암컷은 재빠르게 몸을 움직여 주변을 살필 상태가 아니라서, 테스토스테론Testosterone(정소에서 만들어지는 남성 호르몬의 하나. 정낭과 전립선 등의 발육을 촉진시키는 역할을 한다. 남성 호르몬 중 가장 강력하고 대표적인 작용을 하는 것으로 알려져 있다)이 넘쳐나는 섹스에 굶주린 수컷에 의해 수태된다. 투셰 touché(펜싱 경기에서 상대편에게 찔렸다는 선고)!

배란

대략 1930년이 지나서야 배란에 대한 상세한 의학적 연구가 발표되기 시작했을 정도로 여성들의 배란은 전혀 눈에 띄지 않게 이루어진다. 학자들이 우리 인간에게서 배란과 또 그와 더불어 수태 가능성을 알리는 시각적인 신호가 사라진 이유를 찾기 위해 골머리를 앓았음은 말할 필요가 없을 것이다.

한번 상상해보라. 여성들이 가임 기간 중에 몸 색깔을 바꾸고, 남성들이 그걸 보고 완전히 미친 듯이 반응하게 된다면 어떨지. 대형 사무실을 예로 들어보자. 어떤 일이 벌어질지 눈앞이 훤하지 않은가. 몇몇 여성이 붉은색 혹은 보라색을 띠고 앉아 있다. 그러면 감각에 사로잡힌 남성들이 그 여성들 주변을 서성이며 그들에게 잘 보이려고 애쓰는 진풍경이 벌어질 것이다. 업무 집중에 대해선 더 이상 말할 필요조차 없을 것이다. 모두 머릿속에 오직 한 가지 생각만 하고 있을 테니까. '섹스! 섹스! 섹스!'를 말이다.

카오스

그러나 하필이면 몸 색깔이 변하지 않고, 그래서 남성의 관심을 끌지 못하는 여성들은 항상 '왜 쟤네들한텐 관심을 두면서 난 아니지?' 하는 생각에 빠질 수 있다. 여기저기 온통 카오스 상태가 되고, 업무 진척이 느려져 회사는 파산하게 될 것이다.

따라서 진화생물학자들은 여성의 배란기와 임신 가능기가 눈에 띄지 않게 진행될 수밖에 없는 것은 유전자의 존속과 지속적인 발전이라는 의미에서 당연한 현상으로 본다. 그런가 하면 배란기가 눈에 띄지 않게 진행됨으로써 부부간의 관계가 확고해진다고 주장하는 학자들도 있다. 정해진 짧은 가임 기간 동안만 아내가 매력적으로 보이는 것이 아니라, 이론적으로는 언제든지 배란 중일 수 있기 때문이라는 것이다. 파트너의 지속적인 관심은 이미 태어난 후손들의 양육에도 유익하게 작용한다.

짝짓기

옛날엔 진짜로 어땠을지 우리는 알지 못한다. 어떻게 그리고 왜 우리 인간이 현존하는 모든 영장류 중 조용한 곳으로 물러나 성관계를 하는 단 하나의 영장류가 되었는지 또한 모른다. 다른 영장류들은 자기 무리가 보는 앞에서 거침없이 성교한다. 이런 일이 우리의 일상생활 속에서 매일 펼쳐진다고 상상해보라! 이웃 남자가 당신의 바로 코앞에서 당신 역시 넘어갈 지경으로 색깔이 변한 그의 부인과 발코니에서 짝짓기하고 있다면? 좀 전까지 자연스러운 색깔을 띠고 있던 그녀의 좀 더 나은 반쪽의 몸이 튀어나올 듯

한 당신의 눈을 보고 완전히 색깔이 달라질지도 모른다. 수영장에 가면 분홍빛이나 붉은빛을 띤 여성들이 오가고 있고, 이곳저곳에서 성교하는 쌍들이 폭발적으로 생겨날 것이다. 끝까지 생각해볼 필요조차 없다. 조용히 진행되는 배란기와 드러내놓지 않는 성관계가 전적으로 사회적인 평화와 지속적인 진보의 의미를 지녔다는 것이 분명히 드러나지 않는가?

우리는 동종同種의 다른 구성원들에게 자신의 성생활을 숨기는 유일한 종種이다. 우리는 아내가 임신 중이거나 갱년기 혹은 임신 불능 단계에서도 섹스를 한다. 한편, 우리 여성들은 자신의 수태 가능성을 대다수의 포유동물처럼 냄새나 색깔의 변화 혹은 소리와 같은 신호를 통해서 남성들에게 알리지 않는다. 2000년의 인류발달사를 거치면서 인간은 전적으로 번식만을 위하는 섹스가 아닌 압도적으로 만족을 위한 섹스를 영위하게 되었다. 원천적으로 전혀 번식의 충동을 따르지 않았던, 그리고 앞으로도 따르지 않을 이러한 만족이 우리에게 더욱 가치가 있는 것이다. 그래서 우리는 이것을 위해 패배나 직업적인 명성, 집안의 평화 그리고 가족의 행복을 위협하는 위험도 불사하는 것이다.

전투 각오

이런 테마에서 포커스가 되는 것은 전투 각오, 즉 싸울 마음의 준비이다. 여기에도 은연중 진화가 관여한다. 즉 어떤 남자가 어떤 여자와 짝을 짓고, 또 그것을 위한 조건은 무엇인지 살펴보면 의외로 그 속에 진화론적 교활함과 기지가 넘치는 걸 알 수 있다.

"그녀는 1년 동안 끊임없이 내게 기회를 주었습니다. 나는 그녀가 나에 대한 이 사랑을 전적으로 감수할 마음의 준비를 단단히 하고 있다는 걸 진즉부터 알고 있긴 했었어요. 그러나 그녀를 얻기 위한 나의 투쟁은 너무 소극적이었습니다. 그럴 수밖에 없던 것이 우선 그녀에겐 몇 년간 사귀던 남자 친구가 이미 있었고, 둘째, 내 상황이 경제적인 어려움으로 압박을 받고 있었기 때문이죠. 그리고 세 번째 이유는 그녀가 그녀의 남자 친구에게 나에 대해 한 번도 이야기하지 않았다는 거였습니다." (파트릭, 38)

실제로 누가 누구와 번식을 위한 '기회'를 얻게 되느냐는 해당 인물들의 성적 매력뿐만 아니라, '전투 준비' 태세에 의해서도 좌우된다. 고등동물에게 성적 열망과 경쟁 그리고 성공적인 번식은 서로 연결되어 있어 떼려야 뗄 수 없다. 이 유전학적인 번식 프로그램은 의식적인 계획이 아니라 무의식적으로 진행된다.

경쟁 방식은 아주 다양하게 나타난다. 자신의 의도를 감추지 않고 적극적 경쟁을 펼치는 사람이 있는가 하면, 겉으로 경쟁 상대에 대해 몸을 낮추며 소극적으로 경쟁을 펼치는 사람도 있다. 결국 얼마만큼 용기가 있고 경쟁 태세를 갖추고 있느냐에 따라 삼각관계에서의 역할이 결정된다.

힘

남성적인 우월성과 성취 능력이 여성들에게 사랑의 묘약이 되는 것은 두말하면 잔소리다. 관계상 음지에서 살아가는 사람들이 우위를 차지하지 못할 때가 많은 것은 우연이 아니다. 그러나 공식적인 권력 행사의 길이 차단되면, 곧 다른 형태의 주도면밀함이 적용되게 마련이다. 우선 손쉽게 사용될 방법으로 사랑하는 파트너를 심하게 재촉할 수도 있고, 심한 경우 그에게 본격적인 협박을 가할 수도 있다. 영화 〈위험한 정사〉는 협박을 불사하는 광기 어린 열정을 극적으로 생생하게 잘 보여준다. 그런 종류의 공격성과 무기력한 '전투적 광분'은 단지 역효과만 거둘 뿐임을 생각하게 하는 영화다.

세바스티안 이야기
: 남자들이 꼬리 내릴 때

이미 알고 있는 바와 같이 애정의 삼각관계 두 남자가 한 여자를 두고 경쟁하는 관계이다. 아직 두 사람 중 누가 이길지는 확정적이지 않다. 그러나 모든 개연성을 동원해볼 때, 여자를 얻는 남자는 여자를 얻기 위해 더 진력하고, 더욱 창의적이며, 무엇보다도 '전투'에 임할 능력과 이 전투를 끝까지 포기하지 않고 견뎌낼 능력이 있는 남자다.

패자

저절로 패자가 되지는 않는다. 세바스티안의 예화는 왜 그토록 많은 남자가 말 그대로 꼬리를 내리는지를 보여준다.

세바스티안은 오래전부터 전철에서 무슨 수를 써서라도 꼭 가까이하고 싶은 한 여자를 만났다. 그는 언제 그녀가 전철을 타고, 또 어디서 내리는지도 다 안다. 그는 그녀를 주의 깊게 살펴보고, 그녀에 관한 꿈까지 꾼다. 하지만 그녀에게 말을 걸어보려던 첫 번째 시도에서부터 그의 심장은 미친 듯 방망이질을 하며, 입안이 바싹바싹 타들어가는 것이 누군가가 목을 조르는 듯하다. 완전히 패닉 상태에 빠진 그는 두 눈을 아래로 내리깔고 모든 것을 포기한다.

세바스티안의 신체에 나타난 반응은 강력한 아드레날린Adrenaline (노르아드레날린 호르몬과 함께 사람이나 동물이 흥분 상태에 이르게 되면 다량 분비되는 호르몬으로 스트레스 증가와 혈관 축소에 의한 혈류 방해 등을 일으켜 심한 경우 암, 고혈압, 동맥경화, 뇌졸중을 유발하기도 한다) 분비에 따른 결과이다. 생명을 위협하는 상황에 직면하여 신체 기관이 투쟁이나 도주에 대비하고, 여기에 필요한 에너지를 공급하기 위해 막대한 양의 스트레스 호르몬이 분비된 것이다.

세바스티안은 싸우지 않고 도망쳐버린다. 이는 태곳적부터 써오던 생존전략으로, 모든 고등동물이 하는 방법이다. 하지만 대체 어디에 그가 삼십육계 줄행랑을 감행할 정도로 생명을 위협하는 위험이 있던가? 얼마나 위험한 상대와 '맞짱'이라도 떠야 했던가? 아무리 둘러보아도 실제로 그로 하여금 그녀를 등지게 할 경쟁자는 찾아볼 수 없다. 따라서 두려움을 불러일으킨 적수는 그의 상상 속에서만 존재하는 것일 수 있다. 내적이며 상상으로 그려진 현실과 외적이며 눈으로 볼 수 있는 현실이 아직 분리 안 된 무의식 속에 세바스티안은 말을 거는 행위와 같은 전혀 해될 것이 없는 상황에 목숨을 위태롭게 하는 하나의 의미를 부가한 거다.

수컷-우두머리

침팬지의 사회화를 생각해보면, 세바스티안의 태도를 잘 이해할 수 있다. 침팬지는 우리와 가장 유사한 동물이다. 침팬지는 엄격한 사회적 위계질서를 갖추고 자유로운 무리생활을 영위한다. 이들에게서 짝짓기는 전적으로 서열이 가장 높은 원숭이인 수컷 우두머리에게 그 결정이 유보된다. 어린 수컷이 짝짓기하려면 그 전에 먼저 우두머리 원숭이를 싸워 이겨야 한다. 그러기 위해선 어린 원숭이는 정말로 많은 용기가 필요하다. 싸움에서 진다면, 어린 원숭이는 무리에서 쫓겨나거나 참혹한 죽음을 맞이할 수도 있다.

세바스티안의 행동은 이러한 관점에서 설명될 수 있다. 인간도 원숭이처럼 무리 속에서 사회화 과정을 겪는다. 인간의 1차적 집단인 가족 내에는 '아버지'라는 우두머리와 우성적 암컷, 즉 '어머니'가 있다. 실제 세계에선 단지 단순한 접촉, 즉 교제만 중요하다. 그러나 세바스티안의 무의식에선 그가 '우두머리 원숭이의 영역을 인정하지 않음으로써 목숨을 건 맞대결을 펼치도록 도전장을 던지게 될 것'이라는 광고효과의 의미가 컸던 것이다.

왕이 돌아가셨다,
새로운 왕이시여, 만수무강하소서!

공포

아들의 입장에 처한 다른 모든 사람처럼 세바스티안도 아버지라는 우두머리에게 부여된 특권적 지위를 인정하지 않았다. 그러나 그는 가족 내 힘의 역학관계를 파악하고 난 뒤, 단순하고 다혈질적인 아버지에게 받을 복수가 두려워 우두머리 자리에 대한 요구를 거둬들이고 말았다. 그러나 이로써 경쟁하고자 하는 마음까지 접은 것은 아니었다.

아들과 아버지의 원초적인 경쟁은 여전히 무의식 속에 자리 잡고 있다. 은연중에 세바스티안은 지금도 여전히 자신이 '노친네'를 왕좌에서 밀어내고 그의 자리를 차지하게 될 순간을 기다린다. 그러나 상상 속의 현실에서 그려오던 이 순간이 실제로 이루어지려고 하면, 그 즉시 자신보다 우세한 적수에 대해 가졌던 원초적인 공포가 확산된다. 세바스티안은 전철에서도 거기에 굴복한 것이다.

권력

원숭이들과 달리 인간 사이의 권력투쟁이 신체적 차원에서 벌어지는 경우는 극히 드물다. 아버지의 '극복'에서 중요한 것은 내면 심리의 성숙 과정이다. 성장 중인 청소년은 우선 아버지라는 '우두머리'의 우월성을 인정하게 되고, 그다음엔 그의 두드러진 특성인 강함, 용기, 빠른 두뇌회전, 위압적 행동과 자신을 일치시키게 된다. 그리고 훗날 사회적 자원을 얻기 위한 투쟁에서 자신의 경쟁 상대에 대항하여 이 특성들을 성공적으로 투입할 수 있다.

권력 문제가 해결될 때까지는 역할이 고정되어 있다. 아들은 도전자, 아버지는 영역 수호자로서 말이다. '아버지'가 자신의 영역을 성공적으로 수호하기엔 힘이 너무 약해졌다 싶으면, 그 즉시 그 영역은 후계자 자리를 두고 그, 즉 노친네뿐 아니라 같은 세대의 경쟁자들과 투쟁하여 승리할 수 있는 자의 소유가 된다. 후계자 자리를 두고 벌어질 유혈 투쟁에 아들들이 무참히 죽어 나가는 것을 방지하기 위해 인간들은 상속 순위를 법적으로 규정해놓았다. 다수의 문화권에선 오늘날까지도 장자에게 아버지의 뒤를 이을 후계자 권한이 주어진다. 왕이 돌아가셨으니, 새로운 왕이시여, 만수무강하소서!

인간이 문명화 과정을 겪는 동안 영역의 변화도 함께 일어났다. 그러나 영역 싸움 그 자체는 그것이 숲속에서 벌어지든, 아프리카 사바나에서 벌어지든, 기업체의 최상위층에서 벌어지든 상관없이 그다지 변한 것이 없다. 현재도 그렇지만 옛날에도 영역 싸움의 목표는 먹을거리와 성공적인 번식이었다. 인간 사회에서도 우두머리 수컷이 권력과 돈, 안정성과 같은 더 많은 '먹을거리'를 차지하며, 그로 말미암아 짝짓기 대상인 여성들에게서 굴종적인 남성들보다 본질적으로 더 많은 관심을 받게 되는 것이다.

승자는
타고난다?

인간의 긍정적 특성으로서 자의식과 성취 능력이 언급될 때가 있는데, 이 특성이 지닌 공격적이고 심지어 살인적인 의미를 분명히 의식하지 못하는 경우가 왕왕 있다.

용기

어떤 무리에서도 싸우지 않고 수컷에게 거저 우두머리 역할이 주어지는 경우는 없다. 자기가 속한 집단에서 성취 능력을 갖춘 남자는 자신의 경쟁자를 노련하게 밀쳐내거나 위축 혹은 굴복시킴으로써 경쟁자의 희생을 토대로 이 역할을 차지할 수 있다. 물론 패배할 수도 있지만 이에 굴하지 않고 위험을 감수할 준비가 되어 있는 용감한 남자들만이 집단에서 알파, 즉 우두머리의 위치를 점령할 기회를 갖는다.

용감하게 도전하거나 혹시라도 더 강한 자에게 굴복당할까 봐 그 불확실한 영역 싸움을 회피하는 차이는 어디서 오는 걸까? 이러한 행동을 선택하도록 결정하는 것은 비단 우리의 유전적 장치들뿐만이 아니다. 1차적 집단, 다시 말해 최초에 맺었던 주변 세계의 역동성을 통해 아로새겨진 심리사회적인 특징도 이와 똑같이 중요하다.

살해

세바스티안의 아버지는 어린 아들을 위축시켰으며, 동시에 자신을 향한 아들의 적대감을 더 세게 자극시켰다. 아버지가 무자비하고 잔혹하게 그의 권력을 휘두르면 휘두를수록, 아버지에 대한 세바스티안의 증오도 그만큼 강해졌다. 어린 시절 그는 할 수만 있다면, 성장 중인 어린 원숭이가 늙은 우두머리 원숭이에게 하는 것과 똑같이 그의 아버지를 쫓아내거나 죽이려고 했을지도 모른다.

그러나 인간의 사회화 과정에선 더 이상 극단적인 강자의 법칙이 먹혀들지 않는다.

한창 자라던 청소년기의 세바스티안에겐 실제적인 힘이 있을 리 만무했다. 그래서 그는 아버지에 대한 자신의 증오 충동을 눌러두었어야 했다. 그뿐만이 아니었다. 그는 자신의 속내가 발각되어 무자비한 복수를 당할까 봐 두려워 그 충동을 정반대로 돌려버렸다. 그 당시 그는 표면적으로는 그의 남성적 정체성을 포기하고, 아버지를 대할 때는 마치 자신이 중성인 것처럼 행동했다. 동시에 어머니에게선 여성적인 성적 요소를 분리하여, 그녀를 성적인 것과는 무관한 성녀聖女로 이상화했다.

눈길이 주는
신비한 힘

남성이나 여성이 보여주는 굴욕적이고 비굴한 태도의 뿌리엔 언제나 억제된 공격성이 자리 잡고 있다. 그 억제가 강하면 강할수록 그만큼 증오의 강도도 강해진다. 감정을 억제하고 있는 사람이 시선 맞추는 걸 피하는 것은 우연이 아니다. 상대를 뚫어지게 바라보는 것으로 영역 싸움을 끝내는 동물이 많다. 서로 심각한 부상을 가하지 않도록 말이다. 먼저 시선을 내리깔고 뒤로 물러나는 쪽이 영역 싸움에서 패하는 것이다.

굴복

인간들 사이에서도 눈을 똑바로 쳐다보는 것이 드물지 않게 공개적인 도전으로 평가될 때가 많다. 반면 눈길을 피하는 것은 불안과 약점의 표시로 평가된다. 우리가 짝을 찾을 때도 서로 눈길을 나누는 것은 눈으로 나누는 연애 행위로써 중요한 역할을 한다.

시선을 아래로 두는 전형적인 여성들의 순종적 태도 외에 남자들에게 없어선 안 되는 승리감과 권력 감정을 전해주기 위해 여성들이 지배적으로 특기를 발휘하는 세련된 게임이 있다. 바로 아양을 떨며 복종하는 자세를 취함으로써 자신을 '노획물'로 내놓는 게 그것이다. 따라서 이 게임에 관한 한 여성들은 눈길뿐 아니라 손길까지 두루 이길 조건을 갖추고 있는 셈이다.

세바스티안처럼 억제된 심리가 있는 남성은 대부분 여성과의 눈싸움에서 본 싸움은 시작도 하기 전에 연습 게임에서부터 지고 만다. 시선을 바닥에 떨어뜨림으로써 어린 시절에서 비롯된 아버지와 같은 상상 속의 경쟁자에게 굴복한 것이다.

존경심을 불러일으킴

그러나 아버지에 대한 무의식적인 두려움을 잘 극복해낸 남성은 이와 정반대로 우두머리의 역할을 얻기 위한 경합을 좀 더 수월하게 치른다. 이런 남성은 삼각관계에서 꼬리를 내리지 않는다. 용감하게 눈싸움을 견디며, 단호하게 행동하고, 라이벌전이 불가피할 경우 당당히 맞선다. 어쩌다 내연남의 입장에 서야 한다고 해도, 그 입장에 순응하지도 않을뿐더러 순응한다고 해도 단기간에 불과하다.

'제대로 된 남자'가 자기 영역을 수호하거나, 경쟁 상대의 영역을 공격하는 방식이 성적 대상이 될 수 있는 여성 파트너들에게 깊은 존경심을 불러일으킨다는 것은 분명하다. 결론적으로 그런 남자는 그것을 통해 자기 부인과, 두 사람 사이에 태어날 공동의 후손을 적으로부터 보호할 준비가 잘되어 있다는 신호를 보내는 것이다.

원초적 두려움

그러므로 삼각관계의 애정에 연루된 한 남성이 원하는 여성을 얻기 위한 싸움을 포기한다거나 근본적으로 상대 여성을 정복하는 데 어려움을 갖고 있다면, 그 뒤엔 원초적 두려움이 숨어 있는 것이다. 이것은 섹스 대상을 쟁취하기 위한 라이벌전에서 다른 한 명의 남성에게 패배하여 굴복하게 될지도 모른다는 두려움이다. 대부분의 남성은 이 굴복의 자세를 '거세'로 받아들인다.

'먼저 공격하지 않으면 공격당하고 만다fuck or get fuckes.'

이 구절이 비단 미국의 감옥에서만 통용되는 건 아니다. 자신을 방어함으로써 다른 남성들에 의해 '여자'가 되는 수모를 당하지 않는 남자는 이성으로부터 무조건 더 좋은 카드가 주어지는 것이다.

많은 사람이 인정하고 싶지 않겠지만, 투쟁 대신 눈물로 호소하는 남성들은 남성뿐 아니라 인형 놀이 대신 휘파람을 불며 노는 여성에게도 볼 장 다 본 인간에 불과하다.

하렘을 원하는 남자,
한 남자를 원하는 여자

섹스가 주는 굉장한 쾌락과 만족감은 단지 한 명의 동반자를 얻기 위한 투쟁을 유발하는 것으로 끝나지 않는다. 초기의 만족스러운 행복 도취 상태가 지나면, 계속 다른 성적 대상들에 대한 유혹이 따라붙는다.

투쟁하여 정복한 파트너라도 몇 년이 지나 익숙해지면 더 이상 지난날 그 시절처럼 간절히 원할 만한 가치가 있어 보이지 않는다. 일상에 밀려 성적 매력은 점점 소진된다. 리비도의 상실과 좀 더 강하고 새로운 성적 자극을 바라게 되는 것은 정해진 수순이다.

일부다처제

가부장제 성의 역사를 통해 증명된 것은 남성의 경우 원하는 대로 하라 하면, 모두 하렘을 거느렸을 거라는 사실이다. 잉카 제국의 왕 아타후알파Atahualpa는 여성 1,500명을 거느렸고, 그 유명한 전설의 왕 솔로몬은 본처 700명에 더하여 애첩 300명이 있었다.

역사상 남성들의 힘이 강해질수록, 그만큼 더 많은 여성이 그들을 위해 필요했다. 대부분의 선사 시대의 유목민들은 땅에 관해서든 여자에 관해서든 소유 개념이 없었다. 소유 개념은 가부장제 사회에 들어와서야 비로소 그 의미를 갖게 되었다. 땅과 경작지는 물론이고 여자들 역시 남성의 소유물로 간주되었다.

힘

이때부터 남성들의 힘은 또 다른 한 남성의 힘에 의해 더욱 제한된다. 동성 간의 권력투쟁에서 승자가 된 자가 '암컷'인 여성을 소유하게 되었다.

요즘도 '일부다처'를 꿈꾸는 남성이 많다고 하지만, 일부다처제는 효과 면에서 입증된 일부일처제의 진정한 대안이 되지 못한다. 남자들에게나 여자들에게나 마찬가지로 말이다. 그러나 일부다처 같은 성적 무정부 상태는 심각한 우위 쟁탈전의 갈등을 불러일으키고, 주먹이 지배하는 자구권을 복귀시키는 결과를 가져온다. 게다가 '성관계 대상을 바꿔보고자 하는 바람이 우세해지면, 그다음은 어떻게 될 것인가?'라는 문제가 여전히 현안 문제로 남는다.

이 점에서 일부일처제의 반복은 미래형 모델로 단연 돋보인다. 이혼율과 재혼율이 높아짐에 따라 어차피 이 모델이 이미 실행 중이긴 하지만, 그 와중에도 하렘에 대한 남자들의 은밀한 동경심은 계속 이어지고 있다.

사창가

우리 문화권에선 재정적인 이유 혹은 도덕적인 이유에서 남성 대부분이 자기 고유의 하렘을 유지하지 못하거나 아예 하렘을 두려고도 하지 않지만, 몇천 년 전만 해도 집단적 하렘제도가 있었다. '사창가'가 바로 그것이다.

매춘은 가장 오래된 형태의 불륜이다. 이 하렘은 모든 남자에게 개방되어 있다. 가격도 대부분이 감당할 만한 수준이다. 많은 남성이 매춘 여성들에게 돈을 지불한다. 시간이 문제이지 언젠가는 결국 요구사항을 내세우게 될 여자 친구를 두어서 괜히 자기 부인과의 관계를 망가뜨리고 싶지 않기 때문이다.

레나 이야기
: 남자들이 사창가를 찾는 이유

레나는 매력적인 파워우먼이다. 남편 베네딕트랑은 직업상 많은 부분을 함께하지 못하지만, 부부관계는 문제없이 잘 돌아가고 있다. 마음에 걸리는 부분이 있었다면 두 사람의 섹스에 대한 태도가 너무나 다르다는 점이랄까.

남편이 좋아하는 것은 그녀 쪽에서 역겹게 받아들이고, 그녀가 원하는 것으로는 남편을 흥분시키지 못했던 거다. 베네딕트는 이 부분에 관해서 벌써 몇 년 전부터 그러려니 하며 타협한 채 지낸다. 전혀 예기치 않았던 막대한 금액의 유산이 그에게 선물로 주어질 때까지 그는 잠자코 지낸다.

이중생활

유산을 받은 지 얼마 되지 않아 베네딕트의 귀가 시간이 한 달에 몇 번씩 늦어지기 시작한다. 그는 부인 앞에서 예고도 없이 초과근무 업무를 맡기는 그의 사장을 욕한다. 베네딕트는 자칭 회사에 반드시 필요한 인물이 되어갔고, 가끔씩 밤늦은 시간까지

일해야 할 때도 있다. 집에 돌아올 때면 와이셔츠에 향수 냄새가 풍기는 횟수가 점점 더 많아지기는 하지만, 레나는 딱히 반응하지 않는다.

우연히 베네딕트의 카드 영수증을 손에 넣고 나서야, 그녀에게 빨간불이 들어온다. 베네딕트가 새벽 3시까지 야근했다던 그날, 그가 한 바에서 무려 3,900유로의 돈을 단번에 계산한 것이다. 레나는 그날 당장 베네딕트에게 해명을 요구한다. 대면하여 이야기하는 동안 베네딕트가 벌써 몇 년 전부터 사창가를 찾아갔다는 사실이 밝혀진다. 그는 자신이 결혼생활에서 성적으로 좌절한 상태였다며 자신을 변론한다. 그러나 다른 한편으로 그는 그것 때문에 자신의 결혼생활을 포기하거나 위기로 몰아가기를 원하지 않았다는 것.

레나는 마른하늘에 날벼락을 맞은 것 같다. 그녀는 둘의 관계에서 성관계가 갖는 의미가 그렇게까지 크지는 않다고 보았기 때문이다. 물론 예전부터 그녀가 베네딕트의 요구를 별로 이해해주지 않긴 했다. 오럴 섹스라니, 생각만 해도 토할 것만 같다. 다른 면에서 두 사람은 맹목적이다 싶을 정도로 서로를 이해하고, 대화도 잘 이어갈 수 있다. 그녀는 밤에 잠자리에 들기 전, 오랫동안 베네딕트와 서로의 몸을 어루만지는 것도 좋아한다. 그러나 그가 그녀에게 '더 많은' 걸 원하면, 그녀는 거의 화를 내다시피 한다. 곧바로 자기 다리 사이로 파고들지 않고 그냥 껴안고 서로 어루만지는 것으로 만족할 순 없는 거냐고!

레나는 그가 자기만큼 둘의 관계에 만족하고 있다고 확신했기에 베네딕트의 은밀한 생활에 대해 이만저만 실망이 큰 게 아니다. 둘의 관계에 충실을 기하는 것이 자기에겐 괴로울 뿐이라는 베네딕트의 말을 듣는 순간, 그녀는 세상이 무너지는 것만 같다. 베네딕트가 그의 행복을 위해 그녀 외에 다른 여자들을 필요로 한다면, 그녀를 정말로 사랑한다는 그의 말을 그녀가 어떻게 믿을 수 있단 말인가?

거래

베네딕트는 레나에게 딱 잘라서 말한다. 자신이 매춘부를 찾아가는 것은 자위행위를 하는 것과 같다고. 감정적으로는 단 한 번도 그녀에게 부정不貞한 적이 없다고.

사창가를 찾아가지 않으려고 제아무리 애를 써도 결국 언제나 마음이 약해지더란다. 지금 자신이 다시는 그러지 않겠다고 맹세한다고 해도 앞으로 어쩌면 그 스스로 그 맹세를 저버릴 수도 있다는 말이었다.

거짓말

이러한 이유에서 유부남을 사랑하는 여성들이 종종 성적으로 착취당하기만 하는 희생양이 되곤 하는 것이다. 처음부터 약속을 지키지 않을 것을 뻔히 알면서도 남자는 여자에게 훗날(정식관계)을 기약한다.

그렇게 보자면 베네딕트는 '책임감 있게' 행동한 것이다. 그는 레나와의 결혼생활을 절대 위험에 빠지게 하거나 위태롭게 하지 않았고, 다른 어떤 여자에게도 헛된 약속을 하지 않았으니 말이다. 베네딕트는 자신의 불륜에 대해 돈을 지불함으로써 부인 외의 다른 여자들이 어느 때가 되든 반드시 사랑하는 남자와의 관계에서 내세우게 되는 요구, 즉 나 아니면 다른 여자를 택하라는 그 요구에서 벗어난 것이다.

한 여자가 한 남자와 성적인 관계에 응하게 되는 즉시 여자는 그에 대한 '반대급부'를 기대한다. 여자는 남자가 자신에게 해줄 성적 만족을 요구할 수도 있고, 아니면 공인된 관계를 요구할 수도 있다. 여자가 남자를 사랑할 경우, 그녀는 만족과 공인된 관계 둘 다를 원하게 된다.

레나가 베네딕트의 은밀한 관계에 대해 행복해하지 않는 것은 자연스러운 일이다. 결론적으로 그는 자신만이 그의 유일한 섹스 상대라는 레나의 나르시시즘에 심한 상처를 입힌 것이다.

장점

전문적 매춘 외에 불륜의 제국에는 또 다른 형태의 매춘이 있는데, 이 경우 직접적이거나 전면적으로 남자의 돈이 드러나게 중시되지는 않는다. 이때 문제가 되는 것은 십중팔구, 자신을 '매춘'하는 젊은 여성들이다. 이들이 중요시하는 건 성적인 계략과 에로틱한 유혹의 기술을 사용하여 개인적 장점을 취하는 것이다. 거기엔 화려한 생활이나 일가 친족에 대한 지원, 이와 마찬가지로 경력을 높이는 것도 포함될 수 있다.

이러한 형태의 불륜에선 나이 많은 남자가 젊은 애인으로부터 받는 성적 만족만이 중요하지 않다. 더 중요한 것은 자신이 젊고 관능미 넘치는 여자를 취할 수 있다는 남성적인 허영심의 입증이다. 그녀에게서 그는 자신이 젊은이와 견주어 하나도 손색이 없는 '온전한 남자'라는 말을 듣길 원한다. 그녀는 그가 듬성듬성한 머리카락에 탄력을 잃은 피부를 지니긴 했지만, 그럼에도 그녀가 강렬히 원하는 것은 그의 젊은 라이벌들이 아닌 그라고 말하며 그가 현실을 부인하는 데 일조해야 하는 거다.

리비도의 상실과
'바람둥이 유전자'

하지만 왜 젊은 여자든 늙은 여자든 상관없이 다른 여자에게 기회가 주어지는 걸까? 우리는 정말로 일부일처에 합당한 존재일까? 아니면 우리의 유전자 속에 부정不貞이 깊이 닻을 내리고 있는 걸까?

진화생물학의 활발한 연구 덕분에 이 까다로운 문제에 대한 좀 더 많은 설명이 가능해졌다. 밝혀진 바에 따르면 리비도의 상실은 파트너관계의 질과 무관하게 발생한다. 게다가 번식과의 연계 아래 무의식적이며, 진화론적으로 유도되는 여러 이유에서 발생하기도 한다.

생물학

야박하게 들릴지 모르겠지만, 일부일처는 생물학적 근원에 뿌리를 둔 것이 아니다. 요컨대 무려 92%의 여성과 남성이 정절을 매우 중시한다고 한다. 그러나 여성의 경우, 최소한 5명 중 1명이, 남성의 경우엔 2명 중 1명이 바람을 피운다.

결혼생활 23년째인 요아힘은 대략 일주일에 한 번꼴로 부인인 베아테와 평소보다 조금 긴 통화를 한다. 부인에게는 업무상 약속이 있다거나 워크숍 때문에 밤늦게야 집에 도착할 것 같다고 이야기를 해놓고는 자신은 고속도로 진입로에 있는 한 호텔에서 애인과 만나는 것이다.

금기

결혼한 지 7년 된 32세의 아니타는 남편에게 '여자끼리의 저녁 약속'이 있다고 말한다. 그녀의 가장 친한 친구에게는 자신이 직장 상사와 그렇고 그런 사이이며, 1년 전부터 상사의 친구네 호텔에서 규칙적으로 만남을 가져왔다고 털어놓았다.

요아힘과 아니타는 확실한 결혼관계에 있으면서도 바람을 피우는 61%의 사람들에 속한다. 사람들이 요아힘과 아니타에게 결혼생활이 행복하냐고 묻는다면, 양쪽 모두 "예스"라고 대답할 것이다. 또 그들에게 정절을 귀중하게 생각하느냐고 묻는다면, 마찬가지로 "예스"라고 서슴없이 답할 것이다.

정절도 '예스', 외도나 삼각관계도 '예스'라니…… 외도보다 더 거부당하고 터부시되어온 주제가 또 어디 있을까. 우리 사회의 거의 모든 여론조사가 너무나 비슷한, 모순된 결과를 나타낸다. '외도'라는 주제에서 문화와 본성은 아주 극적劇的이라고 할 정도로 명백하게 구분된다. 인류의 사회는 한편으로 엄격하고 한정된 혼인 규칙과 정절에 대한 원칙을 세웠지만, 다른 한편에서 보면 우리의 뿌리는 동물적 본능 장치에 깊이 고착되어 있는 것이다.

동물적 특성

최근 들어 인간이 정절 고수라는 이상을 지키지 못하고 실패하는 이유를 설명하는 진화생물학적 연구가 늘고 있다. 연구의 단초가 되는 것은 음색이 분명하면서도 인간의 자부심에 생채기를 내는 내용으로 요약될 수 있는데, 한마디로 인간은 동물이라는 것이다. 대통령이든 공주이든 혹은 대학교수이든 우리는 모두 우리의 먼 동물적 조상 때로 거슬러 올라가는 충동 때문에 괴로움을 겪는다는 것이다.

일반적으로 열애나 다른 파트너에 대한 갈망, 제어할 길 없는 욕망 등으로 간주되는 것들도 진화생물학적 시각에서 보면 오로지 유전자의 번식만을 염두에 둔 자연의 눈속임에서 비롯된 것이다. 표면적으로는 '남자'가 '여자'의 수레국화색 푸른 눈에 매료된 것처럼 보인다. 그러나 의식과 무의식의 경계선상에서 그는 가능한 한 자신의 유전자를 더욱 널리 퍼트리려는 충동에 이끌린 것이다.

양육

진화론에 국한된 남성의 관심은 가능한 한 많은 여성과 함께하여 되도록 많은 후손을 생산하는 데 있다. 그로써 종의 존속은 물론이고 남성의 권좌도 확실히 다지는 것이다. 건장한 신체의 남성에게는 수백 명의, 심하면 수천 명의 여성과 성관계를 맺는 일 따위는 사소할뿐더러 크게 힘들지도 않다. 하지만 성적으로 왕성한 활동력이 있는 남성은 '부화된 새끼'를 돌볼 시간이 없다는 단점이 있다.

여자들의 경우엔 1년에 한 번 임신으로 제한적으로만 자손의 수를 늘릴 수 있기에 성관계가 아니라 새로 태어난 자녀들을 성장시키는 방향으로 진화생물학적 관심이 기운다. 그렇게 해야만 자신의 유전자를 다음 세대에 넘겨줄 수 있는 것이다.

이와 관련하여 그렇다면 어떻게 이 정처 없는 남성들이 '어린 새끼'를 양육하는 여성을 지원하도록 만들 수 있느냐라는 문제가 우선 제기될 수 있다. 해답은 아주 간단하다. 남자가 여자에게 정절을 지키기로 약속하는 것만으로, 여자는 남자에게 헌신한다. 그렇게 함으로써 둥지를 짓고, 먹을거리를 구해 오는 '착한 남자'가 확보되는 것이다.

마초

순하고 선량한 부양자는 아마 힘깨나 써야 길들일 수 있는 남자처럼 강한 유전자의 소유자는 아닐 것이다. 그의 유전자는 진화생물학적인 목적, 다시 말해 튼튼한 차세대를 돌보는 것에 더 근접해 있을지도 모른다.

'해결책'은 '착한 남자'가 둥지 재료와 먹이를 긁어모으는 동안 여자는 '마초'와 바람을 피우는 것이다. 자연이 바라던 바가 이뤄진다. 그러니까 슈퍼맨 유전자는 계속 전달되고, 여자와 아이들은 부양받는 것이다.

뻐꾸기

뻐꾸기 이론에 관해선 여러 곳에서 내놓은 막대한 연구물들이 있다. 다만 그 연구들에 관해 공개적으로 즐겨 언급되지 않았을 뿐이다. 연구를 통해 분명히 제시된 사실은 어린이 10명 중 1명은 혼외관계를 통해 태어난다는 것이다. 이밖에 불륜을 경험한 여성들을 대상으로 한 다수의 설문 조사 결과, 이 여성들이 배란 시기에 특히 외도에 쉽게 빠지는 경향이 있는 것으로 나타났다. 영국 출신의 학자 벨리스Bellis와 바켓Baket은 이 문제를 연구하면서, 여성들이 애인을 구할 때 누구랄 것 없이 모두 자기 남편보다 유전적으로 우세한 남성을 고른다는 것을 확인할 수 있었다. 그들이 선택한 남성은 남편보다 지배적 성향이고, 나이도 더 많으며, 외모도 정감 가는 인물이었다. 여담이지만 암컷 제비도 똑같이 행동한다. 암컷 제비는 자기 짝보다 꼬릿깃이 더 긴 수컷만을 외도 상대로 선택한다.

정자들이 펼치는
은밀한 경주

따라서 남성과 여성에게 차지하는 사랑의 비중이 서로 다른 이유를 분명히 알 수 있다. 남성은 여성과 장기간의 관계를 맺지 않고도 그들의 유전자를 증식시킬 수 있다. 사생아로 태어난 많은 아이가 그들의 생물학적 아버지로부터 개인적 보살핌을 받지 않고도 성장하여 훗날 계속 유전자를 증식하는 것이 이를 잘 입증해준다.

한 남성이 할 수 있는 한 많은 여성을 임신시키고는 슬그머니 자취를 감춰버림으로써 그녀 혹은 다른 남성에게 '양육'을 떠맡긴다면, 그 남성이 자기 유전자를 전달할 개연성은 높아진다. 그에게는 한 여성과 장기간에 걸쳐 관계를 유지한다는 것이 자신의 성적 가능성을 제한하는 것처럼 느껴질 수도 있다.

보호

여성은 다르다. 여성은 새가 갓 부화한 새끼들을 돌보듯 태어난 아이들을 돌보는 기간엔(우리 현재의 문화권뿐만 아니라 특히 인류 발달의 초기도 함께 생각해보자) 자신과 또 그녀의 후손을 보호하고 부양하는 파트너에게 어느 때보다도 더 의존하게 된다. 이때 파트너가 아이의 육체적인 생부이든 그녀가 살고 있는 무리 또는 공동체이든 그 역할을 담당하는 사람이 누구냐는 중요하지 않다. 여성에게는 그녀의 후손에게 생존 기회와 더불어 자연스럽게 그녀의 유전자를 보호해주고, 그에 대한 최상의 조건을 만들어줄 파트너가 필요한 것이다.

적극적 성생활

제아무리 컴퓨터 기술과 원자력이 발전했다고 해도 사랑이라는 주제를 이야기하면서, 우리의 진화적 유산이 갖고 있는 은밀한 힘을 과소평가해서는 안 된다. 우리는 시기를 가리지 않고 어느 때든 적극적으로 성생활을 하는 유일한 종이다. 예컨대 임신기간 중이지만, 폐경기 이후처럼 번식 기회가 없을 때도 성생활을 한다. 우리와 유사한 친족관계의 동물들과 대조적으로 우리는 번식 대신 만족을 위해 성행위를 한다. 그러나 바로 이 부분에서 우리는 어마어마한 진화론적 유산을 끊지 못하고 질질 끌려다니고 있다. 지금은 더 이상 야생동물 때문에 생명의 위협을 받거나 동굴 앞에 무거운 바윗돌을 굴려놓을 필요가 없는 시대다. 그럼에도 여전히 여성들은 무의식적으로 자신과 자신의 '새끼'를 보호해줄 '강한' 남성을 지향하도록 프로그래밍이 되어 있다. 남성들은 또다시 무의식적으로 자신의 동반자가 성적으로 부정不貞하지는 않을까 하는 두려움이 있다. 그렇게 되면 자기 자신의 유전자가 '너무 단기적으로 계승'될 수도 있기 때문이다. 낭만적으로 들리지는 않지만, 진화심리학적 관점에서 보면 수긍할 만한 말이다.

승리

미국의 한 연구팀에서 175쌍의 커플을 대상으로 남자들에게 나타나는 과도한 열정에 관해 색다르게 조명할 수 있는 연구 결과를 발표했다. 이에 따르면 남자들은 집을 나서면, 다른 남자들 역시 자기 파트너를 매력적으로 생각할 거라고 점점 더 확신하게 된단다. 그리고 여자 파트너에 대한 욕구도 커져서, 집에 돌아오면 가능한 한 신속하게 부인과 잠자리를 갖고자 한다는 것이다. 이때 성관계가 좋은지의 여부는 아무 상관이 없다. 게다가 남자들은 자기 부인도 자기와 똑같이 강렬하게 섹스를 원한다고 확신한다는 것.

원격조종

정말로 그러냐고? 당연히 아니다. 여자들에게선 이 효과를 확인할 길이 전혀 없으므로, 진화론 연구가들은 여기선 '정자들의 시합'이 중요하다는 데 의견을 모았다. 고향집에서 멀리 떠나온 고독한 늑대에게는 끓어오르는 낭만적인 그리움도, 다른 이는 모두 거부하고 오직 한 사람만을 간절히 원하는 느낌도 없다. 그는 어쩌면 어떠한 상황에서든지 승리하고자 하는 자신의 유전자에 의해 원격조종된 것에 불과할지도 모른다.

다른 어떤 작자가 녀석의 정자를 달리기 시합에 내보냈을 수도 있다는 무의식적 상념들은 집에 돌아오는 즉시 곧바로 수정이 가해져야 하는 것이다. 집에 돌아오는 즉시 섹스를 원하는 남편들을 두고 많은 여성이 종종 "그이는 자기가 내키는 대로 한다니까요. 문짝을 들고 집 안으로 뛰쳐 들어오는 사람처럼 거칠게"라고 말하곤 한다. 집에 돌아오기가 무섭게 정자들의 시합에 출전하는 자에겐 단지 하나의 모토만 있을 뿐이다.

'잠자리로 가자. 그리고 가능한 한 빨리 나의 정자들을 풀어놓자. 최고가 이기지 않으면 웃음거리밖에 더 되겠어?'

그러니까 나를
유혹에 빠뜨리지 마요

헬렌 피셔H. Fischer나 제프리 밀러G. Miller 같은 진화심리학자와
에드워드 윌슨E. Wilson 같은 사회생물학자들은 우리로 하여금 우
리가 문명화와 문화의 압력을 받은 상태에선 도덕적으로 정절을
지킬 의무가 있다고 느끼지만, 사실 우리의 육신은 나약하기 짝이
없다는 껄끄러운 사실과 직면하게 한다.

우리 사회와 종교의 도덕률은 우리에게 우리의 총체적인 성性
에너지를 한 여자 또는 한 남자에게만 쏟아붓도록 강요한다. 그러
나 자신의 유전자를 증식하려는 원초적 욕구는 일부일처제의 파
트너관계에서 오는 평화를 다소 강하게 방해한다. 그래서 진지하
게 정절을 지키겠노라고 맹세하고 열렬히 약속하며 온갖 좋은 의
도로 무장하는데도 결국 낯선 침대에서 결론을 장식하는 것이다.

"결혼식 때, 나는 나 자신에게 엄숙히 맹세했어요. 부부간의 정절을
잘 지키겠다고. 4년 동안은 그 맹세를 지켰었죠. 지금은 다시 예전과
같이 돌아왔지요. 나는 항상 애인이 있었고, 그 관계는 그녀가 '당신

부인이에요?' 아니면 나예요?' 하며 나에게 선택을 강요하기 전까지만 계속되었습니다. 이혼에 관한 한 나는 한 번도 생각해본 적이 없고, 앞으로도 그럴 생각은 없습니다. 그래서 여자들이 그런 조건을 내거는 즉시, 바로 관계를 끝내곤 한 거죠." (스테판, 48세)

원초적 갈등

심리적 차원에서 볼 때 외도에는 대부분의 경우 그에 앞선 내적 갈등이 선행된다. 한편에선 고정된 파트너관계에서 주로 경험하는 안정감에 대한 욕구를 지닌 본능적 결속 욕구가 존재한다. 이와 연계된 따뜻함과 보호받는 느낌은 살아가는 데 아주 중요하다. 이 느낌은 이미 아기였을 때 가족의 품에서 경험했던 것이고, 따라서 어른이 된 뒤의 애정관계에서도 이 느낌을 갖고자 노력하는 것이다.

그러나 다른 한편에는 자극과 새로운 것에 대한 근본적 욕구도 있다. 이상적인 경우는 두 사람의 관계가 이러한 노력의 조준선 안에 자리 잡고 있는 것이다. 파트너는 어머니에게서 받던 보호받는 느낌과 안정감을 부여할 만큼 믿음직하면서도 '신선하여 지루할 틈 없는' 그런 자극을 주어야 한다.

원으로 사각형을 만드는 것처럼 풀기 힘든 이 문제에 부딪혀 깨지는 연인이 많다. 스위스의 윤리학자이자 심리학자인 노르베르트 비숍N. Bischof은 친밀감과 흥분 사이의 '원초적 갈등'에 관해 언급하며, 이 갈등은 동물계에서도 확인할 수 있다고 말했다. 동물들은 '용량 초과의 안정감'에 대해 '결속 상대에게 등을 돌리는 것'으로 반응한다고 한다. 그는 이러한 방향 전환에 대해 '식상함의 반응'이라는 이름을 붙였다.

> "신혼 초에 나는 아내 외에 다른 여자가 나에게 아내와 똑같은 비중을 차지할 수 있을 거라고는 상상도 못 했었죠. 그러나 결혼생활 5년이 지나자 유혹에 대한 저항력이 얼마나 약해졌는지, 오래전부터 내게 대시해 오던 동료 여직원을 더 이상 뿌리칠 수 없게 되었죠." (파울, 42)

사랑의 묘약

노르베르트 비숍이 이미 서술했던 대로, 연애 감정의 강도가 쇠퇴하는 것은 두뇌생리학적 이유들 때문이다. PHEA(페닐에칠아민) 분자가 있어서, 마치 약물에 취한 것 같은 열애 상태를 유발한다. 이 상태에선 다른 유혹에 대해 눈을 감게 된다. 그러나 2, 3년이 지나면 PHEA 효과가 진정되면서 감정적으로 흥분되었던 열기는 썰물 빠지듯 잦아들고, 이제 엔돌핀이 감정을 지배하게 되면서 안정감과 보호받는 느낌 그리고 평화의 느낌이 우세해진다. 외도와 불륜의 시간이 도래한 것이다.

유혹

남성만 신선한 자극에 무릎을 꿇는 것은 아니다. 헬렌 피셔H. Fisher는 1970년대에 결혼한 영국인 남녀 600명을 대상으로 연구 조사한 결과, 여성의 경우 결혼한 지 4년 반이 지나면서 외도 현상이 나타나기 시작했고, 남성의 경우 이보다 반년 후 외도 현상이 나타나는 것으로 드러났다.

"어느 날, 결혼 초 몇 년간 미친 듯이 서로에게 매료되었던 감정이 사라져버리더라고요. 정말 좋았던 시절이었는데…… 얼마 뒤, 테니스클럽에서 한 남자가 눈에 들어오더군요. 몇 년 전만 해도 정말이지 있는지 없는지 그 존재감조차 깨닫지 못하던 남자였죠. 나는 결혼하기 전처럼 완전히 집 밖으로 돌기 시작했어요. 한마디로 나 자신보다 욕망의 힘이 더 셌던 거죠." (타마라, 33)

사랑의 묘약인 PHEA의 자극적 작용이 중독성을 기를 수 있다는 것은 비밀이 아니다. 이 분자의 작용이 둔화하기 무섭게 그것의 작용 아래 있던 남녀는 벌써 목을 빼고 새로운 흥분의 원천을 찾기 시작한다. PHEA를 얻기 위한 맹목적 욕망 속에서 그들은 이번 외도에서 다음 외도로 빠져들며, 그 결과 번번이 그들 자신과 그들의 고정된 파트너, 그리고 숨겨둔 파트너까지 모두 불행하게 만들곤 한다.

문화

유전자 염색체 그리고 호르몬 역시도 바람을 피우는 데 큰 몫을 차지할 수 있다는 이유로 모든 것에 '본성Natur'을 들이대며 불륜의 충동을 마구 발산하도록 해야 한다는 건 지극히 단순한 생각이다.

생물학적으로 발생한 갈등을 푸는 것은 우리의 문화적 자기 이해에 속한다. 먼저 우리는 외도의 위기가 얼마나 큰지 검토한다. 그리고 상처가 얼마나 깊을지 신중히 헤아린다. 그런 다음 간지러운 흥분을 포기하고 욕구불만에 대한 내성을 기를 수 있다면, 문화가 본성을 누르고 승리하는 것이다.

정절은
문화적 성과

현재 알려진 853개의 문화권 중 남성에게 한 명의 부인만 허용하는 일부일처제가 명문화되어 있는 문화권은 16%에 불과하다. 그렇다면 어쨌든 84%의 나머지 모든 사회에선 일부다처제를 허용한다는 말이 된다. 다시 말해 남자는 동시에 여러 명의 부인을 두어도 된다. 그러나 헬렌 피셔의 보고에 따르면, 실제로 한꺼번에 다수의 부인을 두는 남성은 약 5~10%에 불과하다고 한다. 사실 불충분한 경제적 조건을 기본 이유로 들 수도 있지만, 이러한 현실적 이유만으로는 그것에 대한 충분한 설명이 안 된다.

인류학자 피터 머독P. Murdock은 100여 개의 문화권을 대상으로 혼인 형태를 조사한 결과, 두 사람이 한 쌍을 이루는 결합이 인간이라는 생물의 주요 특성이라는 결론에 도달했다. 군혼群婚이나 공동체생활에 대한 시도도 있었지만, 결국 우리는 정해진 한 명의 파트너에게 정착한다. 한 사람을 두고 경쟁하며, 한 사람과 사랑에 빠지고, 이 사람과 자진하여 결합하는 것이다.

시선 교환

많은 인류학자의 견해에 따르면, 파트너 한 명을 향한 사랑의 토대는 약 400만 년 전에 형성되었다고 한다. 아직 네 발로 걷던 우리의 조상들이 직립하게 되자, 성행위에 새로운 변화의 바람이 일었다. 인간이 '냄새를 맡던 동물'에서 '시선을 교환하는 동물'로 발전한 것이다.

한 여자와 한 남자가 서로 마주 보고 서서 서로의 눈을 응시하자 신성한 불꽃이 일었다. 특정 인물에 국한되는 애정생활의 신호탄이 터진 것이다. 아마 그 당시에 사랑의 감정을 관장하는 화학 시스템이 발전하게 되었던 것 같다. 그리고 이 화학 시스템은 먼 훗날, 한 남자가 한 여자와 더할 나위 없이 강한 결속을 발전시켜갈 수 있도록 이끌었다. 이상적인 경우는 새로 태어난 차세대의 양육이 어느 정도 마무리될 때까지 남자가 여자와 함께 머무르는 것이었다. 헬렌 피셔의 견해에 따르면 그 기간은 4년이었다. 그 시간이 지나면 아이는 젖을 뗐고, 부부간의 새로운 결합과 다음 임신도 이루어졌다.

이에 상응하여 결혼 4년 차부터 이혼율이 급격하게 올라간다. 그리고 저 '저주받을' 7년 차에 이르면, 이들 생활공동체 가운데 이미 50%가 또다시 헤어지게 된다. 반갑지 않은 뉴스는 부부관계가 길수록 그만큼 이혼의 개연성이 높아진다는 것. 결혼생활 15년이 지난 부부의 경우, 이미 60%가 이혼에 이른다.

의미

불륜관계가 밝혀지면, 속임을 당한 사람에게 이것은 대체로 무해한 우발적 사건이 아닌, 정서적 비극에 준하는 사건이 된다. 속은 쪽에선 "당신은 나를 사랑하지 않아!" 하며 비탄에 잠긴다. 그러나 속인 쪽은 "그건 아무 의미도 없는 일이다"라며 변명한다.

> "그래도 우리 부부처럼 사이좋은 부부에게 그 일은 전혀 의미가 없습니다. 술은 술이고 사업은 사업이지요." (노르베르트, 56)

> "출장 기간에 한 여성과 잠자리를 함께한 적이 있었는데, 그 일로 아내를 사랑하는 내 마음이 변했거나 그러지는 않았습니다. 전혀요. 한 번의 실수는 아무것도 아니지요." (안드레아스, 49)

거짓말일까? 정말일까?

실수

안드레아스는 그의 아내 클라우디아에 대해 강한 결속감을 느낀다. 그녀에 대해 의무감과 책임감을 느끼며, 그녀와 백년해로하기를 희망한다. 안드레아스는 그녀에게서 일종의 영적 친화력을 느끼고, 감정적으로나 정신적으로나 아내에게 충실하다.

정확히 말해 출장 중에 범했던 그의 실수는 정말로 심리적인 신의를 저버린 것이 아닌, 육체적인 결속 상태를 잠시 차단한 것이었다.

정절

클라우디아는 86.1%의 다른 여성들과 마찬가지로 '사랑'과 '성적인 정절'을 동등하게 보는데, 이것은 18세기에 들어와서야 널리 퍼지기 시작한 시각이다. 그 당시 처음으로 연애 결혼이 등장했다. 이것은 당시까지 내려오던 경제적 결속과 자녀 양육이 토대가 된 결혼이 아닌, 성적 매력이 토대가 된 결혼이었다.

부부관계에서 부부만의 독점적 성생활이라는 토대가 빠지면, 그 관계는 당연히 문제시된다. 그렇기에 파트너의 외도 때문에 패닉 상태가 초래되는 것이다. 우발적 사건이 관계의 종말을 고할 수 있다. 그 외 자부심에 대한 상처, 즉 '다른 여자(남자)가 나보다 더 중요하다니!' 하는 모욕감을 낳는 것도 무시할 수 없는 결과다.

미덕

유전적 장치들을 고려해보면, '호모사피엔스'는 야생 거위나 펭귄 같은 일부일처에 대한 성향이 없는 것이 분명하다. 그러나 다른 한편에서 보면, 가장 짧을 경우 몇 분 만에 결합관계를 끝내는 쑥닭처럼 강한 일부다처의 성향이 있는 것도 아니다. 오늘날 우리가 짝을 이루는 제도는 일부일처제다. 이것은 물론 문화적 성과에 따른 것이다.

한편 인류학자들의 관점에서 보는 성공적인 진화 원칙은 '은밀한 외도와 함께하는 일부일처제'이다. 외도를 숨기지 않고 한 사람이 다른 사람에게 성적 자유를 허용하는 '개방적 부부'의 관계를 실천하는 부부는 우리 연구진의 연구 결과나 독일 연구진의 연구 결과를 통틀어 전체 부부의 2%에 불과한 것으로 나타났다. 더욱이 이런 관계에 있는 부부들이라고 해서 여느 부부와 다를 바 없었다. 항상 가벼운 마음만은 아니었던 것. 서로 사랑하는 부부도 대부분 눈물과 이가 갈리는 분노를 감수하며 그 관계를 유지하고 있었다.

"대체 누가 내가 그냥 좋아서 이런 상황과 타협했다고 말하겠습니까? 나는 겁이 났었어요. 화도 났고, 부끄럽기도 했지요. 하지만 그래도 헤어지자는 말을 듣는 것보다는 그 사람에게 여자 친구가 있는 편이 더 좋은 해결책이다 싶더라고요. 솔직히 말해보세요, 결국 모든 남자가 그렇게 하잖아요. 그러니까 이것을 '변화시킬 수 없는 일'로 받아들이고, 거기서 최선을 다하는 거죠." (이네스, 49)

자극에 대한
목마름

모든 인간에겐 성적 자극에 대한 목마름, 새로운 관능적 체험에 대한 욕망이 숨겨져 있다. 이러한 욕망을 억제하거나 조절할 수 있는 사람이 있는가 하면 그렇지 못한 사람들이 있는 것이다. 그러나 원칙적으로 우리는 모두 호기심을 갖고 있다. 한 사람도 빠짐없이 말이다. 우리는 새로운 것을 탐하고, 신선하고 낯선 것, 익숙하지 않은 것에 목말라한다. 지루함은 두뇌의 적이다. 자극을 불러일으키는 취미, 재빠르게 변하는 유행, 혁신적 제품들과 '새로운 것들'이 서로 이웃하며 새로움에 대한 열망을 충족시키는 것이다.

느낌

새로운 것과의 만남은 신체적으로나 정신적으로나 살아 숨 쉬는 느낌, 즉 집중적인 존재감을 느끼게 한다. 생생함과 함께 낯선 여자와 낯선 남자가 유혹한다. "나와 함께해요! 나는 새롭잖아요, 내가 자극적이지 않은가요? 내가 진짜 인생이랍니다!" 하면서……. 하지만 대개 위험한 유혹일 때가 많다. 섹스가 많은 사람에게 자유에 대한 욕구, 모험에서 오는 쾌락, 새로운 것에 대한 갈증을 충분히 채워줄 유일한 가능성이 되는 걸 반복해서 보게 된다. 성적인 새로움은 효과가 있다.

오르가즘

미국의 한 연구에 따르면, 오르가즘의 횟수는 빠른 속도로 높아지는 것으로 나타났다. 정식적 관계가 갑자기 그 가치를 잃고, 새로운 것이 높이 평가되며 지나치게 추켜세워진다. 다른 모든 욕망과 마찬가지로 새로운 것을 탐하는 욕망 역시 처음엔 절제되지 않는다. 그다음엔 내연의 사랑으로, 그리고 '다시 당신에게로 돌아가고 싶어' 하는 후회로 이어지는 것이다.

"나는 내가 다시 가정의 평화와 휴식 같은 것을 원하리라고는 그때 상상도 할 수 없었습니다. 그건 정말이지 신경에 거슬리던 것들이었으니까요. 그 단조롭고 절정이라고는 없는 생활, 어떻게 사람들은 그것을 조용히 문자 그대로 '받아들일' 수 있을까…… 그런데 그때 갑자기 아내가 나를 용서하고 다시 나를 받아들이도록 나의 모든 걸 쏟아붓고 싶다는 열망이 생기는 것이었습니다." (빈첸츠, 52)

갑자기 원래의 부부관계에서 그토록 갑갑하게 느껴지기만 하던 보호받는 느낌이 다시 그리워진다. 새로운 것을 향한 채워지지 않은 열망보다도 안정과 신뢰에 대한 향수가 훨씬 더 고통스럽게 느껴지기도 한다.

　그럼에도 호기심은 완고하다. 지극히 익숙한 관계에서 오는 안
정감 때문에 섹스의 생동감이 죽어버릴 때 특히 그렇다. 어떤 남
자라도 친숙한 여자 파트너와 몇 년을 함께 보낸 뒤에도 처음 만
났을 때 새로움의 자극에 빠져 예외적인 행동을 했던 그때처럼 그
렇게 정력적일 수 있는 남자는 없을 것이다. 여자 역시 십수 년이
지났는데도 처음 그때처럼 정열적일 수 있는 여자는 하나도 없을
것이다. 벌써 결혼한 지 몇 년만 지나도 성관계의 빈도가 대략 신
혼 초기 몇 달간에 비해 절반으로 떨어지며, 이후 이러한 추세가
계속된다. 어떤 부부든지 모두 그렇다.

부인

　성관계에서 성적 만족을 느끼지 못할수록, 그럴 때 가장 절박
하게 필요한 바로 그것, 즉 '파트너 교체'라는 새로움에 대한 자극
을 더더욱 부인하는 경향을 보이는 사람이 많다.

　"그 문제라면 나는 완전히 무장한 상태죠." (소피, 42)

　"내 주위엔 아무도 얼씬거릴 수 없죠." (퀸터, 38)

　내 친구 중 하나가 기가 막히게 매력적인 한 남자의 나체를 보
며 평하길, "뭐야, 어차피 그게 그거네! 다른 게 뭐 있어?"라는 거
였다. 누구랑 섹스하느냐가 진짜로 아무런 역할도 하지 않는다면,

외도라는 건 존재하지 않았을 것이다. 어차피 그 사람이 그 사람이라면, 왜 다른 섹스 파트너를 구하려고 애를 쓰겠는가?

솔직히 말해보자. 섹스 대상, 부부관계의 지속 기간과 질, 그걸 둘러싸고 있는 환경, 이런 것이 성적 체험의 강도에 강한 영향을 미치지 않는가.

> "우리는 온종일 침대에서 나오질 않았죠. 그 호텔에서 본 것이라곤 호텔 방의 천정뿐이었죠. 식사할 때조차도 우리는 그냥 눈만 마주친 채로 우리가 방금 나눴던, 또는 앞으로 나눌 섹스에 관해서만 이야기 했죠." (비비엔, 35)

> "몰래, 그것도 가끔씩 만나야 했기 때문에 우리는 만나는 즉시 관계를 맺었습니다. 심지어 자동차 안에서도 그랬는데, 이곳저곳 주차장을 돌며 함께 관계한 적도 있었지요. 얼마 뒤 아내가 나를 차버렸죠. 우리는 살림을 합쳤습니다. 그리고 모든 것이 정상으로 돌아왔지요. 섹스는 일주일에 두 번 합니다. 애인이 생기지 않았을 때, 아내와 그랬던 것처럼 말입니다." (도미니크, 40)

친숙함

새로운 성적 대상과 나누는 섹스가 두드러지게 적극성을 띠는 것은 신경전달물질인 도파민Dopamine(우뇌가 활성화될 때 주로 분비되는 호르몬. 기분이 좋아지고 의욕과 창조력을 증대시킨다. 복잡한 인간 정신 및 감정의 조절물로, 사랑할 때 이 호르몬의 분비율이 높아진다. 일명 '쾌감의 전도사'라고도 한다) 덕분이기도 하다. 섹스 대상이 친숙해질수록 그에 비례하며 도파민 반영률이 낮아지고, 새로운 것의 자극이 커질수록 도파민 반영률은 그만큼 높아진다.

생동감 있는 느낌을 가지려면 충분한 도파민 반영률이 필요하다. 이것은 특히 욕구와 자극에 대한 갈망을 조용히 놔두질 않는다. 예로부터 경험해보지 않은 분야, 낯선 환경에서의 새로운 삶은 늘 우리를 유혹했다. 그러나 우리의 확실하고 정돈된 세계에선 정복할 새로운 땅이 더 이상 없다. 그만큼 더 섹스에 관한 모험에 많은 사람의 관심이 몰리게 된다. 통과해야 할 육체적 용맹성의 시험대 같은 것은 더 이상 없지만, 안개 속을 뚫고 시속 160km로 질주하는 담력 시험은 있을 수 있다. 아니면 상식에 반항하며 콘돔 없이 섹스를 감행하는 경우도 있을 것이다. 자연에서의 야생적 삶은 불가능하지만, 그 대신 휴가지에서의 야외 섹스가 있다.

그러나 과대포장에 주의하시라! 고삐 풀린 망아지처럼 절제 없이 새로운 자극을 탐하다 보면 심각한 부작용을 겪게 될 수 있다. 다시 말해 건강상의 위험과 정신적인 상처, 자부심에 대한 회의 등은 그 부작용 중 일부일 뿐이다. 롤러코스터를 타면 짜릿짜릿하고 도발적인 느낌을 받는다. 롤러코스터에서 내려도 여전히 취한 것 같은 느낌이 든다. 그러나 남는 건 아무것도 없다.

새로움,
영원한 유혹

사랑에 빠진 상태는 진화생물학적으로 볼 때 짝짓기와 번식을 촉진한다. 2세가 태어나는 즉시 상대를 독점하는 데 근거를 둔 열정적인 갈망, 즉 열애 현상은 부메랑이 되어 돌아온다. 사랑하던 두 사람이 이 사랑의 대상을 나누려 하지 않는 것이다. 제아무리 위대한 세기의 연인일지라도 가정을 이루면 결코 역사적 의미를 획득하지 못할 것이다. 가정적인 친숙한 일상이 사랑의 마력을 깨뜨리기 때문이다.

베티나 이야기
: 영원한 사랑에 대한 동경

결혼식 제단 앞에 섰을 때, 베티나와 알렉산더는 서로에 대한 정말로 위대하고 영원한 사랑을 확신했다. 신혼기 첫 몇 년 동안은 모든 것이 순도 100%의 희락 그 자체였다. 두 사람은 공동으로 회사를 세웠으며, 함께 외출할 때도 많았고, 아름다운 여행도 떠나곤 했다. 해가 거듭되면서 알렉산더는 베티나에 대한 성적 관심이 떨어지는 걸 느끼긴 했지만, 거기에 특별한 의미는 두지 않았다.

일상

두 사람 사이에 아이가 태어난 뒤, 베티나에 대한 알렉산더의 성적 관심은 완전히 사라지고 말았다. 베티나와 섹스하느니, 다른 어떤 여자라도 마다하지 않겠다는 심정이 들 정도였다. 베티나는 매력적인 데사우Dessaus(독일의 작센-안할트주에 있는 고도시. 안할트 데사우공작의 아름다운 고성이 있는 곳으로, 엘베강의 지류인 물데강이 엘베강과 합류하는 지점에 있다)를 지나 에로틱한 분위기에서 저녁을 보내자는 제안을 비롯하여 알렉산더와 다시 여행을 떠나려고 갖은 애를 썼지만, 알렉산더는 TV 앞에서 잠들기 일쑤였다. 베티나는 난감했다. 어떻게 해야 할지 속수무책의 심정이 되었고, 자신의 여성성에 관해 끊임없는 낭패감에 시달렸다.

알렉산더는 나름대로 아내에게 해야 할 것을 알고 있었다. 그는 그의 방식으로 아내를 사랑했다. 그는 아내 외의 다른 사람과 살고 싶은 생각이 전혀 없었다. 그렇다고 해서 점점 '의무방어전'이 버겁게 느껴지는 그의 마음을 변화시키지는 못했다. 알렉산더는 점점 뚱뚱해지고 성적으로 무관심해지면서 부족해지는 베티나에 대한 갈망을 비싼 선물로 상쇄했다. 그렇게 함으로써 자신의 성적 욕망을 달래며, 베티나와의 관계가 위험해지지 않도록 한 것이다.

꿈

베티나는 남편과 함께한 옛 추억을 먹고 살았다. 그녀는 온갖 에로틱한 것들을 만끽했다. 부드러운 눈길과 애무, 정열적인 포옹……. 사랑이 얼마나 덧없는지 그녀는 분명하게 알게 되었다. 행복한 순간은 잠깐이고, 그 이후엔 끝없는 일상이 이어질 뿐. 부인과 밤을 보내기보다 축구 경기와 병맥주 세 병을 더 좋아하는 재미없고 뚱뚱한 남편이라니…….

베티나는 다른 사람을 사귀고 싶은 열망이 점점 강해졌다. 처음에 그 '다른 사람'은 얼굴 없는 미지의 인물이었다. 시간이 지나며 서서히 그 인물의 윤곽이 그려졌다. 그녀는 '이상형'의 인물에게서 그녀가 알렉산더에게서 그리던 모든 것을 찾았다. 당시 그녀는 아직 아이에게 묶여 있는 상태였다. 언젠가는 그녀가 걷는 길이 그 '다른 사람'이 걷던 길과 만나게 되리라. 그녀의 눈을 보게 된 그는 아무 말 없이 그녀를 사랑하게 되리라.

환멸

몇 년 후, 그녀는 진짜로 그녀가 '꿈에 그리던' 이상형의 남자를 사귀게 되었고, 그 남자 이후에도 계속 다른 사람을 사귀었다. 새로운 사랑을 만날 때마다 결과는 새로운 실망으로 끝났다. 대다수 사람처럼 베티나도 사랑이 우리를 행복하게 해주려고 있는 것이 아님을 인식하지 못했던 거다. 사랑은 좀 더 쉽게 짝을 이루게 하는, 유전적으로 뿌리박혀 있는 정서적 기폭제이다. 이것이 식상해지는 순간 사랑은 의미를 잃어버린다. 사랑이 아쉬울 것도 그리워할 것도 없는 습관이 되는 거다.

처음 사랑을 시작할 때처럼 늘 둘만 생각하는 연인들은 '새끼 양육'에 적합하지 않다고 생각할 수 있다. 가정생활에는 서로 친구 같은 결속감을 느끼는 사람들이 더 잘 맞는다. 그렇긴 해도 사랑의 강렬함은 후에 사이좋게 이어질 파트너관계의 핵심이기도 하다. 강렬했던 사랑, 이 기억의 흔적은 실로 꿰매듯 부부관계 전반을 관통하여 부부생활을 흐트러지지 않게 해준다.

공생

기억 그 자체만으로 부부관계를 장기간 잘 진척시킨다는 건 역부족이다. 인위적으로라도 에로틱한 긴장감을 유지하는 것이 필수적이다. 첫째로 이것은 관계의 원근 문제다. 너무 가까운 것은 너무 먼 것과 똑같이 관계에 해로운 작용을 한다. 샴쌍둥이처럼 공생관계의 파트너로 함께 성장한 두 사람은 서로에 대한 긴장감이 없다. 그러한 발육의 결과는 널리 알려진 사실이다. 한쪽에게 다른 한쪽이 없으면 살 수 없지만, 이러한 공동생활은 에로틱한 파트너관계라기보다는 나란히 선 채로 이리저리 오가는 단조로운 관계에 더욱 상응한다. 애정관계에서 한 사람이 부모 한쪽 역할을 하고 다른 한 사람은 아이 역할을 맡는 어린 시절의 관계도식으로의 퇴행만큼 파괴적인 것도 없다. 많은 부부가 생활 속에서 서로에 대해 '엄마' 혹은 '아빠'라는 호칭을 빈번하게 사용하는 것은 우연이 아니다. 파트너끼리 서로 충분한 거리를 유지하고 자제력을 잃지 않으며 존중하는 태도를 취하는 한편, 처음 서로 잘 몰랐던 시절의 어떤 모습까지도 간직할 수 있는 그런 생활공동체로서의 부부는 대부분 즐겁게 생활하며 딱히 위험에 노출되지도 않는다.

보상

많은 경우, 제3의 인물과 하는 은밀한 사랑은 전적으로 현재의 부부관계에서 상대에 대한 부족하고 열렬한 갈망을 보상하는 기능을 한다. 여기서 중요한 것은 신선한 연애 감정이다. 사람들이 원하는 건 이것을 다시 한번 맛보는 거다. 수년간 지속된 파트너 관계에서 이런 신선한 감정을 느낀다는 것은 거의 불가능해진다.

그 결과 새로운 사랑을 동경한다. 이 새로운 사랑이란 궁극적으로 현재 부부 사이인 파트너들이 아주 오래전에 약속했던 점, 그것을 간직하고 있어야 한다.

제3장

축제에서
드라마로

내연관계에 얽힌 사람치고 악의를 갖고 그 관계를 시작했다는 이는 거의 찾아볼 수 없다. 처음부터 몇 주 또는 몇 달 혹은 몇 년간이나 그(그녀)의 그늘에서 살려는 의도를 갖고 의식적으로 다른 이성에게 접근할 사람이 어디 있을까. 시작은 그저 사소한 장난 연애에 불과하다. '그녀(그)'는 결혼하지 않은 자유로운 몸이고, '그(그녀)'는 결혼한 몸이다. 둘은 '아무도 아프게 하지 말기'에 관하여 서로 의견 일치를 본다. 그러니까 서로 구속하지 말고 그냥 순간을 즐기자는 거다. 그러나 축제처럼 새로운 감흥을 주던 경쾌한 시작이 극적 드라마로 반전되는 것을 종종 보게 된다.

불륜의
싸이클

그러나 그 '순간'이 너무 만족스러워 자꾸만 '앵콜'을 외치게 된다. 한 번만 더 열정적인 키스를! 한 번만 더 애무해줘요! 우리, 한 번만 더 함께 아침을 맞이해요! '딱 한 번만'이라며 '한 번 더'가 반복된다.

자발적으로 했던 타협과 반대로 전화 통화와 문자메시지의 내용은 점점 절절해진다. '보고 싶어 죽겠어', '그렇게 좋았던 섹스는 처음이야', '아무도 나를 그렇게 이해해주지 않았어' 등등 모두 열정의 선언문이면서 동시에 자기 자신을 향한 용서의 글이기도 하다.

'그'는 그녀를 위해 더 많은 시간을 내려고 고군분투한다. '그녀'는 친구들을 더욱 멀리하게 되고, 자신의 은밀한 관계에 관해 함구한다. '그'는 정신적으로 지칠 대로 지쳐 휴식이 필요하게 된다. 결론적으로 그는 그를 필요로 하는 아이들과 부인이 있는 몸인 것이다.

비상브레이크

자신의 인생에 속하지 않은 사람을 애인으로 두고 있다는 인식은 내연녀의 입장에 처한 많은 여성에게 전단剪斷 에너지를 부과하여 비상브레이크를 작동시키게 한다. 다이애나비의 뒤를 이은 카밀라처럼 35년 뒤 황태자가 자신과 결혼할 거라고 생각할 여성은 극히 소수에 불과하다. 그래서 많은 여성이 애인에게 지키지 못할 최후통첩 기한을 제시하는 것이다. 아니면 벨체붑Belzebub(크리스마스 때 산타클로스와 함께 돌아다니며 나쁜 어린이들을 벌한다는 전설에서 유래한 뿔 달린 붉은 악마. 붉은 악마의 형상을 한 가면, 인형, 의상 등을 말하기도 한다)으로 악귀를 쫓기도 하고, 거기에 더하여 스캔들을 벌이기도 한다. 이러한 외도에도 내연관계에서 벗어나지 못하면, 내연녀의 슬픈 이야기는 완전히 현재진행형이 되는 것이다.

단계

우리가 조사한 바에 따르면, 대부분의 내연관계는 단기간에 종료되는 것으로 나타났다. 그러나 몇십 년이 넘도록 지속되거나 파트너의 결혼과 이혼, 재혼을 두루 거치면서도 지속된 특별 사례들도 간혹 있었다.

"내 나이 스물에 나는 그이의 애인이 되었답니다. 그이는 내가 다니던 회사의 사장이었는데, 이미 약혼한 몸이었지요. 얼마 후 그이는 약혼녀와 결혼했어요. 그런데 결혼한 지 얼마 안 지나 그녀가 다른 사람의 아이들인 쌍둥이를 낳았어요. 나는 그래도 여전히 그이의 애인일 뿐이었지요. 그 사람은 이혼을 생각조차 하지 않았어요. 더군다나 부인과 그녀의 아이들에 대한 의무감이 아주 대단했답니다. 그런데 그녀가 그를 떠나버렸어요. 하루하루 시간은 흘러가고…… 나는 그를 위로하며, 그가 좌절하지 않도록 붙잡아주었지요. 그런데 얼마 뒤 그이가 다른 여자와 결혼한 겁니다. 그의 회사와 합병을 체결한 상대 회사의 여사장이었지요. 그건 불가피한 조처였답니다. 하지만 그는 그녀를 좋아하고 있고, 또 그 사실을 인정해요. 나는 벌써 오래전에 회사를 그만두었어요. 그는 내 은행 계좌로 많은 돈을 넣어주었어요. 나는 한 번도 결혼한 적이 없고, 그 사람 외에 다른 사람을 사랑해본 적도 없어요. 그럭저럭 26년이라는 세월이 흘렀네요. 지금도 그이는 여전히 일주일에 두 번씩 나를 찾아옵니다. 기도 끝에 아멘 하듯 예나 지금이나 한결같이 말이에요." (마리, 46)

습관과 친숙함의 역할이 크다. 그것이 있든 없든 또한 기간이 길어질수록 내연관계에서 벗어나기란 점점 힘들어진다.

장기적인 내연관계는 전형적인 사이클을 그리며 형성된다. 내연녀들로 하여금 감정적으로 얽혀서 헤어날 수 없게 하는 내연관계의 애정 상태는 다음과 같은 심리적 하향 단계를 그린다.

- **열정**
- **후퇴**
- **격리**
- **인격 해체**

코르넬리아와 페터의 내연관계는 이러한 전형적 단계를 그리는 많은 사례 중 하나다. 코르넬리아와 페터의 사연에선 내연관계에 대해 '빛과 그늘'이라는 단어 뜻 그대로 '그늘 속의 사랑'으로서 이해할 수 있도록 전형적 표현들을 강조했다.

경과

코르넬리아는 42세이고, 결혼생활 16년 차인 페터의 애인이다. 페터는 48세이다. 6년 전 그와의 연애를 감행했던 당시, 코르넬리아는 이 경쾌한 만남이 '불분명한' 장기적 관계가 될 줄은 꿈에도 생각하지 못했다. 그녀는 결혼한 남자와의 가벼운 연애 정도로 관계가 끝날 줄 알았다. 그러나 서로에 대해 구속력을 갖지 않던 모험은 전형적 과정을 밟는 내연관계로, 즉 '그늘 속의 사랑'으로 진전되었다.

열정

감정의 빅뱅Big Bang과 함께 모험이 시작된다. 정말로 사람의 마음을 녹이는 미소에 향수 냄새는 또 얼마나 자극적인지, 그 고운 피부 하며 너무나도 아름다운 대화 그리고 그 숨 막힐 듯 흥분된 느낌이라니…….

현기증이 일 정도로 불타는 열정 속에 두 사람은 그들의 쾌락을 위해 '비밀 유지'라는 비싼 값을 치를 준비를 한다. 저녁 어스름이 되면 페터가 온다. 그리고 어두워지면 돌아간다. 코르넬리아는 두 사람을 위해 식탁을 차린다. 축제라도 열듯 아름답게 장식한다.

"한참이나 '빛을 발하는 듯한' 축제가 계속되었지요. 하지만 시간이 지나면서 축제는 점점 '우중충'해졌지요."

그늘 속의 커플은 다음 사항에 합의한다. 둘의 관계를 소문내지 않는다. 공개적으로 모습을 드러내지 않는다. 현재의 가정을 파괴하지 않는다. "나한테서 아무것도 기대하지 마"하며 페터는 처음 순간부터 확실히 못을 박는다.

"난 결혼한 몸이고, 가족도 있어."

코르넬리아는 그의 솔직함을 높이 평가한다. 그녀를 속이지는 않은 거니까.

내연녀가 되면서 코르넬리아 역시 다른 많은 여성처럼 본격적인 자기기만에 빠지기 시작한다. 그녀는 자신이 페터에게서 아무것도 기대하지 않는다고 믿기 시작한다. 그리고 자신은 그늘 속에서의 삶을 감수할 수 있을 거라고 확신한다. 내연녀의 입장에 서게 된 여성들은 처음엔 이러한 현실을 직시하지 못하고 눈먼 상태가 된다.

"그래도 나는 내가 원했던 것을 가졌었죠. 나를 자기 애인으로 선택한 멋진 남자, 환상적인 섹스, 재미, 삶의 기쁨을요. 그리고 놀라울 정도로 잘 맞았던 취향까지 말이죠."

그러나 코르넬리아의 속에선 서서히 은밀한 상像이 떠오르고, 그에 대한 동경이 일기 시작한다.

"갑작스레 우리는 원래 영원히 함께할 수밖에 없다는 비전 아닌 '비전'이 서더군요. 언젠가는 이 사랑이 끝날 수도 있을 거라는 건 더 이상 생각도 하기 싫었죠. 우리가 아이들을 낳고, 나중에 노부부로 함께 해변을 산책하면서, 저녁노을을 바라보고, 평온한 삶을 영위하는 아름다운 그림을 그려보았지요."

후퇴

자신과 그토록 열정적인 시간을 보내는 그 남자가 자신에게는 입장 불가인 한 세계에 살고 있다는 사실에 코르넬리아의 마음은 점점 더 아파온다. 코르넬리아가 페터와 공유하는 세계는 그림자처럼 그늘진 세상일 뿐이다.

"우리에겐 둘이 함께 아는 친구가 없었어요. 우리는 몸을 숨겨야 했으니까요. 식사하러 갈 때도 교외에 있는 작은 식당으로만 찾아다녔죠. 영화관이나 연극 관람 같은 건 아예 생각도 하지 못했죠."

그럼에도 연인의 품에 안기어 누워 있으면, 그의 몸과 그의 키스를 느낄 때면, 그의 목소리를 듣고, 그와 이야기를 나눌 때면, 그 모든 것은 그저 너무나도 아름다울 뿐이다. 그와 지내는 시간들이 마냥 귀하고 값져 보인다.

격리

페터는 남들 모르게 그녀와 함께할 시간을 낼 수밖에 없다. 그래서 그녀는 항상 대기 중이다. 하지만 그에 대한 기다림은 이제 성적인 흥분과 같은 성질의 것이 더 이상 아니다. 그 기다림은 부담스럽고 혼란스럽다. 왜 그녀가 결혼한 남자 한 명을 위해 그토록 많은 것을 접고 사는지 이해가 잘되지 않는다는 그녀의 친구들 때문이기도 하다.

코르넬리아는 그래도 흔들리지 않는다. 그녀는 함께 재미있는 일을 만들어보자는 친구들의 제안을 에둘러 거절하고, 장기적인 계획은 아예 세울 생각을 하지 않는다. 페터를 위해서 스케줄을 비워두려는 것이다. 그를 위해 언제든 제자리에 있고자 하는 만반의 준비 태세로 말미암아 다른 내연녀들처럼 그녀도 친구들과 격리되는 상황에 빠져든다.

"다른 친구들이 즐거운 일을 벌이는 동안, 나는 집에 앉아서 혹시라도 그가 들르지는 않을까 하며 기다렸어요. 다른 남자들은 사귀지 않았고, 오랜 친구들과는 관계를 끊었지요."

친구들 그리고 외부세계와의 접촉을 끊으면 고독감만 찾아오는 것이 아니다. 긍정적 생각과 비판적 영향력의 부족으로 말미암아 애인이 어떤 특별한 존재로 보이고 이상화되는 것이다.

이상화

어둠 속에 있는 그녀는 자신의 모든 관심과 일상 전체의 포커스를 그에게 맞춘다. 거기선 모든 것에 다른 가치가 부여된다. 코르넬리아에게 페터는 그녀를 이해하고 그녀와 감정이 통하며 그녀에게 관심을 갖는 유일한 사람으로 비친다. 그녀는 다른 긍정적 사회적 경험은 더 이상 하지 않는다. 그녀는 생각을 바로잡을 외부 접촉으로부터 차단되어 있다.

의존의 나사가 조여지기 시작한다. 내연녀의 모든 생각과 모든 행동은 오로지 그림자 속에 살아가는 그녀의 처지를 그녀와 공유하고 있는 그 남자만을 향하도록 방향이 설정된다.

집에서 가족들과 함께 보내는 중 그녀에게 보내는 그의 부드러운 문자메시지는 다른 사람에게선 그런 충만감을 찾을 수 없을 거라는 확신을 더욱 강화한다. 내연관계라는 그림자 속의 사랑에선 마음의 우울뿐만 아니라, 말 그대로 의식의 음울함도 따라오게 된다.

그녀에게서 그녀의 연인은 이 세상에서 열망할 만한 가치가 있는 유일한 사람이 된다. 그를 중심축으로 모든 것이 돌아가는 것이다. 이상화는 이제 관계로까지 확대되어 이 파트너관계가 없으면 그녀는 더 이상 살 수 없을 거라고 생각한다. 그녀는 모든 걸 다 잃어도 그를 잃는 것만은 원하지 않는다.

해체

그때부터 종종 걷잡을 수 없이 인격 해체가 일어나곤 한다. 현실감 상실, 자부감에 대한 회의, 상실에 대한 두려움, 우울증 등이 전형적인 현상이다.

그리움에 가득 찬 기다림의 무수한 시간 속에서 다람쥐 쳇바

퀴 돌듯 똑같은 생각이 반복된다.

'이렇게 숨어 지내는 생활은 이제 그만하자. 이제 그늘에서 나가자.'

코르넬리아는 움직이기 시작한다. 무슨 일이든 벌여야 한다. 그녀는 금기 사항을 깬다. 점점 횟수를 늘려 페터의 집에 전화를 걸었다 끊기를 반복한다. 그녀와 섹스를 마친 뒤 그가 서둘러 샤워하러 가면, 그녀는 몰래 그의 재킷에 자기 향수를 뿌려놓는다.

"그때는 거의 은밀함과 변명과 눈물만 있었지요. '이게 전부는 아니다'라는 생각이 점점 더 강하게 들더군요. 하지만 나는 그 관계를 청산할 여력이 없었어요. '안 돼, 더 이상 이 상태로 계속 관계를 맺어서는 안 돼'라고 밥 먹듯 말하면서도 여전히 그 상황에 주저앉아 있었죠."

페터는 여전히 그녀에게 몇 시간 동안의 거짓 행복과 거짓 평화를 선사한다. 그리고 계속 그녀가 그사이 상당한 손상을 입은 자부심을 되찾도록 지지해준다. 이를테면 집에는 사랑하지 않는 아내가 있고, 그녀만이 자신을 이해하며, 그녀에게서만 감각이 살아난다며 "당신은 내가 꿈에 그리던 여자야" 하는 식으로 말한다. 혹은 백화점 주차장에서 5분이라는 웃음밖에 나오지 않는 짧은 시간 동안 그녀를 만나기 위해 쇼핑하러 가는 수고를 감수하기도 한다. "전에는 한 번도 이런 적이 없었어"라고 말한다. 혹은 늦은 밤에 살그머니 전화기를 들고는 "내가 왜 이러는지 이제는 나도 나를 잘 모르겠어" 하며 자신이 그녀를 얼마나 사랑하고 또 필요로 하는지 속삭인다. 이 순간들이야말로 코르넬리아에겐 마약과 같다. 그럼에도 그녀가 불행감을 느끼는 시간은 늘어만 간다.

"회사에서 보내는 시간은 그럭저럭 괜찮았어요. 그러나 저녁시간, 주말, 공휴일은 지옥이 따로 없었어요. 그 사람과 적어도 여섯 번 이상 은 헤어졌던 것 같아요. 그러고는 번번이 다시 화해했죠."

많은 내연녀가 헛되이 이별을 시도해보지만, 기혼의 애인은 그 즉시 그녀를 붙잡기 위해 전력을 다한다. 그런 일이 있으면 전에 없이 섹스가 강렬해진다. 그의 선물 공세가 펼쳐지고, 끊임없이 전화하며, 몇 초가 멀다 하고 불나게 문자메시지를 보낸다.

페터가 애당초 그녀가 내연관계에 동의했음을 지적할 때마다 코르넬리아는 그의 말을 존중해준다. 페터는 코르넬리아가 자신의 처지를 이해하고 관용을 베풀어주기를 바라며 노력한다. 그는 말하자면 아내와 이혼할 수 없는 충실한 남편이다. 아무튼 그의 아내는 아이들 때문에 다니던 직장도 포기하고, 현재 가족만 위해서 살고 있다. 이혼하게 되면 그녀는 폐인이 되고 말 것이다.

그런데! 코르넬리아에 대한 페터의 사랑과 그의 가족이 무슨 상관이 있단 말인가? 그건 순전히 형식적인 것이다. 한 여자가 내연관계 속에서 살아갈 때면, 그녀는 그 남자의 몸인 것이다. 섹스하지 않은 지도 벌써 오래다. 그는 코르넬리아와의 섹스만큼 훌륭한 섹스는 한 번도 해본 적이 없었다. 나중에 아이들이 크면, 아마모든 것이 훨씬 더 수월해질지도 모른다. 그때가 되면 한 번 더 모든 걸 새로 생각해볼 수 있을 것이다. 그러나 지금은 그녀의 열정만 가치가 있을 뿐, 그 외의 것은 그 무엇도 의미가 없다.

약물중독자처럼 코르넬리아는 관계를 끊지 못하고 반복한다. 그녀는 아직도 오직 그 사람뿐이다.

내연녀를 붙잡아두려는 남자의 노력으로 말미암아 그동안 속고 있던 부인에게 적색경보가 울리는 경우도 심심찮게 나타난다. 오래전부터 뭔가 숨긴다는 느낌을 받아오던 아내는 이제 물증을 원한다. 그녀는 그를 통제하고, 그의 컴퓨터를 샅샅이 뒤지고, 몰래 휴대전화를 도청한다. 그다음은? 당연히 '영화 끝!'이다.

스캔들

피터의 아내는 남편이 내연녀와의 관계에 종지부를 찍으려면 자신이 행동해야 한다는 판단이 선다. 굳어버린 삼각관계를 해결하기 위해 벌이는 스캔들, 대부분 본부인과 내연녀 간의 맞대결이야말로 내연녀들에겐 종종 새로운 자유를 향한 왕도가 되기도 한다. 그제야 그녀는 헤어지기 작업을 성공적으로 해낼 수 있다. 그의 아내 쪽에서 "그 여자를 선택할지, 나를 선택할지 결정해요"라는 최후통첩을 했기 때문이다.

그러나 남편의 내연관계를 알게 된 아내가 예를 들어 본부인이라는 위치, 혹은 경제적 유리함을 잃기 싫어서 못 본 척, 문제해결을 포기하거나 그녀 쪽에서 타협할 각오를 하는 편이 더 현명하다고 생각하는 경우가 있다. 그럴 경우, 내연녀는 궁극적으로 그늘 속에서 살아야 하는 자신의 처지에서 벗어나기 위해 계속 더 많은 에너지를 조달해야 한다.

코르넬리아는 페터의 아내가 그녀의 남편에게 칼을 빼들고, 그렇게 함으로써 연애사가 끝나게 된 것이 지금은 너무도 기쁘다. 그러나 자신에게 서광을 비추던 그 순간은 사실 뇌리에서 빨리 지워지지는 않는다.

"어느 날 문 두드리는 소리가 났어요. 페터의 부인이 거기 서 있더군요. 그녀가 말했습니다. '이제 우리가 서로 안면을 터야 할 때가 되었네요.' 현관을 들어서면서부터 그녀가 다시 임신했다는 이야기를 들었지요. 처음엔 그게 무슨 말인가 싶었죠. 그럴 리가 없어! 그러고 나서 깨달았지요. 그녀가 아이를 갖게 된 거라고. 내가 원하던 아이를. 이제 드디어 끝이구나 생각하게 되었죠."

금지구역에서 벌인
스캔들

그늘 속에서 사랑하고 그늘 속에서 살아가는 삶! 이는 스캔들을 빼놓곤 생각할 수 없는 상황이다.

독자들 중 내연관계를 맺은 적이 있었다면, 창피하고 또 그만큼 고통스러운 스캔들을 벌써 한 번쯤 경험해보았을 수도 있을 것이다. 어쩌면 그 상황에서 당신은 피해자의 입장이었거나 나아가 가해자의 입장이었을지도 모르겠다. 어떤 상황이었든, 당신은 스스로 자문해보았을 것이다.

"꼭 그랬어야 했나?"

임무

"아마 꼭 그랬어야 했을 것이다"라는 답변에 놀라지 마시길! 스캔들은 대개 비밀 임무를 지니고 있다. 돌발 행동으로 상대를 완전히 파멸하는 게 그것이다.

갑작스레 모든 게 달라지는 것, 바로 그 일이 일어나야 하는 것이다! 지금까지 피해왔던 테마들이 한꺼번에 화제에 오른다.

당신한테 책임질 게 뭐야? 내가(당신이) 얼마나 더 비밀을 지킬 수 있을 것 같아? 이 관계가 어디 한도까지 부담을 버텨낼 수 있을까? 나는 일부다처 성향의 사람인가? 혹시 양성애적 성향은 없는 건가?

내연관계 같은 부담스러운 관계에서 장기간에 걸쳐 모든 것이 계획에 의거하여 진행될 경우, 부득불 폭탄에 맞은 듯 관계의 폭발이 초래될 때가 종종 있다. 두 사람 중 한 사람이 지금까지 한 번도 생각해본 적 없었던 일, 입 밖으로 내어 말하는 것은 물론이고 전혀 실현될 것 같지 않았던 일을 행동으로 옮기거나 말로 표현하는 거다.

"돌이켜보니, 그때의 사랑을 두 단계로 나눌 수 있을 것 같네요. 첫 번째 단계에서 내가 본 그녀는 초인 같은 여성이었죠. 뭔가 비교할 수 없는 어떤 존재, 전에 본 적 없는 유일한 어떤 존재, 이제껏 살아왔던 내 인생의 틀을 완전히 부숴버리는 어떤 존재…… 그래서 나는 그녀의 뒤에 머무를 각오도 했습니다. 하지만 그녀는 나를 갖고 논 것이었어요. 언젠가 그녀가 그러더군요, 남편과 헤어지겠다고요. 그러고는 또다시 그 말을 지키지 않았습니다. 그때 하늘을 떠다니던 내 마음은 완전히 곤두박질쳤고, 나는 그녀와 그녀의 남편이 주관한 파티에 가서 그녀의 남편에게 공개적으로 물었죠, 부인을 놓아줄 수 없냐고요. 그건 스캔들이었죠. 그 일이 벌어지는 동안 몇 사람이 그 자리에 함께 있었으니까요. 그 일 이후, 그녀는 나와 절교했습니다." (마리오, 34)

살아 있다는 느낌!

스캔들을 일으키는 행동을 하면, 관계 내에서 죽어 있던 것 같던 느낌이 해소된다. '이루어질 수 없는' 소망을 공개적으로 말함으로써 혹은 이기적인 행동을 끝까지 밀고 나아감으로써 자기 자신이 다시 살아 있다는 느낌을 받게 되는 것이다. 고통스럽고 두려운 것도 사실이지만, 살아 있다는 느낌에 비할까. 지루하게 되풀이되던 틀이 부서진다. 모든 것에 문제 제기를 하고, 새로운 정의를 내린다. '나는 마냥 순종해야만 하는 그림자 같은 인간이 아니다. 나도 요구할 수 있고, 과감하게 행동하며 싸울 수 있다'라고!

'금지구역에서 벌인 스캔들'이라는 유행가가 있다. 애정관계 스캔들 역시 금지구역에서 벌어진다. 그것은 인격의 저 억압되고 거절당하고 통제되었던 그늘진 부분에서 유래하기 때문이다.

스캔들로 위기가 초래된다는 데는 이의를 제기할 것이 없다. 그러나 위기라는 단어는 '전환'을 의미하기도 한다. 특히 굳어버린 삼각관계의 경우, 스캔들은 개선책을 향해 나아갈 전환점 혹은 최소한 관계의 투명성을 향해 나아갈 전환점 역할을 할 수 있다.

내연녀의
의존성

정절에 관한 새로운 연구 조사 전반에 걸쳐 여성들이 성녀가 아니라는 점이 드러났다. 물론 우리 연구진의 조사에서도 결과는 마찬가지다. 여성들도 남성들과 똑같이 섹스 상대를 바꿔보고 싶은 갈망, 강렬한 관능적 체험에 대한 열망이 있다. 그렇긴 해도 그늘진 내연의 사랑은 여성에게 해당하는 것이라고 말할 수밖에 없다. 여성들이 좀 더 의존적이고, 과할 정도로 관계에 몰두할 준비 자세가 더 잘되어 있기 때문이다.

이 부분에서도 진화론적 사고로 돌아갈 수밖에 없다. 여성들이 아이를 낳는다는 사실로 말미암아 2세 양육 기간에 여성들에겐 다른 때보다 더욱 공고한 부부관계가 필요하다.

남성 입장에서 기혼녀와의 정사는 상대적으로 부담이 덜할 때가 많다. 이 경우 남자는 책임을 지거나 관계 때문에 발생할 부담스러운 결과를 떠맡을 필요 없이 섹스를 즐길 수 있다. 그에 반해 기혼남과 관계를 맺게 된 여성의 경우엔 문제가 훨씬 심각하다. 무엇보다도 그 남자와의 사랑이 아이를 갖고 싶은 소망과 연결될 경우엔 더욱 그렇다.

임신의 욕구

섹스 상대를 바꿔보려는 여성 대부분은 언제나 임신 가능성을 함께 생각한다. 최소한 무의식적으로라도 말이다. 자신이 사랑하는 남성과의 사이에서 아이를 얻거나 임신을 생각하는 여성들은 무려 81.4%에 달했다. 피임약으로 성관계와 번식의 연결고리를 끊을 수 있고, 국가가 상당수의 의무 사항을 넘겨받은 요즘 같은 시대에도 말이다. 여성의 수태 능력은 그 능력이 연애와 연결되든 참된 사랑과 연결되든 그 즉시 임신 가능성을 늘 염두에 두게 만든다.

어쨌든 한 남자를 사랑하고 또 그의 아이를 얻고자 하는 여자가 남자에게 아버지로서의 행복을 설득하는 일이 아주 힘들 때도 많다. 유부남을 사랑하고, 남몰래 그와 가정을 꾸리려는 여성에게서 그것은 정말로 힘들 수밖에 없는 일이다.

성적 욕구와 임신에 대한 욕구를 연결하는 접촉점으로 말미암아 여성은 어쩔 수 없이 의존적 위치에 처한다.

고통의 준비

한 여성이 파트너관계에서 고통을 얼마나 많이 참을 준비가 되어 있는가는 우선 이 관계가 그녀에게 어떤 주관적 의미를 갖느냐에 좌우된다. 혼자 산다는 생각만으로도 두려운 의존적인 사람은 혼자 살게 되는 날이 오면, 다른 사람들에 비해 훨씬 더 큰 고통을 감수할 각오를 해야 한다. 그렇기에 이런 사람들은 자신의 파트너로부터 심란한 결과를 맛보지 않으려고 더욱더 참고 견딘다. 결국 '완전히 혼자'라는 생각이 파트너에게서 받는 모욕감보다도 더욱 고통스러운 일이 된다.

그러므로 의존적 관계 성향을 갖는 사람들이 불행한 관계를 유지하며 사는 경우는 비일비재하다. 불행한 삼각관계에 얽혀 들어가는 사례가 더 많은 것은 우연이 아니다. 내연의 사랑과 의존성은 서로 밀접하게 연결되어 있기 때문이다.

그러므로 그늘 속에서 사랑하고 또 살아가는 사람 중 여성이 남성보다 더 많은 것은(여성:남성=⅔:⅓) 우연이 아니다.

45세에서 50세 사이 연령의 남성으로서 파트너와 15년간 생활해오면서 자신보다 더 뛰어난 반쪽과 공동으로 뭔가를 이루어 놓은 사람, 어쩌면 파트너관계에서 가정까지 꾸미고 사는 사람이라면, 다른 여성과의 거친 섹스를 꿈꿀 가능성이 크다. 그러나 그 '다른 사람' 때문에 모든 것을 포기하리라는 각오는 아직 경계선을 넘지 못한다. 현재 자신의 파트너가 그렇지 않아도 그 일에 관해 그렇게 자세히 알고 싶어 하는 것 같지 않다는 느낌이 올 때면 더욱 그렇다.

"내면의 목소리가 그녀에게 끌리는 내 감정보다 더 똑똑했습니다. 그 내면의 목소리가 내게 말하더군요. 일이 더 이상 진척되지 않는 것이 좋겠다고요. 그녀는 다른 사람과 살고 있고, 나에게도 나만 생각하는 사람, 그리고 많은 것을 함께 일궈온 다른 한 사람이 있으니

까요."(니코, 45)

"그녀를 포기한다는 건 쉽지 않았습니다. 하지만 결국 가족이 이겼지요. 나는 처음 고등학교에 갔던 때를 떠올렸습니다. 30명이 넘는 학생들을 보며, 당시 나는 생각했습니다. '세상에! 모든 아이의 이름을다 외우고, 한 녀석, 한 녀석 모두 알고 지내야 하다니. 난 결코 할 수없을 거야'라고요. 그러고 나서 그녀와 함께 보냈던 마지막 밤을 떠올렸지요. 그리고 자연스럽게 내가 아이들의 이름을 전부 외웠고, 모든아이와 서로 알고 지냈던 것도 기억이 났지요. 그 기억들이 나에겐 뭔가 큰 위안이 되었습니다. 그때 나는 깨달았죠. 내가 올바로 행동하고있고, 그것을 통해 나아가 가정을 파괴해야 하는 상황에서 벗어나게될 거라는 걸 말입니다."(알베르트, 51)

"아내가 내게 여자 친구가 있는 것을 알고 있었다고 나는 확신합니다. 외박할 때도 많았고, 집에선 항상 휴대전화를 꺼두었죠. 그리고내 이메일도 더 이상 열어보지 못하게 했으니까요. 잠자리 역시 예전처럼 규칙적으로 하는 게 아니라, 한꺼번에 몰아서 자주 하고, 그런 다음엔 아주 간혹 한 번씩 잠자리를 함께하곤 했죠. 모든 것이 어딘가달라져 있었습니다. 하지만 내가 분명히 말할 수 있는 것은 아내가 그모든 상황을 모른 척하고 있었다는 겁니다."(노르베르트, 43)

40세에서 50세 사이의 여성 가운데 38.4%가 자신의 파트너가 이따금 다른 여자를 만나는 것 같다고 짐작한다. 50세 이상의 여성 중 65.3%가 그 사실에 대해 확신한다. 그러나 설문에 응한 40세 이상 여성의 거의 과반수가 파트너의 외도가 둘의 관계를 끊임없이 악화시키지는 않는다고 생각하는 것으로 나타났다.

약속, 약속, 약속들

안 지 오래된 한 여자와의 확실하고 친근한 관계 외에 원래 편안함을 주는 상황에 모종의 변화를 가져올 애인에게서 받는 성적 자극, 이 두 가지를 다 취하는 남자가 있는 건 왜일까? 실제로 위대한 사랑이라면 또 모를까. 그러나 '위대한 사랑'과 같은 그런 경우가 얼마나 자주 있단 말인가?

그보다 더 자주 나타나는 현상은 남자들이 그의 애인으로 하여금 정말로 그리고 전적으로 그녀를 사랑하고 있다고 믿게 하는 것이다. 아이가 크면, 부인과 이혼하게 되면, 부채를 다 갚고 나면, 언젠가는 그녀와 함께 살게 될 거라고 말하면서 그녀가 그것을 더 강하게 믿도록 하면서 말이다. 그런 약속들로 남자는 그 약속을 굳게 믿고 있는 그의 애인을 수월하게 몇 년 동안이나 잡아둘 수 있는 것이다. 자신의 생활 반경에는 어떤 변화도 일으키지 않은 채······.

'대행인 심리'와
정복욕

　　도로테아는 3년 전부터 내연녀로서 살아간다. 그녀는 세버린이 약속한 것들을 꼼꼼하게 노트에 기록해왔다. 그녀의 두려움, 그녀의 분노, 그리고 기다림의 온갖 고통, 무수한 약속과 뒤로 미룬 약속을 모두 글로 써두었다. 도로테아는 대체 무슨 의도로 이 충격적인 기록물을 남기는 걸까? 유부남인 애인에 대한 고소장으로 쓰려고? 아니면 세버린에게서 마음을 돌리고, 그를 완전히 내칠 분위기를 만들고 싶어서? 전자도 후자도 아니다. 도로테아가 원하는 것은 단지 세버린의 충격적인 언행들을 리스트로 작성할 때마다 "나쁜 놈!", "비열한 자식!", "내가 왜 이 꼴을 당해야 해? 내 생각은 완전히 달라"라고 말하며 독특한 방식으로 내적 만족감을 느끼는 것뿐이다.

마조히즘
　　도로테아와 세버린의 관계를 보면 우선 이 미모의 성공한 여성이 대체 어찌 된 일로 그러는 건지 궁금해진다. 도로테아가 진심에서 우러나 사랑에 빠진 여인의 강한 인내심을 갖고 그의 이기주의를 참는 걸까? 그게 가능할까? 혹시 불확실한 미래에 대한 두려움 때문은 아닐까? 사람들은 내일 어떤 일이 벌어질지 알지 못하면서도, 반면 자기 삶에 두려움으로 다가오는 것들에 관해선 더 잘 알게 마련이다.

"나는 완전히 무릎을 꿇고, 체념한 채 순종하는 약자였어요. 나는 미쳤다 싶을 정도로 그가 하는 되지도 않는 말을 많이도 들어주었지요. 무엇을 어떻게 해야 할지, 어떤 식으로 옷을 입어야 할지까지 말이죠. 그는 모든 일에 참견하며 끼어들었고, 나는 그가 원하는 모든 것을 다 행동에 옮겼죠. 그가 '이사 가자'라고 말하면 즉시 이사했고, 그가 집에 있으라고 요구하면 당연히 그렇게 했어요. 그 사람이 나보다 고작 한 살 연상이었을 뿐이었는데 말이죠."

어쩌면 도로테아는 완전한 마조히스트가 아닐까?

대행인 심리

실제로 도로테아에겐 마조히스트적 경향이 있다. 그러나 그 현상은 경계가 불분명하다. 한편에서 보면 여기에는 다른 사람을 위해 스스로를 희생하는 철저하게 '건강하고' 경탄할 만한 능력이 포함된다. 이러한 특성은 병적이지 않다. 그것은 오래된, 어린 시절의 의존성에서 그리고 어린아이들이 피할 수 없었던 부모의 권위에 대한 복종에서 유래한다. 의존적인 작은 존재로서 부모의 바람에 복종하지 않을 경우, 부모의 사랑을 잃어버릴 위기에 처하게 되었던 것. 그들의 사랑이 없이는 생존도 없는 것이다.

특히 어린 여자아이들은 자기 자신보다 다른 사람을 더 많이 보살피도록 배운다. 자기 자신을 버리고 '나' 아닌 '너'를 위해 전력하는 이러한 경향을 심리학에선 '에이전시Agency', 즉 '대행인 심리'라고 명명한다.

동일시

이들의 만족감은 파트너의 행복과의 동일시에서 발생한다. 이것은 박애주의적 활동에 힘쓰는 많은 사람에게서 전형적으로 나타나는 '우회의 경제성'이다.

한 여자가 한 남자에게 전적으로 헌신하는 것 역시 그녀 자신이 어린아이였을 때 누군가 한 사람을 그렇게 위해준 경험이 있었기 때문에 커서도 그게 가능한 거다.

사디즘

당당한 여성이 유약한 남성에게 예속되면, 이들은 대부분 스스로 두려움과 분노, 어린 시절 겪었던 고통스러운 느낌을 연출한다. 전적으로 '내가 싫어하는 것, 남이 내게 하게 하느니 차라리 내 손으로 나 자신에게 행하고 말리라'라는 모토에 따라!

남녀관계에서 여성이 남성보다 더 자주 마조히스트 역할을 담당한다는 말은 맞다. 여성의 마조히스트 비율은 33,4%에 달한 반면, 남성의 경우는 14%에 그쳤다.

남자들에게서 복종적 관계는 사생활보다 직장생활에서 더욱 빈번하게 발생한다. 세바스티안도 그에 대한 도로테아의 입장과 같이 직장에선 마조히스트적 위치에 있다. 그 역시도 직장의 복종적인 상황에서 "나는 그런 위인이 아니야"라며 내심 스스로의 명예를 회복시킴으로써 자신을 '위로'한다. 세버린의 경우는 결코 특수한 사례가 아니다. 오히려 그 반대이다. 집에선 자기 부인이나 자기 내연녀를 못살게 굴면서도, 직장에선 보기 드물 정도로 굴욕적 자세를 취하는 못난 남자가 얼마나 많은지 알게 된다면 독자 여러분은 놀라고 말 것이다.

　사디스트와 아첨꾼, 둘 다 가능하다. 어쩌면 실제로 어디선가 그런 양면성을 지닌 사람이 지금 활개를 치고 다닐지도 모른다.

난 아무것도
바라선 안 돼

4년 전부터 한나는 로베르트가 사랑하지 않은 지 오래되었다는 그의 아내와 깨끗하게 헤어지기를 원했다. 또다시 그가 최종 시한을 지키지 않았을 때, 비난을 퍼부은 대상은 로베르트가 아닌 그녀 자신이었다. '내가 너무 몰아세웠어', '내가 너무 속이 좁았지', '아량이 부족했어. 소유하려고만 들고', '좀 더 섹시했어야 하는 건데!' 하면서 말이다.

기브Give

한나에게 세바스티안과 겪는 문제의 저변에 그녀가 무의식적으로 갖고 있는 견해, 즉 남자들에게서 좋은 것을 기대해선 안 된다는 생각이 깔려 있다고 말한다면, 그녀는 그 말을 믿지 않을 것이다. 그러나 어린 여자아이가 어머니가 자기를 받아주지 않았다고 느낄 때, 빈번하게 이런 견해를 갖게 된다. 정말로 그렇든 아니면 그게 단지 상상 속에서만 일어난 것이든 마찬가지다. 그 결과 어머니에 대한 적대적 감정이 아주 강하게 발달하여, 그 불쌍하고 어린 영혼은 응급조치를 취하게 된다. 소녀는 자기가 사랑하기도 하는 한 인간에 대해 자기가 공격적인 생각을 가지고 있다는 사실에 자책감을 갖지 않기 위해 이런 식으로 자기 암시를 한다.

'내가 나쁜 게 아니라, 엄마가 나쁜 거야. 엄마는 내가 원하는 걸 해주지 않잖아.'

성인이 되면, 이 소녀는 계속 자신이 뭔가를 줄 수 있는 남자들만 찾는다. 이런 여성들은 내연녀가 될 확률이 아주 높다. 그들은 마치 나방이 불을 찾아 모여들 듯, 받는 데 익숙한 이기적인 타입의 남자들만 끌어들인다. 이런 남자들은 대부분 졸렬한 감언이설에 뛰어난 선수들이어서, 그 말을 들은 내연녀들은 그 말을 사랑의 증거요, 미래에 대한 약속이라고 여긴다.

감정의 분별

어떻게 똑똑한 성인 여성이 사랑의 문제에선 그렇게 분별력과 비판 능력이 떨어질 수 있을까? 아마도 소녀 시절 엄마와의 관계가 걸림돌이 되어, 그 때문에 엄마와의 충분한 동일화가 부족했을 것이다. 그 결과 성인이 되어서도 어떤 남자에게선 어떤 것을 기대할 수 있고, 또 어떤 남자에게선 어떤 것을 기대할 수 없는지 간파하는 육감과 감정의 분별력이 부족해진 거다.

"나는 무엇인가 이뤄질 것이라는 희망과 그 사람이 결혼한 몸에 아이들까지 딸린 상황이기 때문에 아무 일도 이뤄질 수 없다는 사실 사이를 계속 넘나드는 씨실과 날실의 직조물 같았죠. 그런데도 나는 여전히 그 사이를 계속 넘나들었죠." (린데, 43)

"내가 자기한테 중요한 존재가 아니라는 느낌을 계속해서 들게 했던 남자, 그런 남자를 도대체 어떻게 그렇게 오랫동안 견뎌낼 수 있었는지, 나 자신도 의문스럽기만 합니다. 침대 속에서만 달랐죠. 거기선 좀 다른 면을 보여주었지요. 하지만 그것만으로 관계가 계속 이어질 수는 없잖아요? 내면적인 깊은 확신이 없으면 제아무리 강한 섹스라도 부족할 뿐이죠." (크리스티네, 39)

"뭐랄까, 그때 내가 의존적 태도에 빠져들고 있다는 느낌이 오더군요. 그 느낌이 분명할수록 나는 더더욱 의존적으로 되었죠. 그의 입에서 뭔가 부정적인 말이 나오면, 그 말을 총체적 난국과 맞먹는 것이 되었죠. 나는 도무지 그의 입술에 매달려서 헤어날 줄 몰랐고, 그가 행동하고 말하는 모든 것이 나에겐 정말 어마어마하게 중요했답니다." (프란치스카, 31)

"주체할 길 없는 커다란 고독감이 밀려왔죠. 그렇게 사랑하고 있었는데도 그 느낌은 인정할 수밖에 없었어요. 그 기간에 나는 울기도 엄청나게 울었지요. 혼자 있을 때가 정말 많았고, 외부와는 아주 격리된 채 살았거든요. 그동안 나는 아주 소극적이었고, 도무지 맘에 드는 것이라고는 없었어요. 나는 우울했고, 두려웠답니다." (로자, 46)

두려움

거부당했다는 느낌도 한 번 맺어진 파트너와 헤어지는 데 종종 몇 년씩 걸리게 되는 주요 이유 중 하나다. 그리고 정말로 혼자 있게 될까 봐 두려워하는 많은 여성의 심리도 한 이유가 된다. 적어도 사람들이 꿈꿀 만한 남자를 애인으로 둔 이라면 '나는 혼자'라는 사실을 현실적으로 받아들일 수 없을 것이다.

즐기던 관계가 심각한 관계로
변하는 이유

내연관계와 또 그 관계와 연계하여 너무도 자주 보게 되는 참담함은 결코 예견되지 못한다. 처음엔 불꽃이 이는 눈길로 서로 바라보며, 웃고, 연애하는 것들이 마냥 좋기만 하다. 머리끝부터 발끝까지 생동감이 느껴진다. 처음엔 숭고한 감정들 같은 것은 숨어 있지 않다. 즐기는 게 중요하지, 사랑이 중요한 것이 아니기 때문이다.

장난

미모에, 세련되고 독립적인 성격을 지녔던 안드레아도 그렇게 생각했다. 플로리안과 일이 벌어지기 전까지는 그랬다. 둘의 관계는 빠르게 진전되었다.

안드레아는 벌써 오래전부터 싱글로 지내던 중이었다. 주변을 아무리 둘러봐도 사랑할 만한 남자가 없었다. 그러던 차에 플로리안이 나타났다. 그는 높지도 낮지도 않은 지적 수준과 매력을 지녔고, 정도껏 흥미를 끄는 타입이었다. 친구네 정원에서 처연할 정도로 아름다운 여름밤을 보낸 후, 안드레아는 플로리안의 에스코트를 받아 집에 가게 되었다. 안드레아는 플로리안이 유부남이라는 걸 알고 있었다. 또 방학 때마다 그의 부인이 아이들을 데리고 호수 근처 별장에 머물고, 플로리안이 주말마다 가족에게 간다는 것도 알고 있었다.

"정상적인 상황 같았으면 어림 반 푼어치도 없었죠, 결혼한 유부남이잖아요! 그리고 한 번도 그런 특별한 일은 없었죠. 하지만 그날 밤은 모든 것이 달랐어요. 나는 내 속에서 너무도 큰 동경심이 이는 것을 느꼈어요. 비판력이 흐려지더군요, 확실히 말이죠. 어쨌든 플로리안과 사랑에 빠진 건 아니었어요. 그런데도 그와 함께 잤죠. 아마 근원적인 동경심 같은 어떤 것에서였을 거예요, 그 사람과는 전혀 상관이 없는……." (안드레아, 31)

개구리 왕자

지금도 플로리안은 자기가 쿨한 젊은 여자와 잠자리를 함께했고, 얼마 안 있어 자기에게 홀딱 반해버린 그녀가 그의 애인이 되었던 것을 자랑한다.

안드레아는 다시 생각해봐도 신기하기만 하다. 그녀를 위해 개구리가 왕자로 변했다는 것이 말이다. 플로리안의 몸짓 하나하나마다 얼마나 섹시하던지, 어쩜 그렇게 유머러스할 수 있을까. 그런데 그는 원래 재치 있는 사람이기도 했어. 안드레아는 플로리안을 바라보면서 마치 그를 처음 보는 것 같은 느낌이 들었다.

몇 주 동안은 모든 것이 정말로 그림책의 이야기처럼 아름다웠다. 은밀한 섹스, 서로에 대한 열광, 욕망, 적극적인 만남……. 그러나 어느 날부터 플로리안이 하루에 다섯 통씩 보내던 문자메시지를 한 통만 보내기 시작했다. 결국 그는 작별 인사를 고했다. 안드레아는 불행감에 휩싸였다. 정말로 불행한 느낌이었다.

다행히 얼마 가지 않아 그녀는 플로리안을 다시 예전과 같은 시각에서 보게 되었다. 중간 수준의 지루한 남자로. 안드레아는 자신이 어떻게 평소 전혀 관심을 두지 않던 그런 타입과 사랑에 빠졌었는지 수수께끼 같기만 하다.

옥시토신

아마 이 모든 것이 유대감을 강화하는 여성호르몬인 옥시토신Oxytocyn이 미친 듯 춤을 추었기 때문일 것이다. 샌프란시스코대학교 연구진이 23세에서 35세 사이의 여성을 대상으로 파트너와 성관계를 맺기 전후의 옥시토신 수준을 조사한 적이 있었다. 결과는 '이후'의 혈중 옥시토신 반영률이 이전에 비해 명백히 높은 것으로 나타났다. 몇 년 전부터 알려진 사실에 의하면, 옥시토신은 진통을 일으키고 모유 형성을 촉진하며 여성에게는 곧바로 비이성적 사랑의 감정을 낳게 하여 아기를 위해 진력할 준비를 하도록 만든다.

분명 이러한 본성의 트릭은 남성에게도 이득이 된다. 첫 번째 사랑의 행위 이후 너무도 많은 여성이 그녀의 파트너와 사랑에 빠지는데, 이것은 그가 침대에서 지극히 '훌륭'했기 때문이 아니라 옥시토신 반영률이 높아져 막대한 정서적 변화를 불러일으켰기 때문이다. 불과 몇 시간 전만 해도 가벼운 바람으로 끝내려던 여자가 함께 밤을 보내고 나면 깨어나는 순간 내연녀가 되어 있는 것도 이 까닭이다.

테스토스테론

남성이 이러한 마술 같은 변화에 사로잡히는 경우가 많지 않은 건 아마 테스토스테론 호르몬 때문일 것이다. 남성 성호르몬들이 옥시토신 작용을 어느 정도 약화하는 작용을 하는 건 분명하다. 남자에게 섹스는 여전히 부담 없는 감각적 만족일 뿐이다(관계의 초기엔 여자도 같은 입장이었을 것이다).

그러나 여성의 마술 같은 정서적 변화를 두고 '자기기만'으로 해석하는 견해도 있다. 지금도 대부분의 여성은 스스로에게 '섹스 그 자체'만 경험하는 걸 허용하지 않는다. 성적인 갈망과 느낌은 사랑 속에 파묻힌다.

오늘날에도 여전히 섹스와 사랑은 분리할 수 없다는 전통적 관념이 여성들에게 깊이 뿌리박혀 있는 것을 본다. 발달사 측면에서 볼 때 섹스는 식물을 경작하는 여성과 사냥에 주력하는 남성 사이를 이어주는 끈이었다. 원시 사회에서 섹스의 재미는 남자들이 노획한 고기를 가지고 자신이 선택한 여자에게로 계속하여 되돌아오게 하도록 동인 역할을 했다. 이것을 통해 여자와 남자는 둘다 득을 볼 수 있었다. 둘 사이에서 난 자녀들이 남자가 사냥하여 끌고 온 고기 덕분에 더 나은 보살핌을 받을 수 있었고, 생존 기회도 더 높일 수 있었기 때문이다.

나중에 여성은 남성에게 경제적 그리고 사회적으로 종속되었다. 성실함과 순결이 여성들의 유일한 '자본'이 되었다. 여성들은 자신의 성을 낭비하지 않고 있다가 무엇보다 '진지한' 관계가 될 때만 전력 투입하도록 배웠다. 지금도 여성들이, 남자가 사랑할 가치가 있는지 그러니까 말 그대로 '사랑할 값어치'가 있어 보이는지에 따라 자신의 성적 지각력이 좋다 혹은 잘못되었다라고 평가할 때가 있다. 그런데 이것은 그것과 결부된 모든 개연성을 함께 내포하고 있는 말이다.

사랑의 바로미터,
질투

어떤 구도로 삼각관계가 진행되든 그 중심 테마는 질투이다. 베를린대학교는 '가까운 파트너에 의한 살해'라는 연구 프로젝트를 통해, 남성이 저지른 범행의 90% 이상이 질투가 범행 동기였음을 확인했다. 남자와 여자 모두 고통스럽기 매한가지다. 그러므로 내연관계에서도 질투가 사랑의 바로미터로써 투입되고 상대방의 감정에 불을 지르는 데 이용되는 것은 놀랄 일이 아니다.

안나의 예를 들어보자. 안나는 유부남인 그녀의 애인 루카스가 보는 앞에서 다른 남자에게 아름다운 눈길을 보내며 거리낌 없이 그와 농담을 주고받았다. 그 일은 그녀가 러브호텔에서 남몰래 주말을 보내던 중에 벌어진 일이었다.

뭐 하는 짓거리란 말인가! 바람피우기 분야 세계대회에 나간다고 해도 전혀 기죽지 않을 것 같은 기세다. 그런데 그녀는 왜 루카스가 보는 앞에서 그런 행동을 한 걸까? 자신에 대한 그의 관심을 높이고 싶었던 거다. 안나가 그가 아닌 다른 사람에게도 매력을 느낄 수 있다는 것을 그가 직접 눈으로 보게 되면, 최소한 일시적으로라도 그가 그녀와 함께하는 미래, 아내와 헤어지는 문제에 대해 반응을 보이기 때문이다. 그러면 안나는 "그이는 그래도 날 사랑하고 있어!"라며 안도의 한숨을 내쉬는 것이다.

생물학적인

사랑의 바로미터로, 질투를 불러일으키는 것은 생물학적 기본 장치에 속한다. 그렇게 하면 사랑이 활기를 띠게 되고, 경각심이 높아지며, 둘 사이의 결속이 탄탄해진다. 그러나 간혹 계산이 어긋날 때도 있다.

"어느 날 그녀가 와서 고백하는 말이 다시 그녀의 남편과 함께 잤다는 겁니다. 그 말을 듣고 내가 한 말은 '좋았어?'라는 말뿐이었죠. 그 후로도 네 번이나 유혹을 못 이기고 남편과 잠자리를 함께했다고 말하는 사태가 벌어졌습니다. 그녀는 그 일을 꼭 사흘 혹은 나흘 후에 말하곤 했는데, 나는 그것에 대해 별다른 반응을 보이지 않았습니다. 그러자 그녀가 나와의 관계를 정리하고 다시 남편에게로 돌아가버리더군요. 그게 끝이었습니다. 어쩌면 그런 상황은 또 벌어질 수도 있습니다. 충분히 그럴 수 있습니다. 저는 그런 일을 별로 중요하게 생각하지 않거든요." (알빈, 32)

남성의 약 1/3이, 여성의 경우엔 약 1/2 이상이 파트너의 관심을 높여보려는 의도에서 파트너에게 질투심을 불러일으키려고 시도한다. 남자들은 부부관계에서 배우자와 정서적 균형이 이뤄지지 않는다는 느낌을 받으면, 다른 여성을 통해 공개적이고 직접적으로 그런 느낌을 극복해보려고 한다. 여자가 다른 한 남자에게 미소를 건넨다. 남자는 그녀가 자기에게 성적으로 관심이 있다고 생각하고는 자기 쪽에서 접근 시도를 한다. 그것을 본 파트너의 마음에 투쟁심과 질투심이 일어난다. 빙고! 여자의 의도대로 된 것이다.

여성들의 경우 다른 남자의 눈길을 확 끄는 도발적인 의상을 입거나 자기 손으로 직접 꽃을 사는 사람이 있는가 하면, 전화를 걸지 않는 자제력을 발휘하는 사람도 있고, 다른 사람들이 보는 앞에서 파트너를 아주 의식적으로 무시하는 사람도 있다. 이러한 '창조적 거리두기'야말로 마땅히 사랑의 감정에 불을 지필 승리의 월계관을 쓸 자격이 있다.

상처받기 쉬운

질투는 그 목적에 맞게 우리 모두가 상처받기 쉬운 부분, 동경과 부끄러움, 모욕감, 상실의 두려움 등이 둥지를 틀고 있는 부분, 바로 그 부분과 연결고리를 갖는다. 더욱이 더 이상 사랑하지 않는 사이에도 질투심을 느낄 수 있다. 이런 현상은 유년기의 유산이다.

아이에게는 엄마가 전부다. 어린아이들은 가장 친밀하고, 가장 행복하고 가장 귀중한 파트너이다. 엄마와의 독점적인 관계는 아이들에게 만족감을 준다. 아이들은 엄마를 공유하는 걸 원치 않고, 심지어 화장실까지 따라다닌다. 그러나 시간이 지나면서 아이들은 엄마가 자기 혼자 독점할 존재가 아님을 깨닫는다. 엄마가 다른 사람들을 위해서도 존재해야 한다니, 이제 다른 사람은 모두 라이벌인 것이다.

투쟁

어느 강가에 '리발리스'라고 불리는 주민들이 살고 있다. 이들은 생명을 불어넣는 생명수를 독점하려고 열심이다. 안정과 인정받고자 하는 욕구와 같이 중요한 욕구를 채워주었던 한 사람이 바로 독점권을 갖고자 하는 샘물과 같은 존재이다. 다른 한 사람이 나타나 이 샘물에서 물을 긷고 싶어 하면, 이제 샘물을 둘러싼 투쟁이 벌어지는 것이다.

"그건 내 거야! 나만 사용할 수 있는 거라고!"

환상을 빼앗을 수밖에 없는 점은 유감스럽게 생각한다. 그러나 사실이 그렇다. 우리가 사랑을 입증하기 위해 질투처럼 전략적인 방법을 사용하는 것이 실은 단지 감정상의 독점과 성적 독점을 쟁취하기 위한 투쟁에 불과할 때가 많다는 점을 상기하자.

질투 어린 반응도 사랑에 속하긴 한다. 특히 내연의 사랑일 때는 더더욱 그렇다. 내연관계에서 파트너가 질투 작전에 도무지 반응을 보이지 않는다면, 이것은 서로의 감정이 메말라 있다는 신호일 수 있다. 사랑이라는 이름으로 함께한다고 해도, 한 사람이 거부하거나 서로에 대한 전적인 관심의 표시가 없는 그런 사랑은 음지식물처럼 잘 자라날 수 없는 것이다.

행복한 내연녀와
내연남의 신화

정부情夫·情婦의 헌신과 희생에 얽힌 신화는 이제 작별을 고했다고 하는 말을 최근 들어 자주 듣는다. 유부남의 애인이라는 걸 전혀 불행하게 여기지 않는 경우가 심심치 않다는 것이다. 실제로 '단지' 애인으로만 머무른다면, 그것은 참을 수 없는 비극적 운명이 아니라 오히려 자발적으로 선택한 환영할 만한 라이프스타일이라고 생각하는 여성이 의외로 많다.

말치레

전문가로서 우리는 그런 시각에 대해 회의적이다. 아마 내연녀의 입장에서 자신은 "어차피 바라는 게 없으니 행복하다"라고 말하는 사람도 있을 것이다. 그러나 이때 주목할 것은 대부분이 말치레라는 것이다. 더 이상 기대할 것이 없는 상태에 이르기까지는 당연히 그 전에 많은 걸 희망했던 단계가 있게 마련이다. 남자 쪽에서 부인과 자기 둘 중 한 사람을 택할 거라는 희망, 둘이 함께 살게 될 거라는 희망, 격식을 갖추고 제대로 인정받게 될 거라는 희망……. 오랜 시간 희망을 갖고 기다리다가 결국 때를 놓쳐 많은 걸 포기해야 하는 상황을 맞는 것이다. 50대, 60대 여성이 모든 걸 새롭게 정렬하고 계획해야 하는 생활에 대해 느끼는 두려움이란 30대 여성의 그것과는 비교할 수 없을 정도로 크다.

우리는 연구를 통해, 정말로 '행복한 내연녀'는 드물지만 그들의 성격은 규명할 수 있었다. '한창때'의 한 여성을 생각해보자. 그녀는 비교적 오랜 기간 결혼생활을 했던 경험이 있는 여성으로서 다시는 한 남자를 위해서 자신의 자유와 자주성을 포기하길 원치 않을 수도 있다. 아니면 아직 형식상 '정식' 결혼을 하지 않은 여성일 수도 있다. 이미 30이 넘은 나이인데도 아직 부모님과 긴밀한 접촉을 하며 지내고 있을 것이다. 직장여성인 그녀는 더러운 양말 같은 것을 해결하지 않아도 되는 점, 필요한 경우 일상생활이 주는 부담감 따위는 걱정하지 않고 일요일에만 만나는 애인을 둔 것, 그리고 그와 별로 신선도를 떨어뜨리지 않고 섹스를 나눌 수 있는 점에 높은 점수를 줄 것이다. 행복한 내연녀는 자신이 내연녀로서 음지에 존재해야 한다는 것을 받아들인다. 자신에게 부과될 책임이 없기 때문이다.

"우리는 언제나 아름다운 것들만 보았죠, 최고급 호텔에 멋진 여행도 다녀오곤 했지요. 얼마 뒤 그가 아내에게 모두 털어놓고, 나와 함께 하고 싶다며 결정하라고 하더군요. 내가 원하지 않으면, 나와 헤어질 거라며 그 상태로는 더 이상 버티기 힘들다는 거였어요. 결론적으로 그가 원하는 건 나와 가정을 꾸리고 아이를 갖는 거였어요. 나는 충격을 받고 말았어요. 나의 바람은 그가 그의 아내 곁에 머무르며 그녀와 함께 아이들을 양육하고 일상생활을 하는 것이었죠." (이네스, 36)

이중생활

확실한 부부관계에 있으면서 행복한 내연녀로 사는 경우도 있다. 그 외에 겉보기에 단정해 보이는 가정주부가 비밀을 잘 포장하고 사는 경우, 즉 내연남을 둔 이중생활을 영위하는 경우도 있다.

릴리는 쌍둥이 아이를 둔 엄마로서 결혼한 지 11년이 지났다. 얼마 안 있으면 그녀와 애인의 만남 5주년을 기념하는 파티를 열 예정이다. 이번에도 밤새도록 집을 비우지는 않을 것이다. 그녀는 남편이 있을 땐 언제나 집에 있으면서, 남편을 편안하게 해준다. 그녀의 남편은 배려심이 많지만, 내성적인 데다 성적인 관심이 거의 없는 사람이다. 이런 남편인지라 얌전한 자기 아내가 정부의 팔에 안겨 있는 모습을 본다면, 완전히 놀라 자빠질 거란다. 그가 얼마나 그녀를 모르는지 감이 잡힌다.

"이혼은 생각해본 적 없어요. 그 친구도 마찬가지고요. 그 친구는 몇 년 전부터 부인과 떨어져 살고 있어요. 나랑 맺은 은밀한 관계를 편하다고까지 생각하는걸요." (릴리, 34)

테레사는 한 여자가 꿈꿀 수 있는 모든 것을 가졌다. 성공한 남편과 정력 강한 애인 둘 다를 말이다. 테레사는 결혼한 지 6년이 되었다. 애인이 생긴 지는 3년. 그녀는 62세의 남편에게선 절대로 구할 수도 가질 수도 없는 모든 것을 애인과 함께 즐긴다. 테레사는 성공한 남자의 부인이라는 점을 향유하며, 사치와 호화로운 여행과 멋진 파티를 즐기고, 엘리트 집단으로 이루어진 남편의 친구들도 좋아한다.

"나는 남편과의 결혼생활을 어떻게 해나가야 할지 알았죠. 나는 내 방식으로 남편을 사랑합니다. 어쨌든 내가 부족한 것 없이 생활할 수 있도록 해준 남편에 대해 늘 고마운 마음이죠."(테레사, 32)

테레사의 내연남인 루드비히는 형편없는 보수를 받고 일하는 명예욕 없는 회사원이다. 그는 테레사가 살아가는 데 필요한 생활비를 제공할 수 있는 처지도 아니다. 그는 테레사가 자신을 위해 이혼을 감행할 것이라고는 전혀 기대하지 않는다.

내연관계의 사랑이 그 사랑이 아닌 다른 것을 원한다는 이유로 어쩔 수 없이 한 인간을 불행에 빠지게 하는 건 아니다. 또 내연관계에 빠진 모든 사람이 '마음고생을 하며' 사는 것도 아니다. 음지식물처럼 아주 기꺼운 마음으로 어두운 곳에서 살아가고, 삼각관계에 전적으로 만족하는 여성들도 있으니까.

"1년이 꿈결처럼 지나갔죠. 우리는 넷이서 피서를 떠났어요. 그는 나와 한방에서 잠을 잤고, 그의 아내는 그 옆방에서 아이와 함께 잤죠. 아침을 먹으러 가는 시간은 서로 노크 소리로 신호해주었죠. 우리는 또 셋이 함께 영화 구경을 가기도 하고, 함께 식사하러 가기도 했어요. 우리는 언제나 함께했죠." (그레타, 50)

"나는 단 한 번도 그이와 단둘이 있어본 적이 없어요. 그걸 통해 그의 부인은 남편에게 애인이 있다는 데서 오는 부담감을 덜 수 있었지요. 난 그렇게 지내는 걸 전혀 문제 삼지 않았죠. 얼마 뒤, 그 두 사람이 그런 관계에 종지부를 찍어야 한다는 데 의견 일치를 보았고, 결국 그 일은 끝이 났죠. 하지만 내 쪽에서 끝낸 건 아니었지요." (페트라, 46)

내연남

　내연남 역할에 만족하는 남성들을 보기란 행복한 내연녀에 비해 훨씬 더 힘들다. 내연남으로서 살아가는 기본 전제는 애인을 다른 남자(그녀의 남편)와 공유해야 한다는 것 때문에 남자로서의 자부심에 상처를 입으면서도 그 애인을 정말로 사랑하는 것이다. 이 점에서도 내연녀와 내연남은 명백한 차이를 보인다. 여성의 경우 일차적으로 관계가 중요하기 때문에 여성은 남자 그 자체만을 원하는 데 반해, 남성의 경우엔 자신이 강자요 '우두머리'라는 자기애적 동기가 존재한다. 따라서 극소수의 남성만이 장기적인 내연관계를 감내한다. 그 어떤 남자도 즐거운 마음으로 꼬리 내리는 경우는 거의 없다.

　"5개월 동안 그녀의 숨겨둔 애인 노릇을 했습니다. 나는 그녀가 나만의 사람이 아니라는 것이 극도로 불편했습니다. 그녀와 사귀는 동안 다른 여자는 한 명도 사귀지 않았지요. 그것은 사랑 때문도, 또 도덕감 때문도 아니었습니다. 단순히 그녀만을 원했던 거였죠. 그런데 그녀가 너

무 갈피를 못 잡았기에 내 쪽에서 관계를 끝냈습니다."(다비드, 26)

"나는 혼자 있을 때가 많았고, 다른 사람의 방해를 받지 않고 어떤 일에 관해 깊이 생각할 시간이 많았습니다. 오직 나 자신 속으로 깊이 침잠해 들어갔죠. 나 자신을 아주 잘 알게 되는 것은 물론이고, 또 새로운 생각을 떠올릴 수 있었으니까요. 물론 잘 안되는 사람도 있지요. 어쨌든 그 뒤로 4개월이 흘러갔고 나는 속으로 다짐했죠. 자, 이제 출발하는 거야. 이제 다시 당당한 사람이 되는 거야. 무작정 기다리는 노릇은 이제 그만하자고요."(에르빈, 35)

"딱 한 번 그녀에게 '그 사람이냐, 나냐' 결단을 내리라고 했죠. 그녀는 결정을 못 하고 왔다 갔다 했죠. 얼마 뒤 제가 말했습니다. '그 사람 곁에 있어. 나는 더 이상 숨어 지내지 않을 거야'라고요. 칼을 뽑았으면 무라도 잘라야죠."(요나스, 43)

"거의 한 달간 비밀스러운 만남에 동참했죠. 그러고 나니까 이런 생각이 드는 겁니다. '네 주인이 누구냐. 너 아니냐. 그걸 보여줘야 하지 않겠나' 하고요. 이 생각에 배짱과 에너지를 얻어 그 파괴적인 관계에서 빠져나올 수 있었죠."(알빈, 26)

삼각관계에 처한 한 남성이 원하는 여성을 얻기 위한 투쟁을 포기한다면(혹은 원천적으로 정복에 대한 어려움을 갖고 있다면), 그 배후에는 다른 남자에게 정복되는 데 대한 근원적 두려움이 숨겨져 있다고 했던 말을 기억할 것이다. 그러나 여성이 쟁취할 만한 가치가 없는 것도 마찬가지로 한 이유가 될 수 있을 거다. 원래 다른 남자에게 속해 있는 파트너와의 섹스는 상당 기간 낯모르는 그 다른 남자와의 은밀한 라이벌전과 밀어내기 싸움을 벌이도록 자극한다. 그러나 싸움의 목적을 이루고 나면, 전장을 떠나는 것은 정해진 수순이다.

어쨌든 내연의 삶을 감수하고, 심지어 여자들이 먹여 살리도록 하는 젊은 남자가 점점 늘어나는 추세다.

달콤한
부담

34세의 콘라드는 집을 사무실로 사용하는 엔지니어 자영업자다. 집에는 대형 제도용 책상이 있고, 벽에는 설계도가 붙어 있고, 멋진 작업용 조명등도 있다. 친구들과 부모님에게 보이기 위한 대외 선전용 사무실이다. 전부 다 44세의 유부녀 도로테아의 재정적 지원 덕분이다.

연극

콘라드는 그녀의 애인이다. 그러니까 애정 어린 시간을 보내기 위한 남자인 것이다. 도로테아의 남편은 벌써 몇 년 동안이나 섹스나 부드러운 애무조차 거부하고 있다. 도로테아는 남편에게서 거부당한 이 욕구를 충족시키고 싶을 때면 그에게 온다. 그뿐만 아니라 그녀는 콘라드와 사교적인 시간도 함께 보낸다. 그가 스파게티를 요리해서 친구들을 초대하면, 즐겁게 식사한 뒤 모두 게임을 하곤 한다. 그리고 콘라드가 아직 미해결 중인 주문 건에 관해 이야기하며 "부활절까지 눈코 뜰 새 없이 할 일이 많아"라고 말하면, 모두 그 말을 믿는 것처럼 행동한다.

게오르그의 집안 여기저기엔 비싼 카메라와 렌즈가 놓여 있다. 그는 이른바 '연예인 에이전시'를 위해 일하는 사람이다. 그런데 왜 사람들은 그가 찍은 사진이 잡지에 공개된 걸 한 번도 보지 못한 걸까? "그는 대단한 예술가예요"라고 유디트는 말한다. 유디트는 그녀가 받는 미망인연금으로 게오르그를 후원하고 있다. 하이파이 스테레오 설비를 갖춘 고급 음향기기, 평면 컬러 TV, 고가의 마운틴 바이크 등등 모두 그녀가 선물한 것이다.

비밀

게오르그가 또다시 '소소한 바람'이라며 갖고 싶은 걸 이야기하면, 그녀는 "그럴 만한 자격이 있지" 하며 그것을 정당화한다. 이따금 장성한 그녀의 딸이 "엄마, 남자도 만나고 그래 봐요"라고 말하곤 한다.

"엄만 아직도 얼마나 보기 좋은데."

보기 좋아도 너무 보기 좋아서 탈일 정도다. 그러나 유디트의 가족들은 그녀에게 어찌 되었든 애인이 있다는 것, 그리고 그와 은밀한 사랑을 나누고 있다는 것에 관해선 감도 잡지 못하고 있다.

색골

마지막으로 루키에 관한 이야기를 하나 더 할까 한다. 루키는 시를 쓰고, 헬레네는 수표를 쓴다. 그녀는 벌이가 변변치 않다. 그러나 올해로 32세가 되는데 옷차림과 행동은 여전히 불량 청소년 같은 루키는 아예 한 푼도 벌지 않는다. 헬레네가 초과근무로 고생하는 동안, 루키가 한다는 건 고작 자신이 재미있어하는 것뿐이다. 그가 성적으로 지칠 줄 모르는 색골인 건 놀랄 일이 아니다. 열두 살이나 연상인 데다 과로로 녹아웃된 헬레네와는 사정이 다르니까.

헬레네는 본인의 나이보다 훨씬 더 나이 들어 보일 때가 있다. 단지 계속된 과로 때문만은 아니다. 마치 20년은 더 있어야 철이 들 것처럼 행동하는 루키 때문에 친구들 보기가 민망했던 적이 한두 번이 아니기 때문이다. 그래서 드러나지 않게 애인을 만나는 편이 더 속 편하다.

커밍아웃

이런 남자들에게서 눈에 띄는 점은 무엇인가? 그들은 자신이 이른바 '기둥서방'이라는 것을 커밍아웃하지 않는다. 그 대신 그들은 자칭 퇴직자, 예술가, 작가, 부동산중개업자, 혹은 사람들이 알지도 못하고 알 필요도 없는 어떤 단체를 들먹이며 그 단체의 대표라고 주장한다. 한동안 주변 사람들과 심지어 돈을 대는 여자조차도 그를 내면적인 자유, 능력주의 사회에 대한 경멸 그리고 넘치는 젊음 사이에서 방황하는 사람이라고 생각한다.

그러나 늦어도 1, 2년 후엔 그를 가장 사랑하는 연인마저도 그가 줏대 없는 남자임을 똑똑히 알게 된다. 매사에 무관심하고, 흐리멍덩한 남자, 정력도 강하고 애무도 잘하는데 이상하리만치 에로틱한 것과는 거리가 먼 남자라는 사실을.

그러다가 자신에게 기대어 사는 삶이 아닌, 독립된 성인으로서 살아가기를 거부하지 않는 남자를 만나면 여자는 가벼운 마음으로 내연남에게서 벗어날 수 있다. 내연남이 받게 되는 눈물 어린 고통은 끔찍할 수도 있다. 그러나 그 고통은 얼마 가지 않을 것이다. 다시 보호받기를 바라며 또 다른 강한 여성의 그늘 속으로 기어 들어갈 테니까.

차이

물론 유부녀의 애인이라고 해서 모두 다 빌붙어 사는 기생적 삶을 사는 건 아니다. 그러나 한 가지, 그들 거의 모든 내연남에게 적용될 수 있는 건 그렇게 쉽게 몇 년에 걸친 의존과 우울의 늪 속으로 빠져들지 않는다는 것이다. 그들은 대체로 자신의 기대에 충실하다. 적막이 감도는 방구석에 틀어박혀 위대한 사랑에 관해 꿈만 꾸는 것은 원치 않는다. 그러나 그 사랑을 얻지 못하면, 과거의 것과 이별을 고하고 미래에 기회를 준다.

"그녀에게 똑똑히 그리고 분명하게 말했습니다. 어떤 일이 닥쳐와도 감수할 준비가 되어 있고, 정식결혼까지도 생각하고 있다고요. 그러나 만약 그녀가 전적으로 나를 인정하고, 궁극적으로 이혼할 마음의 준비가 되어 있지 않다면, 다시는 나를 만날 생각도 하지 말라고 말이죠. 우리 둘 사이는 자극적이고, 정말 재미있었죠. 그러나 나는 임시변통의 대역 노릇은 하고 싶지 않았습니다." (도미니크, 32)

제4장

엽기적으로
그늘진 사랑

내연의 사랑이 우리네 삶의 회색지대에서 벌어지는 건 사실이지만, 회색과 단조로운 모노톤과는 모든 면에서 다르다. 오히려 그것과는 정반대이다. 이성의 논리적인 것과 거리가 먼 경우가 너무도 많다. 이따금 엽기적이고, 왜곡되고, 역설적인 관계까지 등장한다.

남자들이 경쟁심 때문에 무의식적으로 사랑의 대상이 아닌 동성 간의 굴복 행위를 중시하게 될 때, 역설적인 내연관계가 맺어지거나 내연관계를 연출하는 일도 빈번하게 발생한다('쿠르트 이야기: 오셀로가 되는 과정'을 참조하길 바란다). 이런 종류의 남자들은 종종 전격적으로 자기 아내를 내연남의 품 안으로 밀어 넣곤 한다.

안나 이야기
: 라이벌전을 연출하는 남자

안나의 경우가 그랬다. 몇 년 동안이나 에두아르트는 안나를 가혹하고 냉정하게 대했다. 그는 안나에게 옛날 연애 이야기를 하게 하고는 그 연애가 나빴다는 이야기 같은 것은 전혀 못 하게 하면서, 그 당시 애인들과의 섹스는 어땠는지 자세히 듣기를 원했다.

죄

파티가 열리는 날이면 에두아르트는 다른 여자들과 거리낌 없이 시시덕거렸다. 파티 내내 고의적으로 안나를 무시하며, 그녀의 소위 잘못된 처신에 대한 응분의 대가로 애정 없는 태도를 잘도 연기하는 에두아르트. 이것은 결국 부당하기 짝이 없는 그의 태도에도 불구하고 오히려 그녀 쪽에서 죄를 지은 것처럼 느끼는 걸로 끝이 났다.

에두아르트는 안나가 좋아하는 체위를 알면서도 그것과는 정반대로 했다. 안나가 그렇게는 더 할 수 없다며 애걸하고 위협해도 변하는 건 아무것도 없었다. 오히려 점점 더 고집스럽게 몸을 사리며 마치 안나가 못할 짓을 하기라도 한 것처럼 행동했다. 안나가 애를 쓸수록 그는 그만큼 더 멀어져갔다.

연출

안나의 부정不貞을 비난하면서도 에두아르트는 계속 동반 모임을 만들었다. 그런데 시간이 되어 모임에 나가면 뜻하지 않게 안나가 에두아르트의 직장 동료나 친구와 단둘이 있게 되는 상황이 벌어지곤 하는 것이었다. 그의 핑계는 약속을 잊어버렸다는 것. 아무리 에두아르트가 이런 사디스트적 행동으로 그녀를 다른 남자의 품에 몰아넣으려 애써도 안나는 몇 년 동안이나 그 외에 다른 사람에겐 눈길도 주지 않았다.

그러다가 필이 등장했다. 낙천적인 새 직장 동료인 필과 함께 있으면 안나는 많이 웃을 수 있었다. 쾌활한 그의 심성은 에두아르트의 질기고 고집스러운 성격과 극단적으로 대조되었다. 필이 함께 외출하자고 했을 때, 안나는 직감적으로 이 남자가 자신을 위험에 빠지게 할 수도 있다는 걸 알았다. 그런데도 그녀는 그러자고 대답했다. 그녀는 그와 열정적으로 사랑에 빠졌고, 그는 그녀의 인생에 다시 빛과 따뜻함을 불어넣었다.

변신

에두아르트는 의심의 눈초리를 보내면서도 은근히 안나의 변화를 예의주시했다. 그녀는 전화하다 말고 갑자기 전화를 뚝 끊어버리는가 하면, 전에 없이 외모에 신경을 썼다. '여자 친구들과의 모임' 횟수도 부쩍 잦아진 그녀. 우연한 기회에 그녀의 변화 이유를 알게 된 그. 잠시 휴식을 취하고 난 뒤, 에두아르트는 갑자기 안나가 그토록 오랫동안 바라마지 않던 모습으로 변화한다. 주의를 기울여주었고, 애정 어린 태도로 그녀를 대했고, 그녀의 마음을 잘 이해해주었다.

안나는 혼란스러웠다. 어떻게 해야 한다지? 그녀는 선택의 기로에 서 있었다. 필과의 은밀한 관계를 공개적으로 밝히고 새로운 삶을 시작해야 하나? 에두아르트에게 다시 기회를 주어야 하나? 필과 사적인 만남을 갖지 못하게 된다는 생각만으로도 가슴이 찢어질 것 같았다. 그럼에도 그녀는 필과의 관계를 정리하기로 결정했다. 그렇게 하지 않으면 에두아르트에게 죄를 짓는 것 같았기 때문이다.

후회

한동안은 모든 것이 잘되어갔다. 그러나 안나가 마음에서 필을 지우고, 에두아르트와 새 출발을 해야겠다고 다짐한 그 시점부터 에두아르트는 다시 예전의 적대적인 면을 드러내기 시작했다. 안나가 느낀 실망감은 그만큼 클 수밖에 없었다. 갑자기 태도가 돌변한 그는 그녀에게 가지 말라고 애원했던 일을 없던 일로 하려고 했다. 거만한 태도로 자기가 그녀를 버리지 않은 걸 기뻐하라고 말을 하는 것이었다.

이제 그녀는 자신이 그에게 하기에 따라 그가 다시 그 전처

럼 될 거라는 생각을 버려야 한다. 에두아르트 같은 타입의 남자
는 원하는 여자를 얻기 위해, 언제나 라이벌을 필요로 하기 때문
이다. 그러나 막상 이 라이벌의 그늘이 없어지면, 원하던 여성에
대한 그의 관심도 사라지게 되어 있다.

죽음을 넘어선
사랑

연구 조사 중 접하게 되는 또 다른 현상은 죽은 사람에 대한 그늘진 사랑이다. E. W. 코른골트Erich Wolfgang Korngold의 오페라 〈죽음의 도시〉(죽은 아내 마리를 그리다 못해 거의 폐인이 된 홀아비 파울이 죽은 아내와 똑같이 생기고 이름도 비슷한 여인 마리에타를 만나면서 벌어지는 내용)의 리브레토에 관해서 알고 있을 것이다. 한 남자가 슬픔 때문에 돌처럼 굳은 채 겨우 생명을 유지하며 납골당 같은 집에서 오직 자신의 죽은 애인만을 생각하며 살아가는 이야기다. 물론 예외의 경우이긴 하다. 그러나 이보다 조금 완화된 방식으로 죽은 사람과 떨어지지 못한 채 살아가는 사람이 의외로 많다.

"남편은 13년 전에 죽었어요. 그 이후로 완전히 은둔생활을 하고 있지요. 하루도 빠짐없이 그이와 대화하고, 일주일에 다섯 번은 공동묘지에 가요. 어떤 때는 하루에 두 번씩 가는 날도 있지요. 그렇게 하다 보면 시간이 어떻게 가는지도 모르겠고, 그이에 대한 사랑이 점점 더

커지는 걸 느낀답니다, 점점 더." (안네마리, 59)

"그이가 너무 그리워요. 살아 있을 땐 이렇게 그리워한 적이 한 번도 없었죠. 직업상 그이는 집을 비울 때가 많았어요. 3주나 떨어져 지낸 적도 종종 있었죠. 그래도 나는 내 나름의 삶을 꾸려 나아갔지요. 지금은 아무것도 관심 가는 게 없네요. 생각도, 마음도 항상 언제나 그이와 함께, 그이의 옆에 있으니까요." (레나테, 48)

유령

죽음 이후에도 이어지는 그늘진 사랑은 죽은 파트너와의 관계가 상반된 양면적 관계인 데서 온 결과일 수 있다. 한편에서 보면 서로 밀접하게 결속된 관계였지만, 다른 한편에선 무의식적으로 적대감을 느꼈던 관계이기도 했고, 어쩌면 아직도 두려움이나 공격적인 마음의 앙금이 없어지지 않은 그런 관계의 결과일 수 있는 것이다. 죽은 자를 잘 보살펴주어야 한다는 강박적 태도도 유령에 대해 정절을 지키는 것이라고 말할 수 있다.

"건강한 남자이기 때문에 쉬운 일은 아니지만, 그래도 나는 다른 여자는 더 이상 생각하지 못하겠어요. 죽은 아내와 함께 보냈던 그 아름다운 세월에 오점을 남기고 싶지 않습니다." (안톤, 55)

사랑의 이름으로 사랑을 거부하고, 안톤처럼 죽은 자와의 사랑을 선택하기로 하는 사람은 마음 깊은 곳에 어쩌면 살아 있는 여성은 고집대로인 데다, 비판적이며 기대 수준도 높을 것이라는 두려움이 숨겨졌을 수 있다. 그러나 그녀야말로 '유령'이 아닌 바로 피와 살로 이뤄진 '사람'인 것이다.

악의 그늘 속에서,
살인자를 사랑한 여성들

죽은 자에 대한 환상적 사랑 못지않게 엽기적인 것은 간혹 감옥에 갇힌 살인자에게 광신적으로 매달리는 성향의 여성들이다.

테드 번디Ted Bundy는 눈에 띄게 준수한 외모를 지닌 남자였다. 늘씬한 몸매에 짙은 머리카락, 균형이 잘 잡힌 얼굴에 매력적이기까지 했다. 그러나 테드 번디는 짐승이기도 했다. 경찰은 그가 100명의 여성을 잔인하게 살해한 뒤 토막 낸 것으로 추정했다. 23건의 사디즘적 살인도 자기 입으로 인정했다. 그는 죽인 시체들과 성교했고, 시체를 물어뜯고, 잘게 자르는가 하면, 숲속에서 토막 낸 시체를 가지고 놀기도 했다.

짐승들

테드 번디가 재판에 회부되자, 여성들에게서 몇 바구니나 되는 우편물을 받았다. 공판이 진행되는 동안 홀 안은 몰려든 여성들로 북적거렸다. 그중 한 명은 그 짐승 같은 살인마와 옥중 결혼식을 올렸고, 그가 전기의자에서 처형될 때까지 그의 아내 신분으로 머물렀다.

여성들의 숭배를 받았던, 또 받고 있는 살인자의 예는 무수히 많다. 백만장자 여성의 사랑을 받게 된 셈 쉐퍼드S. Sheppard도 그 중 한 명이고, 어린이 넷을 살해한 위르겐 바르치J. Bartsch도 있다. 오스트리아의 매춘부 살해자 잭 운터베거J. Unterweger 역시 여기에 속한다.

일반적 상식을 지닌 서민 여성들로서는 따라해보기 힘든 이러한 태도는 다양한 허상에서 비롯된 것으로 해석할 수 있다.

꿈에 그리던 남자

그 허상 중 하나는 감옥에 갇힌 살인자가 원래 꿈에 그리던 남자, 행복으로 가는 최후의 유일한 기회를 줄 사람이라고 자주 상상하는 것이다. 관계 속에서 실망스러운 경우를 많이 겪었거나 어린 시절에 폭력을 당한 여성들일수록 이런 상상을 더 많이 하는 경향이 있다. 이런 여성들은 범인이 행한 범죄를 심각하게 여기지 않고, 부정하며, 다음과 같이 범인들 대부분이 전혀 갖고 있지 않은 특성까지 부여한다.

"그는 절대로 그런 사람이 아니에요. 실제로는 완전히 다르죠. 진정으로 그 사람을 아는 사람은 나밖에 없어요."

이런 식의 이상형을 상상하는 여성 심리 저변엔 통제와 안정에 대한 무의식적 소망이 깔려 있는 경우가 많다. 감옥에 갇힌 살인자는 통제할 수 있다. 감옥에 갇혀 있는 한 더 이상 남을 해칠 수 없다. 인질 살인극을 벌인 글라드벡커Gladbecker의 부인인 우쉬 데

고브스키U. Degowski는 〈슈피겔〉지와의 인터뷰에서 이렇게 말한 적이 있다.

"그는 내가 하는 말을 귀담아들었죠. 그래서 나는 이 남자가 나에게 폭력을 휘두르지 않겠구나, 나를 속이고 나를 버리지 않겠구나, 하는 확신이 생겼죠. 그게 발단이 되었습니다."

이상화

이런 여성들 중 또다시 사랑을 이상화하는 이도 있다. 일상의 부대낌 때문에 사랑이 무디어지고, 더 이상 자극적인 느낌도 없으며, 고조되었던 감정이 평범해지는 걸 받아들일 수 없는 것이다. 정말로 가까이 있으면 어쩔 수 없이 이렇게 될 것이 뻔하다.

그러나 사랑하는 대상이 감옥에 들어가 멀리 떨어져 있으면 그에 대한 감정이 일상화될 수 없다. 이런 상황에 직면한 여성은 내면에 이상화의 불이 타오르게 되어 정서적으로 계속 엑스터시를 느낄 수 있는 것이다. 이것이 결정적인 사랑의 동기가 될 경우, 실제로 함께 살 기회를 갖는 즉시, 이 관계는 해체되고 만다.

구출

감옥에 갇힌 애인을 구출하는 존재가 되는 상상은 여성들이 예상치 않은 구조 활동을 하도록 날개를 달아준다. 가끔 수감 중인 살인자를 위해 수년간 투쟁하며, 새로운 수송 절차에 재산을 쏟아붓는 여성들을 볼 수 있다. 또 수천 킬로미터나 떨어진 감옥에 갇혀 있는 킬러를 방문하기 위해 자신이 가진 돈을 남김없이 쏟아붓는 여성도 많다.

여성이든 남성이든 구출에 대한 상상을 하는 사람들은 무의식적으로 부모에게서 선물로 받은 목숨과 같은 가치의 선물을 부모에게 주고 싶은 심리가 그 상상의 저변에 뿌리박혀 있다. 수감된 남자가 구제되어 그에게 다시 생명이 선물로 주어지면, 원죄(부모에게 받은 생명의 빚)가 지워지는 것이다. 이들 수호천사는 연인관계에서 육체적인 면에 거의 가치를 두지 않는다. 관능적 관심을 소진하여 돕는 활동에 열정을 불태우기 때문이다.

이탈

한 가지 더 해석에 보탤 수 있는 것이 있다. 요컨대 감옥에 갇힌 남자는 공격성, 분노, 그리고 소시민적 세계에 속한 여성이 혼자 힘으로는 하기 힘든 소시민적 세계로부터의 이탈을 상징한다. 모든 법의 저편에 있는 남성과 연인관계를 맺음으로써 최소한 그 악의 그늘 속에서만큼은 자신의 억눌린 공격성과 내재된 고유의 반항 성향을 마음껏 발산하는 것이다.

이러한 '해방'을 위해 이들이 감수해야 할 것이 있다. 낙심한 가족들의 절교 선언, 당황하여 외면하는 친구들, 불신의 눈초리를 받아야 하는 직장생활 등이 그것이다.

기젤라 다이케G. Deike는 중산층 서민 가정에서 잘 보호받고 자란 '바른생활표' 여성이었다. 그런데 이 여성이 아동 살해범 위르겐 바르치J. Bartsch에 대한 사랑을 고집했다. 그 대가로 지금까지 정도를 걷던 그녀의 인생에 마침표를 찍게 되었는데도 말이다.

결론적으로 우리가 잊지 말아야 할 것은 위 해석들에서도 볼 수 있듯, 우리 모두에게는 '살인자처럼 잔혹한' 면이 깊이 숨겨져 있다는 사실이다. 그렇지 않다면 〈양들의 침묵〉이나 〈말살자Der Totmacher〉(젊은 청년 24명을 토막 살해하고 1925년 4월 15일에 사형당한 희대의 살인마 프리츠 하만F. Harmann의 이야기를 다룬 동명 소설의 영화)처럼 잔인한 살인 영화들이 흥행하는 이유를 어떻게 설명할 수 있을까.

에릭 이야기
: 자라지 않는 남자들

다 자라난 성인이라고 해도 원래 내면에 의타依他적이거나 고집 세고 겁먹은 아이가 숨어 있는 성인이 많다. 아주 어린 나이에 심리 적으로 감당치 못할 막대한 상처를 받았을 경우, 성장에 이르는 힘든 과정이 차단될 수 있다. 부모가 성적 존재라는 걸 인정할 때 비로소 인간은 정말로 성장하는 것이다. 현실의 인정을 향해 나아가는 이런 발걸음을 과감하게 떼지 않는 사람은 어른이 된 뒤의 삶에서도 아이의 역할에 묶여 있게 된다. 그렇게 소아기에 고착되면 심각한 결과가 뒤따른다. 에릭의 예화가 이것을 잘 보여준다.

거부

에릭은 외동아들이고, 그 스스로 씁쓸하게 말하듯 '실수로 생긴' 아이였다. 기대하지 않았던 임신을 하게 되자, 소시민적인 그의 어머니는 다시 한번 알코올중독자인 남편 곁을 떠나려고 했다. 어머니로부터 자기가 원치 않은 아이였다는 말을 들었던 것은 언젠가 크리스마스 때 친지 모두가 한자리에 모여 있을 때였다. 어머니가 에릭을 거부할수록 에릭은 더욱 달라붙었다. 어머니가 아무리 가학적이고 굴욕적인 벌을 주어도 그는 변함이 없었다. 큰소리로 자부심을 상하게 하는 말을 듣거나 나무 주걱으로 엄청나게 매를 맞을 때 혹은 '무릎 꿇기' 벌을 받을 때면 언제나 달게 벌을 받았고, 어머니에게 "다시 잘하겠다"라고 빌곤 했지만 그때뿐이었다.

흥분

밤이면 술에 찌든 채 코를 곯아대는 남편 옆에서 도저히 잠을 잘 수 없었던 어머니 때문에 에릭은 태어나면서부터 어머니와 부부 침대에서 잠을 잤고, 아버지는 아이 방에서 잠을 잤다.

어머니와 몸을 가까이 대는 것이 에릭을 흥분시켰고, 밤이면 가만히 있질 못하고 어머니에게 몸을 바싹 붙이는 일이 일어났다. 어머니는 오랫동안 이 접근이 갖는 성적 의미를 눈치채지 못한 것처럼 행동했다. 어느 날 새벽 동틀 무렵, 그가 어머니의 잠옷 속을 더듬거리자 비로소 어머니는 불같이 화를 내며 그를 밀쳐냈다. 지금도 에릭은 그때 일만 떠올리면 쥐구멍이라도 들어가고 싶은 심정이다.

증오

에릭의 아버지는 술에 취하면 예측할 수 없이 폭력적으로 돌변하여, 아무 이유 없이 가죽 허리띠로 그를 때리곤 했다. 에릭은 아버지를 증오했다. 그리고 밤마다 이 술집 저 술집 전전하는 아버지가 그 길로 영원히 돌아오지 않길 바랐다. 아들의 이런 바람을 알았다면, 아버지는 그를 반쯤 죽을 정도로 흠씬 두들겨 팼을 것이다.

어느 날 밤 에릭은 어머니가 벌거벗은 몸으로 아버지 앞에 무릎을 꿇고 그를 입으로 만족시켜주는 장면을 보게 되었다. 그 후로도 오랫동안 그 장면이 무엇을 의미하는지 제대로 인식하지는 못했지만, 그의 무의식은 그것이 무엇인지 곧바로 알아차렸다.

어머니가 자신을 밀치던 그 사건 이후 에릭이 품고 있던 어머니 상象이 변화한다. 그에게서 이제 어머니는 성적으로 흥분한 남자를 혐오하는 중성적 존재가 되었다. 그때부터 에릭은 자신이 흥분한 모습을 어머니에게 감추기 시작했다. 변태로 간주될까 봐 두려웠던 것이다.

창녀

어린 시절 겪었던 경험들은 성인이 된 지금까지 에릭의 애정생활에 짙은 그림자를 드리우고 있다. 원하는 여성에게 가까이 가기만 하면 그는 얼음처럼 얼어붙고 만다. 언젠가 한번은 매력적인 한 여성과 침대에 누워 막 분위기를 끌어올리고 있는데, 그의 성기가 본격적으로 쪼그라들면서 두 손이 차가워지는 것이었다. 에릭에겐 자신의 성적 관심을 공개적으로 드러내 보이는 여성은 두려움의 대상이 된다. 그런 여성들은 누구든 가리지 않고 섹스를 하는 '더러운 창녀'라고 여겨지기 때문이다.

상상

성적으로 유혹하는 동시에 거부하는 어머니의 태도로 말미암아 에릭은 압력솥 시스템에 비교할 수 있는 모순된 반응을 나타내게 되었다. 그녀는 과도할 정도로 신체적으로 접근하게 함으로써 그를 흥분시켜놓고, 다른 한 편으로는 거세할 듯이 반응함으로써 그에게서 욕구의 분출구를 차단했다. 에릭의 성적인 상상이 점점 달아오르고, 또 점점 폭력적으로 되어가는 데 비해 그것에 대한 반응으로서 그의 성적 압박이 계속 악화되는 건 그러므로 놀랄 일이 아니다.

허구의 대상

현재 에릭의 애정생활은 실제가 아닌 상상 속에서만 이루어진다. 그는 스치듯 만나는 여성들과 불멸의 사랑에 빠진다. 실제로 얼굴 정도나 알까, 전혀 아는 바가 없다고 해도 과언이 아닐 정도로 모르는 게 더 많은 여성들이다. 어쨌든 그 여성들을 둘러싸고 이야기를 만들어가는데, 이야기는 시간이 지날수록 더욱 현실적 성격이 가미된다. 그가 이 허구의 사랑 이야기에 특정 성격을 부여하면서 자기 주변에 있는 남자들을 그녀와 관계된 인물로 끌어들이기 때문이다. 그런 다음 아무 영문도 모르는 이 남자들과 실제로 격렬한 라이벌전을 펼친다.

표본

에릭은 자신이 만든 허구의 세계 속에 존재하는, 세상에서 단

하나뿐인 아름답고 섹시한 창조물도 자신을 사랑한다는 확신 가운데 살아간다. 반대로 이들 창조물이 그에 대한 사랑을 공개적으로 드러내는 행동을 하는 것은 금지 사항이다.

그토록 사모하는 여성을 실제로 만나게 되면, 그는 마비된 것처럼 굳어버린다. 자신의 은밀하고 환상적인 정신적 풍경 속에서 펼쳐지는 일을 보여줄 수 없기 때문이다.

그는 은밀한 허구의 사랑이긴 하지만 한꺼번에 여러 사람을 사랑한 적은 없었다. 언제나 한 사람에 관한 사랑이 끝나면 새로 사랑을 시작하는 식이었는데, 항상 같은 표본에 따라 사랑 이야기를 이어간다. 여성 인물은 교체되지만, 이야기의 내용은 한결같다.

에릭은 성인이 되어서 맺는 여성들과의 관계 속에서 어린 시절에 겪은 오이디푸스적 표본을 반복하고 있는데, 주로 아웃사이더인 사람들에게서 쉽게 볼 수 있는 현상이다. 한편에는 자기의 성적인 소망 때문에 더럽혀서는 안 되는 순진무구하고 세상에 단 하나뿐인 연인을, 또 다른 한편에는 먼저 유혹의 눈길을 보내놓고 그다음엔 그를 거부하고 마지막엔 다른 사람과 섹스하는 천박한 '걸레 같은 여자'를 표본으로 하는 것이다.

인터넷 속의
섹스와 사랑

100년도 훨씬 전에 프로이트가 무의식과 소아기적 성에 관해 발표하자, 그는 50년 전에 다윈이 그에 앞서 자연도태설을 발표했을 때와 비슷한 혹독한 반격에 부딪혔다. 진화론 발표 당시 전지전능한 창조주의 계획에 따라 합목적적으로 진화가 이루어지지 않는다는 생각 자체만으로도 비난의 소지가 충분했던 것이다. 그런데 이제는 인간이 더 이상 자기 집인 몸의 주인이 아니라며 소위 무의식적인 소아기 때의 성적 그리고 공격적인 충동의 힘에 의해 움직인다고 하니, 해도 해도 너무했던 것이다.

지금까지도 프로이트의 이론들은 그에 대한 이렇다 할 반증 여부를 떠나, 전문 분야에서조차 감정적으로 채색된 강한 거부감을 불러일으키고 있다. 프로이트의 이론에 대한 비판이 얼마나 비합리적인가는 나온 지 불과 몇십 년밖에 안 되었는데, 그 짧은 기간 동안 전 세계를 근본적으로 변화시킨 한 매체, 즉 인터넷을 통해 알 수 있다.

검열

인터넷은 전무후무한 정보 및 커뮤니케이션의 한 장場에 불과한 매체가 아니다. 인터넷은 또한 다윈의 이론에 따른 진화론적 기능 방식의 우수한 예이기도 하고, 또 무의식에 관한 프로이트적 이론을 입증하는 증거물이기도 하다. 인터넷에 대한 검열이 부족함에 따라 거기선 두려움에 대한 자극이나 불쾌감을 억제하는 인간이 자기 자신은 물론이고 다른 사람에게서도 인식하지 못하는 무의식의 온갖 내용을 볼 수 있게 된다. 그렇게 볼 때 인터넷은 인간의 무의식을 한눈에 볼 수 있는 유일한 거울이기도 하다.

거울

이 거울은 인간을 실물보다 아름답게 보여주지는 않지만, 소아기의 성이 성인이 되어서도 중요하다는 프로이트의 가정을 입증한다. 실시간 검색어 순위 Top 10에서 1위를 차지하는 단어가 '섹스'라는 점을 보면 알 수 있다. 인터넷이 무엇보다도 엽기적 형태의 그늘진 사랑을 꽃피우고 번성시키는 매체라고 해도 전혀 과장이 아니다.

현재 가장 비중 있는 검색 사이트 구글에서만 8억 3,000만 개의 섹스 사이트가 발견되었다. 인터넷 서핑을 하는 사람들 가운데 평균 1/3 정도가 적어도 한 달에 한 번씩은 섹스 사이트를 찾는다고 한다. 가장 오래 접속하는 사람들은 독일인들로, 한 달에 70분 4초 동안 에로틱 사이트에 접속하는 것으로 집계되었다(Net Value-스터디, 2001). 영국을 제외하곤 대부분 젊은 남성들이 인터넷 섹스에 관심을 보이는 것으로 나타났다.

익스트림섹스

섹스 사이트들이 '정상적 섹스'만 취급하는 건 아니다. 7,100만 개의 사이트들이 극단적인 '익스트림섹스Extremsex' 사이트라는 사실이 이것을 잘 입증한다. 하드코어 섹스 사이트의 실제 수치는 이보다 훨씬 더 많을 것이다. 아동 포르노그래피처럼 형법에 저촉되는 내용의 섹스 사이트들이 이름을 달리하여 위장한 채로 인터넷 그물망에 걸쳐져 있기 때문이다. 현재 실정법에 기재된 BDSM 처리법은 총 54개 항에 불과하다. BDSM이란 위키피디아에 따르면 '감금과 체벌Bondage & Disziplin', '지배와 굴복Domination & Submission', 아울러 '사디즘과 마조히즘Sadismus & Masochismus'이 결합된 사도마조히즘 영역의 약자다.

심리분석학적 시각에서 볼 때 이 처리법에서 문제 삼는 것들은 유아기적 성의 잔재들이다. 그것이 유아기 때처럼 강하게 지속되면, 성인이 되었을 때 성도착증을 일으키거나 그것이 허용되지 않을 경우 신경증을 유발할 수 있기 때문이다. 요컨대 남자의 경우, 여자를 사슬로 묶어야만 정욕이 인다거나 결벽증을 갖는 경우를 예로 들 수 있다.

폭력

사람들이 그런 섹스와 폭력을 다루는 내용을 자극적으로 생각하는 것, 이게 아니라면 인터넷에서 극단적인 익스트림섹스 사이트가 급속도로 확산되는 이유가 달리 무엇이 있겠는가. 이러한 현상은 전적으로 다윈의 자연도태설 혹은 자연선택설에 부합한다. 열렬한 반응을 불러일으키는 인터넷 사이트들은 널리 확산되고, '밈'의 전형적 방법대로 자주 모방되며 번성할 것이다. 그러나 방문자 수가 드문 사이트들은 사멸하고 말 것이다.

많은 사람이 인정하고 싶지 않겠지만, 인터넷 섹스 사이트를 돌아다니면, 언제나 인간의 무의식 속을 돌아다니는 것과 같다. 인터넷은 인간이 본래 인간을 움직이게 하는 토대가 무엇인지 의식하지 못한 채 삶 속에서 자신들에게 동기를 부여하는 것이 무엇인지 폭로하고 드러내어 보여준다. 우선 억압을 먼저 생각해볼 수 있다.

구스타프 이야기
: 웹상에선 못할 게 없다

구스타프가 저녁마다 컴퓨터 모니터 앞에 앉아서 뻔질나게 '하드코어 사이트를 드나들었을 것이다'라고 생각한 사람은 아무도 없었다. 특히 그의 아내 아니타가 제일 그랬을 것이다. 여러 해 동안 애정 깊은 남편이었고, 자상한 아버지였으니까. 시간이 지나면서 아내에 대한 성적 관심이 잦아들긴 했지만, 여태까지 구스타프가 그녀를 속인 적은 없었다. 적어도 살과 피로 이뤄진 여자와 그랬던 적은 없다.

구스타프의 애인은 가상의 존재다. 그는 특히 이 점을 장점으로 여겼다. 클릭만 하면 마음대로 다룰 수 있는 그녀는 요구 같은 건 하지 않으며, 비용도 거의 들지 않는다. 수년 전부터 인터넷은 구스타프의 내연의 사랑이다. 그는 인터넷을 통해 아니타에게서 못다 채운 것들을 전부 충족시킬 수 있었다. 그러나 또한 진지하게 고백할 것이다, 인터넷에서 자신을 그토록 흥분하게 하는 행위를 아내에게 요구한다는 것은 꿈에도 생각해본 적이 없다고.

매력

구스타프는 스스로 자신의 성적 기호를 부끄럽게 여기면서도 막상 그것의 매력에서 헤어 나오질 못한다. 관련 사진과 비디오뿐만 아니라, 채팅방에 들어가 다양한 역할을 해내는 것도 미친 듯 좋아했다. 젊고 매력적인 여자 역할로 남자들의 눈길을 끄는가 하면, 고독한 황야의 이리도 되어보고, 호모나 레즈비언으로 채팅에 참여하기도 했다.

인터넷에선 모든 것이 가능하다, 심지어 정열적인 사랑도. 이따금 구스타프는 인터넷에서 만난 여성과 사랑에 빠진 적도 있었다. 이메일을 통해 인터넷으로만 서로 의사소통을 했기 때문에 그 여성들에게 자신이 이상적으로 생각하는 성격을 부여할 수 있었다. 남자나 매력적이지 않은 여성은 처음부터 가상의 애인 대열에 아예 들이지 않았다.

허구

이자벨은 구스타프가 웹상에서 만난 다른 여성들보다 한동안 더 많은 의미를 지닌 사이버우먼이었다. '진짜' 여성이긴 했지만, 구스타프가 사랑을 꿈꾸며 그리던 그런 부드럽고 섹시한 요정과는 완전히 거리가 멀었다. 키 158센티미터의 그녀가 체중계에 오르면 눈금이 약 130킬로그램 정도에 가서 멈추어 섰다.

구스타프의 외모가 어떤지는 모르겠지만, 어쨌든 그가 실생활에서라면 자기에게 전혀 주의를 기울이지 않을 거라는 걸 이자벨은 잘 알고 있었다. 하지만 인터넷상에서라면 그녀는 충분히 재량을 발휘할 수 있었다. 이자벨은 감정이 풍부한 여성일 뿐만 아니라, 언어적으로도 뛰어난 능력을 갖고 있었다. 구스타프는 지금껏 만난 그 어떤 여성도 이자벨만큼 자신을 잘 이해하는 여성은 없다고 느꼈다.

신데렐라

이자벨은 어떻게 하면 구스타프를 감정적으로 그리고 성적으로 감동을 줄 수 있는지 그때그때 잘 감지해냈다. 그리고 그것을 아낌없이 활용했다. 만취한 남성들과 섹스까지 간 두 번의 수치스런 만남에 이르기까지 사실 그녀는 사랑이란 걸 한 번도 경험해보지 못했다.

그런데 이제 그녀를 정말로 사랑하는 남자가 생긴 것이었다. 그것도 그녀를 떠받들고 이 세상 모든 걸 그녀에게 바칠 듯한 남자가……. 사이버 세계에서만 가능한 사랑, 그리고 자신의 외모가 밝혀지지 않을 때만 가능한 그런 사랑이라는 점이 유감스럽긴 했지만 말이다. 이자벨은 신데렐라와 다를 바 없었다. 마법이 풀리지 않도록 왕자가 자신의 진짜 정체를 알지 못하게 막아야 했던 것. 구스타프가 그렇게 만나자고 재촉하는데도 그녀는 노련하게 그의 요구를 비껴가곤 했다.

상상

인터넷은 상상의 힘을 통해 이자벨과 구스타프가 현실에서라면 도저히 이룰 수 없는 내연의 사랑을 이끌어갈 수 있도록 유일한 가능성을 제공했다.

발견

어느 날 아니타의 궁금증이 풀렸다. 구스타프가 밤사이 방문했던 인터넷 사이트에서 로그아웃하는 걸 깜빡한 것이다. 아니타는 호기심에 그 사이트를 열어보았다가 기절할 뻔했다. 화면에 사슬에 묶인 한 여성이 어떤 남자를 오럴섹스로 만족시켜주고 있는데, 남자의 얼굴을 전혀 알아볼 수 없는 사진이 떴다. 또 나체의 여성이 철장에 갇혀 무릎을 꿇고 있는 장면도 있었다. 아니타는 남편과 살면서 남편이 그런 도착적인 것에 관심을 갖고 있으리라고는 단 한 번도 생각해본 적 없었다. 이런 불쾌한 사진이 뭐가 마음에 들었을까? 진짜로 여자들을 저렇게 다루고 싶었던 걸까?

물론 아니타도 뭔가 내면적인 면에서 남편과의 부부 사이가 점점 멀어지는 느낌을 받고 있었다. 자신을 간절히 원하는 뜨거운 눈길도 찾아보기 어려웠고, 또 함께 잠자리에 들기를 피하는 눈치도 느낄 수 있었다. 아니타는 남편이 밤마다 컴퓨터 앞에 앉아서 뭘 그렇게 오랫동안 하는지 궁금했다. 정말로 꼭 처리해야 할 급한 일들인가? 아니면 그가 그토록 좋아한다던 전쟁 게임인가?

BDSM

미심쩍어하면서도 불안한 마음으로 아니타는 구스타프의 이메일을 샅샅이 뒤졌다. 그리고 큰 충격에 휩싸이게 되었다. 남편이 다른 여자와 연애하고 있는 게 분명했기 때문이다. 인터넷으로만 유지되는 관계가 분명하다 싶었지만, 그녀는 속고 배신당한 느낌을 지울 수 없었다. 남편과 얘기해보고 싶은 마음이 들다가도 다른 한편에선 도대체 어떤 점을 비난해야 할지 난감했다. 그가 BDSM 저작물에 흥분한 걸 두고 비난해야 하나? 그와 함께 살면서 그런 취향을 눈치챌 일은 한 번도 없었다. 오히려 섹스할 때면 정반대로 양처럼 부드럽기만 해서, 심지어 아니타 쪽에서 '남편이 좀 더 실험적인 체위를 했으면' 하고 종종 바랄 정도였는데 말이다.

그러면 한 번도 개인적으로 만나본 적 없는 여자에게 사춘기 소년처럼 절절하게 사랑의 편지를 썼다고, 그걸 비난할 것인가? 그가 한 행동은 실제 외도와는 거리가 멀어도 한참 먼 행동이었는데? 그것도 아니라면 그럼, 비난할 게 없는 건가?

아니타는 전문가의 도움과 설명을 구했다. 지금 그녀는 구스타프가 동경했던 게 원래 그녀가 바랐던 것과 같은 거였음을 알게 되었다. 그것은 열정적인 애정관계와 친근감, 그리고 자극적인 섹스였다. 아니타도, 남편도 둘이 헤어지는 것은 원치 않는다. 구스타프가 그 중독적인 대리만족 행동에서 벗어날지, 또 만족감을 주는 내연(?)관계를 포기할 수 있을지, 아니면 아니타가 남편의 성향을 잘 안배하여 함께 인터넷의 그늘 아래에서 친숙하게 노닐지 두고 볼 일이다.

강박증적
열정

인터넷상으로 만나는 파트너와 은밀한 내연관계를 유지하는 사람들의 시각은 자신의 사랑에 관해 전혀 알지도 못하고, 알고 싶어 하지도 않는 누군가에게 강박증적으로 매달리는 사람들과는 다르다. 강박적이고 신들린 듯 사로잡힌 사랑이란 연극이나 소설에서만 볼 수 있는 주제가 아니다. 이들 강박증적인 사람들에게 그것은 날마다 벌어지는 일상적인 광기이다.

광기

이러한 일상적인 광기는 어떻게 벌어질까? 단지 의미 없는 망상일 뿐일까? 강박관념에 이끌린 열정에는 거의 예외 없이 봉인된 바람, 그러니까 더 이상 의식적으로는 접근할 수 없지만 받아들여지지 못한 것을 채우고자 하는 간절한 바람과 자부심 문제가 내포되어 있다. 그러므로 다가갈 수 없는 파트너로부터 거부당하면 다음처럼 광기 어린 파괴의 소용돌이에 휘말린다. 체면을 손상시키는 소동이나 비난을 일삼거나 자기비하와 테러 행위, 한없이 깊은 두려움, 고립감에 시달리기도 하고 감정적으로 협박도 하고……

제랄디네 역시 그런 진정되지 않는 열정, 즉 강박증의 희생자이다. 그녀는 새로운 여자를 만나 교제한 지 한참이나 지난 옛 애인 마르쿠스를 뒤쫓으며, 몰래 숨어 그를 기다리는가 하면, 문자통에 불이 나도록 수백 통의 문자메시지를 보내고, 그의 여자 친구네 자동차에 해골 표시를 그려 넣기도 했다. 업무에 집중할 수 없었기 때문에 벌써 직장도 두 번이나 잃었다. 더 이상 밥도 제대로 먹지 못하고, 밤이면 숙면하지도 못한다. 머릿속은 끊임없이 마르쿠스에 대한 생각으로 꽉 차 있다. '지금쯤 어디에 있을까?', '뭘 하고 있을까?', '어떻게 하면 그와 만날 수 있을까?' 등등…….

강박증

그녀가 못생겼다는 생각은 버려라. 제랄디네는 한 '미모'하는 매력적인 여성이다. 그녀는 마르쿠스를 숭배했고, 그의 발 앞에 자신의 사랑을 바쳤다. 마르쿠스는 제랄디네와 숨바꼭질이라도 하듯 몸을 숨기고 그녀를 거부했지만, 때때로 마음이 약해져서 그녀와 잠자리를 함께하기도 했다. 그런 뒤에 그는 다시 모든 것을 없던 일로 하려고 했고, 그럴 때마다 "헛다리짚지 마, 제랄디네! 난 당신을 사랑하지 않아"하며 격렬한 어조로 말하곤 했다. 그러나 제랄디네의 마음은 여전히 활활 타올랐고, 채워도 채워도 채워지지 않는 마르쿠스에 대한 욕망을 가라앉힐 수 없었다. 반면 제랄디네에게 섹스의 즐거움이란 현실적으로 불가능했다. 강박증적으로 사랑하는 사람들은 감정과 마찬가지로 성적 감각도 차단될 수 있으며, 그로써 그러한 불행한 열정으로 빠져들게 되는 것이다.

강박성 질병

제랄디네가 경험한 것처럼 신들린 듯 사로잡힌 사랑은 원래 강박증적 사랑이다. 강박증적으로 은밀한 사랑을 하는 사람은 대안이 없다. 자신을 거부하는 사람에게 가까이 가야만 하고, 그를 통제해야만 하고, 그를 소유해야만 한다. 상대방은 물론이고 그 자신조차도 이러한 행동을 물리쳐야 한다고 생각하면서도 어쩔 수 없이 그렇게 할 수밖에 없다. 강박증 환자가 자기 의지에 반해 하루에 300번씩 손을 씻고 그래야 한다는 강박감에 사로잡혀 있는 것처럼 강박증적인 사람은 그의 열정에 사로잡혀 있다.

신들린 듯 사로잡힌 사랑의 강렬함에 비하면, 다른 형태의 사랑은 모두 평범하고 두리뭉실하게 느껴진다. 이런 로맨틱한 시각 때문에 이 파괴적인 열정의 어두운 면이 가려지는 것이다. 강박증은 사랑과 아무런 연관성이 없다. 무조건적인 열정처럼 보여도 그건 불행한 내연의 사랑으로 말미암아 발생하는 심장질환 같은 질병에 해당하는 것이다.

상한
마음

존스홉킨스대학교와 오스트리아 연구진의 연구 결과, 내연관계에 처한 많은 사람이 불가피하게 겪는 불행한 사랑이 실제로 심장을 상하게 할 수 있음이 입증되었다.

증상

이 경우에 전형적으로 나타나는 증상은 심근경색인데, 특히 갑작스러운 혈관 폐쇄처럼 의학적으로 분명한 원인이 없이 발병한다. 심장발작의 경우는 심리적으로 유발되므로 치유될 확률도 좋다. 발병 후 약 14일이 지나면, '상했던 심장'이 다시 완치된다.

"전화하고 싶을 때 전화하면 안 된다는 것에 정말 비참한 심정이 들었습니다. 그래도 계속 참으며, 전화하지 않았지요. 그러자 심장에 무리가 오기 시작했습니다. 당혹스러웠지요. 우선 유부녀의 그늘에서 헤어나지 못하고 겨우겨우 살고 있는데, 엎친 데 덮친 격으로 그다음엔 또 심장병까지 얻었으니까요. 직장에서 최고점에 있어야 할 바로 그 시점

에 말이죠. 결혼한 유부녀 때문에 어슬렁거릴 틈이 없었지요. 직장생활
도 해야 했거든요. 아무도 내가 얼마나 참담한 상태였는지 눈치채지 못
했죠. 며칠 뒤 몸이 이상해서 심근경색이 아닌가 싶어 병원을 찾아갔습
니다. 의사 선생님이 그러더군요. 심근경색의 전형적 증세가 다 나타났
지만, 동맥혈관은 막히지 않았으니 안심하라고요." (안드레아스, 49)

안드레아스가 겪은 일은 놀라운 일이 아니다. 이별의 고통에
관하여 조사해보면 항상 여성 대비 남성이 더 쉽게 '심장이 손상
되는' 것으로 드러났다. 여성들도 '심장통'을 겪긴 한다. 하지만 남
성들은 특히 자신의 아픔에 관한 말을 많이 하지 않거니와 속 시
원히 울지도 못하기에 여성들에 비해 심장에 더 자주 무리가 가
는 것이다.

심장통
부정적이든 긍정적이든 관계에서 오는 스트레스로 말미암아
심방心房에 뉴로펩티드Neuropeptide가 형성되며, 이것이 심장질환을
유발한다는 사실이 입증된 것은 불과 얼마 되지 않았다. 감정 및
사랑의 고통과 연결하여 심장Herz의 중요성을 파악하기 위해선
원천적으로 민간인이 사용하던 말들에 귀 기울이는 작업이 필요
했다. '온정Herzenswärme', '심장통Herzweh', '심장병Herzleid', '가슴이 찢
어질 것 같은 고통Herzleid' 같은 말은 단어 그 자체에 그 옛날부터
이미 새로운 신경생물학적 지식이 담겨 있었던 것이다.
예를 들어 내연관계는 관계의 성격상 어쩔 수 없이 감수해야

하는 여러 거부 사항이 있다. 이 때문에 생기는 감정상의 스트레스 반응으로 말미암아 1,400여 개의 증명 가능한 화학변화 및 호르몬의 변화가 발생한다고 한다! 이러한 화학 및 호르몬의 변화로 위통, 요통, 두통 등이 유발되면서 자연스럽게 신체에도 영향을 미치게 되는 것이다.

장기의 언어

이러한 장기의 언어와 신체에서 보내는 구조 요청 소리를 인지하지 못하는 의사가 많다는 건 유감스러운 일이다. 또한 내연관계에 연루된 너무도 많은 사람이 힘들어하는 정신적 어려움에 대해서도 상황은 마찬가지다. 심리학 전공자들끼리 하는 우스갯소리가 있는데, 전문의들이 장기가 보내는 영혼의 비상 신호에 얼마나 무지한지 잘 보여준다.

어느 날 영혼과 몸이 함께 병원에 갔다고 한다. 진료대기실에서 몸에게 영혼이 말했다. "네가 먼저 들어가. 의사 선생님은 널 더 잘 아니까"라고.

강제로 지키는
정절

그늘진 애정관계 중 특히 기이한 형태는 원하지 않는데도 강제로 지키게 되는 정절이다.

루드비히는 벌써 오래전부터 자유의 몸이 되기를 원했다. 그러면 고정된 파트너와의 결속에 매이지 않고 본인 마음에 드는 여성, 또 자기에게 관심을 갖는 여성과 뭔가 새 출발을 할 수 있을 테니까 말이다. 마침내 은밀한 애정행각도 끝날 것이고! 결국 세상으로 박차고 나아가 원하는 것을 얻기 위해 애쓰는 한 남자로서 스스로를 자각하고, 여태까지 그냥 소리 없이 꿈꾸어왔던 것들을 향유하는 거다.

계약

몇 년 동안 루드비히에겐 낯선 여자들이 미래에 대한 약속처럼 보였다. 낯모르는 여성에게서 뿜어져 나오는 광채, 그녀와 잠자리를 함께하는 상상은 황량한 실생활에 점점 더 강렬한 빛을 내리쬐었다. 그의 실제 애정관계에서 로맨틱은 물론 절절한 마음도 거의 없는 관계였다. 단지 남의 눈에 띄지 않는 상태일 뿐이었다. 루드비히와 또 수년간 함께한 동거녀에게는 헤어지는 것이 서로 자유로울 수 있는 최선책이었다.

거절

이제 루드비히는 더 이상 책임감을 느낄 것이 없다. 수년간 그리던 모든 것을 해도 누가 뭐라고 할 이유가 없다. 그런데 어찌 된 일일까? 루드비히는 또 다른 그늘진 애정관계의 현상에 맞닥뜨리게 된다. 할 수가 없는 것이었다. 정말 그랬다. 상대 여성들은 실망스러운 인물들이 아니었다. 그 반대였다. 함께 섹스를 시도했던 여성들은 평소 그려왔던 것보다 훨씬 더 매력적이었다. 그런데도 루드비히는 자신이 항상 꿈꿔온 것을 가질 수 있는 바로 그 순간에 안 된다며 거절하곤 했다. 재수 없게도 자신에게 강제로 정절을 지키도록 강요한 묘한 상황이 벌어진 것이다.

거부

남성의 성기능이 더 이상 사랑하지 않지만, 수년간 함께한 여성 파트너와 떼려야 뗄 수 없게 결속된 사례에 속하는 일이 벌어질 수 있다. 알베르토 모라비아Alberto Moravia(20세기 이탈리아의 선구적인 작가 중 하나다. 근대적 섹슈얼리티와 소외, 실존주의 등을 주제로 한 작품을 많이 썼다)는 《나와 그Ich und Er》라는 소설에서 이 복잡한 상황을 기술하고 있다.

주인공 리코는 해가 갈수록 게을러지고, 뚱뚱해지는 데다 심술궂어가는 아내 곁을 떠나 자유를 원하며, 아름답고, 온순한 여자들과 잠자리를 함께하길 원한다. 그런데 그에게 루드비히와 같은 일이 벌어진다. 그의 '남성'이 거부하는 것이다. 어느 날 리코는 매력이라곤 찾아볼 수 없는 아내에게 들렀다가 자신의 '남성'이 동하는 것을 보게 된다.

성기능장애

모라비아의 소설 주인공도 루드비히처럼 원하지 않는 정절을 지킨다. 정절이라고 해서 다 똑같은 정절이 아님을 알 수 있다. 더 이상 사랑하지도 않는 파트너에 대한 루드비히의 '정절강박증'은 당연히 자발적이며 윤리적 토대에 기초한 정절과는 명백히 구분될 수밖에 없다. 의식적이고 자발적으로 육체적·정신적 결속을 꾀하는 의미에서 지키는 정절과는 반대로 무의식적인 죄책감으로 거슬러 올라가는 성기능장애 형식의 정절강박증이 있다. 이 경우에 해당하는 남성은 머리로는 다른 여자들을 위해 자유로운 몸이고, 새로운 관계를 맺을 준비가 되어 있다고 말한다. 그러나 그 말 속엔 아직 완전히 풀려나지 않은, 말 그대로 '잘못 되돌아간' 파트너와의 관계가 무의식적으로 스며 있다. 한때 어머니에게 가졌던 감정들이 파트너에게로 자리를 옮기는 것이다. 어머니에 대해 정절을 깨뜨리는 것은 불가능하다. 그것을 보호하기 위한 장치가 바로 발기부전이다.

죄

조루증 역시 남성이 그가 생각하는 것만큼 죄의 문제가 명쾌히 해결되지 않았음을 방증하는 것일 수 있다. 이혼남 베른하르트는 유부녀 베로니카와 내연관계를 가지면서 난생처음으로 성기능 문제에 직면했다.

"남의 눈을 피해 만난 지 두 달이 지나자, 전에 비해 너무 빨리 사정하게 되었습니다. 삽입하는 즉시 끝나버리는 겁니다. 전에는 단 한 번도 없던 일이었습니다. 그래서 의사를 찾아갔는데, 신체적으로 이상이 있는 기관 없이 모두 정상이라 그러더군요. 너무 빠른 사정 때문에 죽을 것 같았습니다. 그 은밀한 관계 때문에 나타난 현상이라는 걸 알았지만, 관계를 끊는 것이 내겐 간단한 문제가 아니었죠. 그녀를 포기하기까지 어렵게 결정한 것이었지만, 그게 옳은 결정이었지요." (베른하르트, 42)

스트레스받는
불륜남과 불륜녀

테레사와 크리스토프는 불륜관계에 있는 커플이다. 둘 다 결혼한 몸이다.

테레사는 주 40시간 일하는 직장여성으로서 아이가 둘이 있고, 모시기 힘든 시어머니까지 있다. 회사에선 업무상 신경을 많이 쓰는 데다가 집에선 까탈스러운 시어머니 시중에 청소, 요리, 그리고 가족 돌보기까지 모든 것이 스트레스 그 자체다. 크리스토프의 형편도 만만치 않다. 그는 여기에다 추가로 주말마다 형네 집 짓는 것까지 도와주어야 한다. 그 모든 스트레스 상황 중에도 두 사람은 자신들의 은밀한 관계까지 안전하게 유지하려고 한다. 대화는 고작해야 언제, 어디서 은밀히 만날지에 관한 것이 전부였고, 웃는 일도 점점 줄어들었다. 침대에서도 테레사와 크리스토프는 압박감에 빠졌다. '아름다운 사랑의 시간'은 이제 유효기간이 다 된 것만 같다. 육체적인 나른함, 정신적인 기분 전환에도 불구하고 그에 뒤이은 죄책감과 스트레스가 만만치 않았다.

반응체계

심한 긴장 앞에선 행동 및 반응체계의 균형이 잘 맞지 않는다. 테레사는 자신이 박하게 주어진 시간 내 정점에 도달할 정도로 충분히 그리고 빨리 달아오를 수 있을까 싶다. 서둘러 관계한다. 별 느낌이 없다. 크리스토프는 '성적 성취욕Sexual Performance Anxiety'에 시달린다. 행동 개시! 실수하면 안 되는데! 결국 침대에서도 스트레스를 받는다. 그 후엔 어떤가. 실망과 내적 고독감, 죄책감만 늘어날 뿐! 이상한 일이 아닐 수 없다. 스트레스는 파트너관계의 의사소통과 성관계를 악화시키고 곱지 않은 눈초리, 적극적이지 않은 태도와 같은 부정적 신호들을 증가시킨다. 불륜의 사랑에서 이것이 의미하는 건 이렇다.

'불륜관계가 깨어지는 건 비밀을 유지하지 못해서가 아니라 종종 그와 결부되어 있는 스트레스 때문이라는 것!'

죄의
그늘

불륜의 사랑이 '승리'를 거두는 경우는 대략 2/3정도다. 유부녀나 유부남의 경우 배우자와 이혼하고, 지금까지 그늘 속에 있던 사람을 공개적으로 인정한다.

그다음 둘의 관계가 잘 진행될까? 대부분 그렇지 않다.

파경

미국 조지아주립대학교 정신과 의사인 프랭크 피트맨F. Pittman은 정사情事 스캔들로 맺어진 부부의 절반 정도는 다시 이혼으로 관계를 끝맺는다고 밝혔다. 내연관계는 종종 삶의 새로운 한 장으로 들어가는 운반 수단에 불과할 때가 많다. 다시 말해 이런 은밀한 정사는 원래 목표했던 것에 이르면 그 즉시 제 기능을 잃어버리는 과도기적 과제에만 충실한 경우가 많다는 것이다. 그렇지 않으면 목표에 도달하고 보니, 그간 치른 희생에 비해 도달한 목표가 갑자기 별로 매력적이지 않아 보이거나 첫 번째 결혼을 파경으로 이끌었던 그 실수를 새로운 관계에서 다시 반복하는 경우도 있기 때문이다.

여기에 덧붙일 수 있는 파경 이유로는 불륜의 사랑이 '성공'하면, '이제 모든 것이 달라질 거야. 지금까지 원하던 것을 이젠 다 이루게 될 거야'라는 커다란 기대감을 갖게 된다는 것이다. 하지만 막상 불륜관계가 불륜이라는 예외적 특성에서 벗어나 일상적 관계로 전환되는 즉시 끊임없는 환멸이 이어지게 되는 것이다.

"우리가 정말로 그렇게 살리라고는 상상도 못 했어요." (모니카, 32)

"전에 그녀는 뜨거운 활화산 같았죠. 하지만 지금 나는 예전 아내와 똑같이 그녀에게 애걸복걸해야 하는 신세죠." (아놀드, 46)

"아내와 함께 살았던 그 기간에 그이는 이해할 수 없을 정도로 내게 정성을 기울였죠. 지금요? 물 건너간 얘기죠." (에비, 29)

환멸과 손을 잡고 후회와 불신, 그리고 죄책감이 몰려오면서 가뜩이나 어렵게 맺은 파트너관계에 부담을 준다.

후회

우리가 인터뷰한 남녀 대상자 중 약 1/3이 옛날 동반자와 헤어진 것을 후회한다고 고백했다. 새로 맺은 사람과 그런 식으로 지낼 줄 알았으면, 절대로 이혼하지 않았을 거라며 말이다.

"그이의 질투심 때문에 미칠 것 같아요. 전남편과 내가 얼마나 사이 좋게 지냈나 생각할 때마다 울고 싶은 심정이죠." (알마, 41)

"처음엔 천국처럼 보이던 것이 지금은 지옥 같기만 합니다. 다니엘라가 어찌나 사람을 의심하는지 나는 완전히 진이 다 빠져버렸습니다. 나는 정신적으로 망가진 폐물입니다." (칼, 49)

불신

다니엘라가 칼을 이혼시키는 데 성공했을 때, 모두 환호성을 질렀다. 다니엘라의 어머니는 "드디어 해냈어!"라고 했고, 친구들은 "축하한다"고 말했다. 결과적으로 다니엘라는 거의 2년간 칼의 애인으로 살아야 했다. 그 관계는 온갖 거짓말로 범벅이 된 간통이었다. 다니엘라는 칼의 부인이 얼마나 괴로워했는지 잘 알고 있었다. 부인 쪽에서 이혼을 원했을 때, 다니엘라는 기뻐할 수도 있었을 것이다. 그런데 그녀는 그렇게 하지 않았다. 갑자기 칼에 대해 깊은 불신을 갖게 된 것이었다. 한 남자를, 그가 했던 아주 작은 거짓말까지도 상세히 알고 있는 그런 한 남자를 그녀가 어떻게 생각해야 하겠는가?

"존경심 같은 건 거의 없지."

그녀가 친구에게 고백한 말이다.

"그이에 대한 믿음 따윈 없어. 언젠간 나도 전부인과 똑같이 밀어낼 인물이야."

죄책감

드디어 칼과 공개적으로 행복하게 살 수 있는데, 그 길에 걸림돌이 된 것은 다니엘라의 불신과 두려움만이 아니다. 다니엘라는 무엇보다도 부지불식간에 자기 자신의 죄책감에 발목이 잡혀 비틀거리는 것이다. 궁극적으로 그녀가 겨냥했던 건 칼의 부부관계를 파괴하는 것이었다.

하필이면 지금, 두 사람이 함께 열어갈 미래의 길이 활짝 열린 이 시점에 죄책감이 길을 가로막은 것이다. 다니엘라의 무의식적인 자기 응징 욕구로 말미암아 칼과의 관계는 나날이 나빠진다. 사랑과 온정 대신 갑자기 냉정과 불신이 자라난다. 칼이 정각에 집에 오지 않으면, 그녀는 뒤를 쫓다시피 전화를 해댄다. 그런가 하면 금기를 깨고 그가 잠든 사이 그의 양복 주머니를 뒤지기도 한다. 이 관계에서 무슨 일이 벌어지겠는가?

다니엘라는 미처 인식하지 못한 그녀 자신의 죄책감을 180도 선회하여 그것과 연결된 부정적 감정을 칼에게로 향하게 한다. 죄책감이 커질수록 두려움과 새로운 파트너를 사귀는 건 아닐까 하는 의심이 그만큼 더 커진다. 특히 이런 변질된 현상은 대개 사람들이 생각하는 것보다 더 자주 나타난다. 사랑이 아니라, 죄책감에 충실한 왜곡된 정절이 문제다.

발전 과정

칼과 연인관계에 있으면서 이혼을 재촉할 때만 해도 다니엘라는 죄책감에 부딪혀본 적이 없었다. 지금도 다니엘라가 자신의 엄격한 양심을 정면으로 직시하지 않는다. 그 때문에 두 사람은 부부관계를 파경에 이르게 하고도 무엇 하나 배운 바가 없고 발전 과정 및 학습 과정을 통해 성숙해질 수도 없다.

다니엘라와 칼의 내연관계는 어떻게 끝났을 것 같은가? 두 사람은 결혼하지 않았다. 다니엘라는 점점 더 사랑의 감정이 사라졌고, 칼은 다른 여자에게서 위안을 찾았다. 칼이 다니엘라에게 그의 새로운 관계에 대해 털어놓았을 때, 그녀는 승리의 개가를 올렸다.

"그럴 줄 알고 있었어! 바람도 피워본 사람이 피우는 거라고, 우리도 결국 실패로 끝나게 될 거라고."

제5장

그늘진
불륜의 제국

삼각관계의 애정과 그늘진 불륜의 사랑은 흔히 엑스터시, 강도 높은 에로틱, 깊은 욕구 충족 등을 의미한다. 그러면서도 슬프기도 하고, 혼란스럽기도 하고, 복잡다단하기도 하다.

왜 하필이면 이미 확실한 파트너에게 매인 사람과 복잡한 관계를 감행하려는 사람들이 있는 걸까? 현재의 파트너관계나 가족의 행복이 위험해질 수도 있는데, 그것을 무릅쓰고 내연관계를 위한 모험을 감행하는 건 왜일까? 그런 과감한 행동을 감수하는 이들은 대체 어떤 사람들일까? 그들이 부부간의 신의를 저버리게 된 동기는 무엇일까? 그렇게 해서 무슨 득을 거둘 수 있는 걸까? 삼각관계에 빠지기 쉬운 특정한 인성 유형이 있는 걸까? 아니면 단순하게 우연히 불륜의 제국에 발을 들여놓게 되는 걸까?

유형화

심리를 유형화하는 게 문제가 있다는 건 다들 잘 알 것이다. 제아무리 생긴 것이 같아 보이는 달걀이라도 자세히 보면 같은 모양은 하나도 없단다. 내연관계를 맺은 사람들도 저마다 특성이 있어서 동일화할 수 없다. 따라서 한 사람이라도 성격 규정 작업으로 말미암아 심리 분류라는 서랍에 정리되는 것은 우리가 원하는 바가 아니다. 그렇긴 하지만 모든 삼각관계엔 승자와 패자가 있게 마련이다. 우리는 본 연구소의 데이터 자료를 바탕으로 통계학적 분석 방법을 적용하여 '승자'는 어떤 사람인지, '패자'는 누구인지, 그리고 가뜩이나 궁지에 몰린 사람을 더더욱 궁지로 몰고 가는 것은 무엇인지 등의 문제를 추적·조사할 수 있었다.

먼저 짚고 넘어갈 게 있는데, '내연관계를 지향하는 전형적 인성 유형이 있는가?'라는 기본 문제에 대해선 아니라고 답할 수 있다는 것이다. 부정不貞과 불륜의 사랑으로 기우는 성향은 특정한 인성과 연계되어 있지 않다. 밝은 표정의 공주나 담장 밑에 핀 꽃처럼 수줍음 타는 여자나 똑같이 내연관계에 엮여 들어갈 수 있는 것이다. 내연관계에 빠지는 특정 인성 유형은 없지만, 그래도 내연관계를 경험하게 될 개연성이 높은 특정한 인격적 특징은 구체화해볼 수 있다.

밀렵꾼, 전략가, 희생자
그리고 우유부단한 자

체질과 애착, 상반 감정의 병존, 유아기 때 경험한 인간관계, 정신적 외상 등이 고도로 복합적으로 혼합됨으로써 전형적인 행동 모델을 지닌 성격들이 생겨난다. 경험이 있다면 그 경험에 비추어 보거나 아니면 주변을 살펴보라. 불륜의 제국에 얼마나 다양한 생명체가 존재하는지! 유혹하는 자와 유혹에 넘어가는 자, 밀렵꾼, 전략가, 희생자 그리고 우유부단한 자. 누구나 그중 한 유형 정도는 만나보았을 것이다.

밀렵꾼과
그들의 노획물

원칙적으로 이미 임자가 있는 사람들만 사랑하는 남녀에 관해 이야기해보라면 밤을 새워도 부족할 듯싶다. 무엇보다도 심리발달 과정에서 부모와 자녀 간의 오이디푸스적 삼각관계에서 벗어나지 못한 사람들은 성인이 되어서도 밀렵꾼, 즉 '관계의 파괴자'로서의 원초적 역할을 취하는 성향이 있다.

기존의 관계를 뚫고 들어가 부모 중 동성인 쪽의 위치를 차지해야겠다는 소아기적 소망이 그 사람이 성장한 뒤의 애정생활을 조종하는 것이다. 이런 사람들은 이미 임자가 있는 사람들과 사랑에 빠지는 것을 선호한다. 금지된 것이 주는 자극은 당연히 금지된 걸 손에 넣을 때까지만 유지된다. 미국에는 늘 다른 남성의 아내나 동거녀만을 유혹하려는 남성을 지칭하는 특별한 표현이 있는데, 'poacher', 즉 밀렵꾼이 그것이다. 밀렵꾼은 허가 없이 노획을 일삼는다. 겉으로 보기에 그들은 아주 매력적이고 매혹적이다. 외모에서 뿜어져 나오는 기운 덕분에 특히 외향적인 사람들이 잘 걸려든다.

"그 사람과의 만남에 진짜 기회를 주고 싶었어요. 그래서 함께 살던 남자에게 모든 것을 고백했죠. 그는 나를 곧바로 놓아주더군요. 그런데 문제는 이제 진지하게 만날 수 있다는 이야기를 하기 무섭게 그 사람이 확신 없는 태도로 나오는 겁니다. '난 아무것도 파괴하고 싶지 않아'라면서요. 처음에 먼저 살던 사람과의 관계를 파괴하려고 수단 방법 가리지 않은 건 바로 그 사람이었는데 말이죠!"(안드레아, 41)

"어떻게 그렇게 많은 거짓말을 할 수 있는지. 그가 나에게 말했던 모든 것이 거짓말이었어요. 나는 그 사실을 직시하려고 하지 않았지요. 언제나 좋은 점만 믿었고, 그중에서도 가장 좋은 점을 생각해냈죠. 진작 감을 잡긴 했지만, 감이 온다고 해서 그걸 믿어서는 안 되는 거라고 생각하며, 다시 마음을 진정시키곤 했죠. 대체 그 사람은 왜 그렇게 말해야 했을까? 그 대목에서 서른다섯 살의 사람이 열여섯 살 소녀처럼 유치해지죠. 좋은 말을 위해서만, 응분의 대가를 위해서만 살죠."(엘리자베트, 35)

밀렵꾼의 본색을 경험해본 적 있다면, 그들의 사냥전략을 잘 알 것이다. 그들은 여성들이 가장 결핍을 느끼는 부분을 잘 이해해주는 것, 대화와 공감대의 형성임을 알고 그걸 집중적으로 공략한다.

"남자 친구랑 못할 이야기가 없었지요. 여자 친구가 따로 필요 없었죠. 그와는 여자로서 겪는 문제, 인간적 문제 등 모든 것에 관해 이야

기할 수 있었어요." (안야, 32)

"그 사람이야말로 제대로 날 이해해준다고 느꼈지요. 남자들과는 상대적으로 그런 느낌을 갖기가 힘들었거든요." (울라, 29)

유머 또한 낯선 구역으로 들어가 밀렵할 수 있는 한 방법이다.

"그의 유머에는 웃지 않을 도리가 없었죠." (타마라, 43)

"우리는 정말 많이 웃었지요." (헬라, 32)

"나는 아주 젊고, 걱정 근심이라고는 하나도 없는 사람처럼 느껴졌답니다. 우리는 일부러 애들이 하는 것 같은 어리석은 행동도 많이 했답니다." (잉게, 45)

사랑의 밀렵꾼은 진짜 밀렵꾼이 사냥감을 목표로 할 때와 똑같이 자신의 준비된 이해심과 세상을 보는 유머러스한 시각을 전략적으로 배치한다. 그러나 근본적으로 그들은 감정을 잘 이해하거나 유머가 풍부한 사람들이 아니다. 현재 유머나 이해심 같은 특성이 없는 파트너를 둔 여성들에게만 그렇게 보이는 것이다. 그들은 상대가 무엇을 필요로 하는지 정확히 감지하고, 거기에 맞는 프로그램을 클릭 한 번으로 불러올 수 있는 것이다.

남자 밀렵꾼처럼 여자 밀렵꾼 역시 남자들이 동경하고 갈망하

는 걸 정확히 겨냥하리라는 것은 불 보듯 뻔한 일이다. 이런 여성
들은 행동과 외양을 통해 자신에게 성적으로 접근할 수 있다는
것을 알린다. 부인과의 성생활에서 자신의 성적 기대감을 충족시
키지 못하는 남자, 그러면서도 부인에게 더욱더 섹스할 기분을 돋
울 뾰족한 수도 없어서 도움이 필요했던 딱한 남자. 이런 남성은
에로틱한 것을 기대하게 하면 쉽게 사냥할 수 있다.

> "그녀처럼 그런 눈길로 나를 바라본 여자는 한 명도 없었죠."(디
> 터, 46)

> "혀로 입술을 핥는 그녀의 모습을 보면 나는 미칠 것 같았습니다."
> (요한, 39)

자기 확신이 없는 남자의 경우, 불안정한 그의 자존감을 높여
줄 줄 아는 여자 밀렵꾼들의 손에 놀아나기 쉬운 사냥감이 된다.
그녀는 젖 먹던 힘을 다해 아양을 떨고, 경탄해 마지않는다. 그
러면 도움이 필요했던 멍청한 남자는 그 모습에 반해 다른 여자
는 절대 안 되고 오직 그녀에게서만 높은 평가와 인정을 받을 수
있다고 정말로 믿게 되는 것이다. 제대로 치명타를 입힌 것이다!

> "나는 그이의 태양이었죠. 그가 실패했을 때도 별것 아닐 거라며 그
> 래도 그에게 감탄하는 모습을 보여줬죠."(바바라, 36)

종종 뱀의 유혹 수단인 '말'을 통해 사랑의 그늘진 제국으로 접어들기도 한다. 남자든 여자든 상관없이 달콤한 말은 다른 사람에 대한 동경과 동요를 불러일으키게 된다. 이때의 유혹에 동요하게 되는 동기는 진정한 사랑이 아니라, 지루함이기 때문에 한 번 불씨가 타오른 소망은 좀처럼 진정되지 않는다. 달콤한 과일을 한 입 깨물듯 마음껏 섹스를 즐기고 나면 남자든 여자든 유혹에 넘어간 쪽은 기다리고 기다리고 또 기다리는 신세가 된다.

"'모든 것이 다 달라질 거야'라는 지긋지긋한 이 말이 정말로 현실적으로 이뤄질 수 있을지 스스로 질문하기까지 1년간 그이와 사귀었죠. 그러나 우선 휴가가 끝난 다음에, 방학이 지난 다음에, 또 재교육 세미나가 끝난 뒤에, 하는 식으로 그는 언제나 나중에, 나중에만 말했어요." (마야, 35)

밀렵꾼들의 활동은 투쟁하고 사냥할 것이 있는 동안만 활발하다. 불륜의 제국에서의 밀렵꾼들도 마찬가지다. 그들은 언제나 눈에 띄지 않게 잠복하고 있지만, 막상 관계가 가까워지고 그 관계를 책임져야 하는 상황이 오면 즉시 관계를 포기한다.

전략가와
그들의 목표

한쪽에서 '은밀하게 다가가' 처음엔 작은 것에도 만족스러워하다가 나중에 점점 더 많은 걸 바라고 또 요구함으로써 내연관계가 성립될 때도 종종 있다. 전략가는 다소 의식적으로 자신의 목표를 추구한다.

"그녀는 한 달에 한 번, 두 시간 동안 보는 것만으로도 족하다고 말했습니다. 그런데 시간이 지나면서 점점 많은 시간을 원하는 겁니다. 오후 시간, 저녁, 하룻밤 내내…… 적어도 한 번은 그렇게 해줄 수 없냐고 하더니, 한 번이 여러 번이 되고, 나중엔 주말까지 함께 지내자고 요구하더군요. 그렇게 시간을 내지 못하면 '나도 내가 무슨 짓을 할지 모르겠네. 더는 아무것도 장담할 수 없거든' 하며 나를 협박하곤 했지요. 천국과 지옥 사이에 있는 것 같은 상황이었습니다." (니콜라우스, 40)

"그에게 집을 나와 전세를 얻어 혼자 살 수 있는지 시험해보고, 연습해보라고 제안했죠. 나는 그의 존재를 비밀로 하고 있어요. 그 사람에 관해선 한마디도 하지 않아요. 그 사람이 벌써 1년 전부터 나와 관계를 맺어왔다는 건 아무에게도 말하지 않을 겁니다. 그렇게 그와의 관계를 즐기는 거죠." (소냐, 39)

협박적인 방법들이다, 확실히. 이 방법들은 목표를 이루는 데 이용될 것이고, 또 자주 사용될 것이다. 하지만 어떤 희생자가 자신을 협박하는 사람을 사랑하겠는가?

"그는 내가 서로를 구속하지 않는 가벼운 연애, 그 이상은 원치 않는다는 걸 알고 있었죠. 물론 그 관계에 섹스가 빠져 있지는 않았죠. 하지만 정기적으로 관계를 맺는 형식은 아니었어요. 그런데 그가 갑자기 책임에 관해 이야기하는 거예요. 주말에 우리 집에 전화를 걸었더라고요. 내가 그렇게 하지 말라고 분명히 부탁했는데도 말이죠. 가끔은 우리 집 건너편에 자기 차를 주차하기도 했습니다." (마르기트, 37)

압력 행사가 심해질수록 상대편에선 내연관계를 끝내고 싶은 마음이 커지게 마련이다. 현재의 파트너관계에 위험을 줄 위기가 너무 커져서 감가상각상의 손익비율이 더 이상 맞지 않게 되기 때문이다.

"그런 식의 스트레스에 시달리긴 싫었습니다. 압박감이라면 직장과 집에서도 받을 만큼 받고 있거든요." (프리츠, 51)

예나 지금이나 애인을 자기 곁에 묶어두기 위해 내연녀들이 시도하는 필사적 방법이 있다. 이것은 종종 최후통첩으로 작용하는데, 이른바 '원치 않는 임신'이다.

압박 수단,
자녀

마르가레테는 로니가 이제는 진정으로 그녀를 사랑하지 않는다는 것을 느낀다. 눈길이 전처럼 따사롭지 않고, 키스 역시 예전과 같은 부드러운 맛이 없다.

그녀는 로니가 자신과의 애정관계를 끝내지 않도록 암사자처럼 고군분투한다. 사실 그녀가 원하는 건 그 반대다. 로니가 아내를 버리고 자신을 선택하는 것이다.

로니를 위해 자신을 더욱 아름답게 가꾸고 더더욱 다이어트에 힘쓰는 것이 마르가레테에겐 당연한 일이다. 침대에서도 그녀는 최선을 다한다. 자신의 품위 따위는 접은 채 심지어 '내연녀'로서 로니를 위해 자신이 할 수 있는 일이라면 사람들이 아직도 굴욕적으로 여기는 일들도 마다하지 않는다. 로니의 비서 역할에 전력을 다한 적이 한두 번이 아니고, 그의 아들을 위해 국제철도 여행을 준비하는가 하면 그의 부인을 위해선 오페라 티켓을 준비하기도 한다.

노력

그녀의 전력투구 뒤엔 '날 사랑해줘요! 나의 가치를 인정해달라고요!' 하는 애원 어린 바람이 있다. 그녀가 필사적으로 노력한 결과는? 로니의 감정이 더 이상 회복되지 않는다는 것. 사랑을 일깨우지도, 그녀에 대한 성적 자극도 일으키지 못했다는 것. 오히려 그 반대였다. 그녀의 노력은 학창 시절 작문 숙제만큼이나 꽉 막힌 결과만 낳았다. 로니가 입을 열었다. 예감대로 그는 그녀와의 내연관계를 끝내고 싶어 했다.

결국 마르가레테는 임신이라는 최후의 압박 수단을 택한다. 그녀는 32세이고, 로니는 54세이다. 그녀에겐 아직 아이가 없고, 그는 둘 혹은 셋의 아이를 갖고 싶었다고 했다. 로니의 아내는 경력을 쌓기 위해선 아들 한 명만으로도 벅차다고 생각하는 여성이었다. 로니와 함께 교외의 한적한 음식점에 갔을 때, 마르가레테는 아이들을 바라보는 그의 눈에서 빛이 나는 걸 보곤 했다. 마르가레테의 계획은 확고해졌다. 그녀는 피임약을 먹는 걸 내려놓는다.

임신

로니가 마르가레테의 임신과 그에 따른 결과에 행복해하지 않는다는 것은 장님이라도 눈치챌 정도였다. 그러나 마르가레테는 자신이 보고 싶은 것만 보았다. 모든 것이 좋아질 거라고, '아이가 그와 나를 묶어줄 거'라고. 로니가 별 의미 없이 내뱉는 말 한마디, 몸짓 하나하나를 그녀는 새로운 감정이 싹트는 신호로 해석했다. 그는 그의 '옛날' 가족들을 잊게 될 거다. 결국 그는 새로운 가정을 얻게 될 거다. 그의 아들은 곧 성인이 되고, 그의 부인에겐 커리어우먼으로서의 그녀 자신의 삶이 있다. 모든 것이 틀림없이 잘될 거다…….

대리 파트너 역할

다른 무엇보다도 감정을 돌이키고자 임신을 이용하는 것은 특히나 비극적 방법이다. 아이 때문에 실제로 결합하게 된다고 해도 아마 그 관계가 좋아지지는 않을 것이다. 관계가 제대로 정립되지 않고 나쁜 쪽으로 더 많이 치우치게 되면, 어쩌면 아무 잘못도 저지르지 않은 아이가 그 불행이 자기 책임인 것처럼 느끼게 될지도 모른다. 평생 그런 부담감을 안고 살아가야 한다면 정말 불행한 일이 아닐 수 없다.

내연관계가 합법적 관계로 정리된 뒤에라도 억지로 부부관계를 맺게 된 파트너가 관계를 끝내버리면, 아이가 대리 파트너로서 오용될 위험성이 크다. 내연녀들 중 종종 다다를 수 없는 존재, 혹은 반쪽의 마음만 받고도 만족해야 하는 존재인 남편에게서 얻지 못하는 깊은 애정을 '아들'에게서 보상받으려 하는 내연녀들을 본다.

악순환

어린 왕자는 그의 그늘진 제국에서 마마보이로 성장한다. 그러면 성인이 된 후의 그의 부부관계는 파경 선고를 받는다. 내면적으로 자유롭지 않기 때문이다. 그의 아내도 그를 얻기 위한 싸움을 언젠가는 포기할 것이고, 실망감에 싸인 채 남편이 아닌 자신의 아이에게로 방향을 튼다. 악순환이 반복되는 것이다.

후퇴

로니가 그녀와의 사이에서 난 아이를 사랑하게 될 것이라는 점에선 어쨌든 마르가레테의 판단이 옳았다. 그러나 마르가레테에 대한 심경의 변화는 없었다. 여전히 거의 관심을 두지 않았다. 마르가레테는 자신이 원하던 것, 로니가 이혼하고 자신과 결혼하는 것을 이루긴 했다. 그러나 뒤돌아선 그의 감정 때문에 그에게 품었던 그녀의 마음도 굳어버렸다. 처음엔 강렬하던 매력도 밋밋해졌다. 결국 로니는 전부인과 살았을 때와 다를 바 없이 마르가레테와 살았다, 섹스리스에 친밀감도 없이.

두 사람은 아이들 둔 부부들에게 전형적인 현상인 러브리스Loveless, 섹스리스Sexless 상황으로 빠져들었다. 엄마와 아빠가 각자 따로따로 아이와의 관계를 진전시키고 있다. 본격적으로 아이에게 편애를 얻으려고 애쓰며 저마다 경쟁한다. 그 결과 아이는 지나친 역할부담을 안고 있는 중간자 역할을 담당하게 된다.

당신이 내연녀이고 남편의 사랑을 얻기 위해 분투하고 있다면, 우리는 당신에게 이 싸움에 아이를 끌어들이지 말라는 경고를 아끼지 않겠다. 그 사이에서 태어난 아이는 부모의 내연관계를 지켜야 한다는 의무감 때문에 남자 혹은 여자로 성숙하고 성장하는 데 필요한 삶의 에너지를 빼앗기게 된다. 그뿐만이 아니다. 어머니와 아버지에게 연결된 어린아이 시절의 감정적 고리를 제때 풀고, 성인으로서의 감정적 결속으로 전환할 수 있는 건강한 힘까지도 결여되는 것이다.

우유부단한 자와
그들의 협연자

파트너 중 한쪽이 결단력이 약하거나 무의식적으로 결정 자체를 내리기 싫어하는 데서 불륜관계가 존속되는 경우가 대단히 많다. 당연한 이치이다. 프리드리히의 경우를 예를 들어보자. 그는 벌써 오래전부터 노라에게 마음을 고백하고 싶어 한다. 그녀는 똑똑하고 예쁜 데다 관심사도 그와 같다. 노라는 몇 년 전부터 프리드리히에게 맞는 사람은 어릴 적 친구인 그의 부인이 아니라 노라 자신이라는 것을 프리드리히가 인정하기를 고대하고 있다. 그러나 프리드리히는 그의 부인 게르다와의 평탄한 삶도 좋아한다. 어린 시절부터 처가 식구들을 잘 알고 지낸 데다 진짜로 좋아한다. 게르다는 그의 첫사랑이었고, 그와 소꿉놀이하며 함께 놀았던 사이다. 그런 그가 어떻게 노라를 택할 수 있겠는가?

"게르다는 내 인생의 일부입니다. 장모님, 장인어른, 그리고 아내의
형제자매들도 마찬가지죠. 아내가 없으면 내 삶은 송두리째 뽑혀버릴
겁니다." (프리드리히, 30)

선택의
고통

카린은 결혼할 때가 된 것 같다. 서른여덟 나이에 아이도 원한다. 하지만 언제? 누구랑 한단 말이지? 플로리안은 마음 같아선 당장 오늘이라도 그녀의 손을 잡고 가 혼인신고서라도 작성하고 싶은 심정이다. 카린은 믿음직하고 조용한 성품의 플로리안 곁에서 마침내 평화를 찾으며 가정을 세운다는 생각이 싫지 않다. 그러나 그녀는 독신 여성의 구속되지 않은 삶도 좋다. 결정하기가 여간 어렵지 않다. 플로리안의 입장도 어렵긴 매한가지다. 그는 벌써 몇 년 전부터 자신이 카린의 내연남이 된 것 같은 느낌을 지울 수 없다.

선택

알렉스는 마침내 너무나 힘들던 경제적 상황에서 벗어났다. 부인과 아이가 있으면 참 좋을 것 같다는 생각을 한다. 그러나 다른 한편에서 보면 그는 아직껏 자기 삶에서 이루어놓은 게 아무것도 없다. 지금 다시 좁은 울타리에 자신을 가둬야 하나? 나중에 하는 편이 더 낫지는 않을까? 아니면 아예 하지 않는 편은 어떨까?

에두아르트는 그의 아내 아그네스를 사랑한다. 아내와 함께 있으면 마음이 편하다. 아그네스는 그의 인생 한 부분을 차지한다. 그러나 에두아르트는 생기발랄하고 매혹적인 미하엘라도 사랑한다. 그녀는 그의 삶에 특별한 한 차원을 더한다. 아그네스와 함께했던 시간에 마침표를 찍고, 미하엘라와 새로운 인생을 시작해야 하나?

안 된다. 그래야 한다. 어쩌면 그래야 할 것도 같다.

우리는 날마다 무언가를 결정해야 한다. '여름휴가 때면 항상 가던 그 호텔로 다시 갈까? 아니면 어디 새로운 곳을 찾아볼까?', '연봉은 적지만 승진 기회가 큰 직장을 잡을 것인가? 아니면 발전 가능성은 없지만 엄청나게 급여가 좋은 직장을 택할 것인가?' 등등……

삼각관계에서의 선택은 특히 고통스러울 때가 많다. 무엇보다 중간에 서 있는 사람이 나머지 두 사람을 똑같이 사랑할 때 특히 그렇다.

"믿을 수 없을 정도로 그이에 대한 애착이 컸죠. 그러나 머릿속에선 '이건 최상이 아니야. 나한텐 이 친구보다 저 친구가 더 잘 맞아' 하는 음성이 들렸어요. 하지만 1년 동안이나 결정을 내리지 못했어요. 이따금 '휴, 사실은 이게 아닌데' 하며 소리 내어 말하기도 했지만, 그 말을 결정까지 끌고 가지 못했었죠." (한나, 34)

"대체 어떻게 그렇게 계속 갈피를 못 잡고 헤매는 여자를 참고 견디었는지 지금도 의문스럽기만 합니다. 그녀 때문에 다른 여자와 관계를 정리하기까지 했는데도 말이죠. 나는 정말로 그녀를 위해 자유로운 몸이 되고 싶었어요. 그녀와의 사이에서 커다란 희망을 확신했기 때문입니다. 그래서 나는 자유로운 몸이 되었는데, 공개적으로 내게 돌아온 건 아무것도 없었습니다. 그 상황을 참는 건 쉬운 일이 아니었습니다. 그러나 나는 우리 두 사람은 아주, 아주 위대한 사랑의 커플이 될 것 같은 마음이 들었죠. 그렇지 않았다면, 그런 굴욕적인 행동을 감수했을 리 있겠습니까? 그런데 막상 그 일에서 걸림돌이 된 건 그녀 자신이었습니다." (레오폴드, 44)

무엇이 그렇게 결정을 어렵게 하는가?

상반 감정의 병존

가장 어려운 경우는 바로 상반 감정의 병존에서 오는 태도다. 이런 태도는 서로 반대되는 두 가지를 다 강하게 바란 결과로써 발생한다. 예컨대 애인 때문에 아내를 떠나려고 하는 남자가 동시에 아내에게 어떠한 아픔도 주고 싶어 하지 않는 경우이다. 상반 감정 혹은 반대 감정이 병존하는 사람은 뷔리당Jean Buridan(14세기 프랑스 철학자)의 당나귀(완벽한 합리성이 때로는 가장 비합리적인 결과를 초래할 수 있음을 설명하기 위해 든 예화에서 유래했다)처럼 두 개의 건초 더미 사이에서 굶어 죽는 일을 겪게 된다.

한번 어떨지 생각해보라. 손 가운데 한쪽 손이 항상 다른 손과 반대로 움직인다면 말이다. 아마 전혀 앞으로 나아갈 수 없을 것이다. 결정하지 못하는 성격의 사람에게도 이런 일이 혹은 이와 비슷한 일이 일어난다. 어떤 결정이든 결정 때마다 번번이 반대 논거가 대두되기 때문이다.

미국의 신경과 의사 타마시오Tamasio는 이성적인 차원에선 아침에 차를 마셔야 할지 커피를 마셔야 할지 결정할 수 없다고 말한다. 어떤 음료수를 선택할 것인가의 문제에도 수없이 많은 찬성과 반대가 있다는 것이다. 실제로 우리는 겉보기에만 이성적으로 '우리 의지의 힘'을 결정할 뿐이다.

소망

우리가 내리는 대부분의 결정은 무의식중에 감정적으로 내리는 것들이다. 우리가 바라는 소망에 따른 결정이긴 하지만, 소망이라는 것이 항상 한 가지만 있으란 법은 없다. 우리에겐 많은 소망이 있다. 게다가 모두 같은 방향을 지향하는 것도 아니다. 애정 관계 앞에서 서로 모순된 소망들이 마주치면, 즉각적으로 이성적 차원에서 모순되지만 똑같이 중요한 논거가 서로 충돌할 때와 똑같은 상황이 벌어진다. 그로 말미암아 결정이 불가능해진다.

의심

상반 감정의 병존은 의심하고 망설이는 행동 양태로 드러난다. 근본 원인은 어릴 적 주변인들과의 관계에서 경험한 사랑과 증오처럼 대부분 극단적으로 상반되는 감정에 뿌리를 박고 있다. 예를 들어 아이를 양육시킬 때 한쪽 부모가 자신에 대해 아이가 심한 공격성을 키우도록 처신한다면, 이 적대감 어린 충동은 그 한쪽 부모에 대해 갖는 사랑의 감정과 갈등을 빚게 되는 것이다.

무인 지대

훗날 어른이 되었을 때 이런 상반 감정의 대립은 특히 헤어져야 하는 상황에서 두드러지게 나타난다. 심지어 이별이 현실로 다가온 시점에서도 다른 사람에게 아픔을 주게 될 것이라는 죄책감 때문에 실제로 헤어질 수 없게 된다.

> "그녀에게 그렇게 할 수는 없습니다. 진작부터 그녀는 성의 없는 애인이었고, 주부로서도 자격 미달이라고 수천 번도 더 되뇌었죠. 하지만 그녀에게도 좋은 면은 있지요. 그녀의 마음을 그렇게 아프게 한다면, 내 가슴이 찢어지고 말 겁니다. 그녀가 떠나고 싶어 한다면, 좋죠. 그러나 나는 그녀의 목을 조르는 그런 사람은 될 수 없습니다."(테오, 51)

상반 감정의 대립과 관련된 많은 사례를 보면 새로운 사랑의 기회를 붙잡기 위해 결정을 내려야 할 당사자가 옛날 파트너를 버리지도 못하고, 그러면서 그 옛 파트너에게 돌아가지도 못하는 것을 본다. 그럴 경우 생활이 두 경계선 사이에 있는 일종의 '무인 지대'처럼 된다. 많은 경우 이와 같은 관계의 무승부 상태가 수년간 지속되기도 한다.

희망

내연관계에서는 상대방의 상반된 감정을 감안하여 결정을 내리는 것이 특히나 더 어렵다. 떠나리라 마음을 다짐할 때마다 상대는 기다림을 끝내게 해주겠다고 약속한다.

"끝났다고 생각하고 '이젠 정말로 끝이야. 지금부터는 절대로 만나지 말아요, 우리'라고 말할 때마다 그는 갑작스럽게 '언제까지만' 하는 식의 기한을 나열하곤 합니다. 아들이 학교를 졸업하면 자신은 자유의 몸이 된다거나, 딸이 열네 살이 되면 부인이 다시 직장을 잡을 것이고 그땐 이혼할 수 있을 거라는 식으로 말이죠. 해외 근무 발령을 받게 되는데, 부인과 허심탄회하게 이야기하고 결말을 짓고 싶다나요. 헤어지자는 마당에 나한테 약속하지 못할 게 뭐 있겠어요?"(게르트라우트, 43)

어떤 식으로든 사랑하는 사람에 대한 희망의 불씨가 남아 있는 한, 그 사람과 헤어지는 건 쉽지 않다. 머리가 제아무리 "이 관계는 전망 없는 관계야"라고 말해도 가슴이 제 뜻을 밀어붙이기 때문이다.

뇌의 신진대사

신경생물학 연구는 뇌의 신진대사를 통해서도 상반 감정의 병존을 확인할 수 있음을 밝혀냈다. 결정에 힘을 실어주는 물질로 뇌의 신진대사 전달물질인 세로토닌Serotonin과 도파민이 있다. '당신을 증오해, 그래도 나를 떠나지 말아줘!'와 같은 내면적인 상반 감정의 부대낌에서 자주 발생하는 우울증으로 말미암아 이 전달 물질의 균형 상태에 변화가 발생하는 것.

그런가 하면 열애 중일 때도 결정 능력이 저하된다. 말 그대로 사람들은 '머리를(이성을) 잃게 되면', 특히나 비합리적인 결정을 내리기 쉽다. 이때 내린 결정을 두고 하늘의 힘이라든가, 로맨틱에 따른 결정으로 보아서는 안 된다. 한마디로 말해 그것은 뇌의 화학 반응을 통해 설명될 수 있다. 요컨대 도파민이 과다하게 배출되면 신중히 생각하고 미래를 고려하는 태도 등은 절대로 취할 수 없다.

사랑의 킬러,
단조로운 일상의 반복

엘리사와 벤야민은 서로의 선택이 잘못된 건 아닌지 의심스
럽다. 그들이 처한 위기 상황을 보자.

벤야민은 엘리사에게 "이젠 제발 줄줄이 불평불만을 늘어놓는
행동 좀 그만뒀으면 좋겠어"라고 말한다. 엘리사가 말한다. "나는
불평하는 것이 아니라 사랑 표시를 해주길 애원하는 것뿐이야"라
고. "도대체 무슨 표시가 더 필요한 거냐고, 내가 당신을 사랑한다
는 걸 당신도 알고 있지 않아?"라고 그가 말한다. 그녀가 말한다.
"당신이 그런 표시를 해주지 않으면 당신이 나를 사랑하는 건지
아닌지 잘 모르겠어"라고……

비난

벤야민이 신경질을 내며 묻는다.

"그런데 내가 뭘 잘못했는데? 나한테 무슨 신호라고 보낸 적 있
어? 당신, 나한테 흥분해서 적극적으로 나온 때가 마지막으로 언
제였는지 알아? 당신이 먼저 '어서, 침대로 가자'고 이야기해본 적

있어? 죽을 때까지 그런 일은 없을 거야."

엘리사가 반박한다.

"그건 당신한테 달려 있지. 예전에 당신하고 나는 몇 시간이고 이야기를 나눴었잖아. 그때 당신은 항상 나를 사랑한다는 표시를 해주었다고. 그런 사랑 표시가 없으면 당신이 좋아할 만큼 달아오를 수 없어, 나는!"

벤야민이 소리친다.

"그만해! 더 이상은 못 참겠어!"

엘리사가 울면서 말한다.

"나도 그래!"

환상

두 사람은 둘이 함께한 아름다운 사랑의 세계를 배반했다며 서로에게 비난의 화살을 돌린다. 상대방이 옛 모습 그대로 있지 않는 것이 두 사람 모두 실망스럽기만 하다. 서로 '현재 있는 모습 그대로 있어주길' 그토록 간절히 소망했었는데……. 변하지 않고 그대로 있는 것이 도대체 가능한 일일까? 답은 '가능하지 않다'이다.

간단히 설명해보자면, 열애에 빠지면 남자는 일시적이지만 여자로, 여자는 반대로 남자로 변화된다. 남자는 완전히 상대 여성의 욕구에 따라서 입장을 취한다. 키스할 때는 부드럽게, 애무할 때는 인내심을 발휘하여 여자의 온몸을 애무한다. 배꼽 부위만 훑다가 아래로 내려가는 것이 아니라 머리끝부터 발끝까지 온몸을! 더군다나 상대 여성에게 마음을 열고, 대치 상황을 피한다. 원래 그는 매혹적인 여성이다. 그 여성성이 그의 매력적인 총체적 남성성을 뒤로 밀치고 앞으로 나온 것이다.

여성에게도 똑같은 변화가 일어난다. 섹스할 때면 적극적이 되고, 시작도 계속해서 먼저 주도하고 실험적인 체위에 대한 욕구도 왕성하다. 원래 그녀는 매력적인 남성이다. 그 남성성이 그녀의 매력적인 총체적 여성성을 뒤로 밀치고 앞으로 나온 것이다.

두 사람이 원래 어떤 상태에 있었는지 분명해졌다면, 이제 그들의 실망이 이해되지 않는가? 두 사람은 완전히 보통 여자, 보통 남자인 것이다!

예외 상황

우리의 자체 평가 결과에서도 그랬지만, 피사대학교의 연구에 따르면 연애 초기 커플들의 태도는 원래 병에 걸린 상태와 같단다. 강박성신경증 환자에게서 이제 막 사랑에 빠진 연인들과 비슷한 두뇌 신진대사를 발견할 수 있다는 것. 갓 사랑에 빠진 연인에게선 세로토닌의 균형이 이루어지지 않는다. 과잉으로 넘쳐나던 두 사람의 감정이 누그러지면 그 즉시 세로토닌 수치는 당연히 다시 정상으로 돌아오게 된다.

심리학적으로 이 상황은 이렇게 해석할 수 있다. 사랑에 빠진 상태는 호르몬의 흐름에서 예외 상황으로 환경과 교육을 통해 억눌려 있던 여성 또는 남성 호르몬이 단기적으로 활성화되는 것이라고. 임신 초기 몇 주 동안은 여자아이든 남자아이든 모든 태아는 양성 상태로 머무른다. 그 초기 몇 주가 지나야 비로소 성별의 우위가 정해지는 것이다. 따라서 뜨거운 사랑의 열기는 단기간 여성을 남성으로, 남성을 여성으로 만든다.

시금석

'어쩌면 내가 파트너를 잘못 선택한 건 아닐까?'

이런 두려운 마음이 드는 단계가 사랑의 시금석이 될 때가 종종 있다. 그 단계에 틀에 박힌 되풀이되는 파괴적인 일상과 예사롭지 않은 제3의 인물까지 더해진다면, 위험이 임박한 것! 특히 환멸감을 극복하기 위해 능동적으로 대처하지 않을 경우엔 더욱 그렇다.

애정관계에서 일상보다 더 치명적인 것은 없다. 잠자리에서 일어나 양치질하고 아침 식사를 한 뒤 화장실에 간다. 빽빽거리며 우는 아이를 달래어 옷을 입히고, 유치원이나 학교에 보내고, 일터로 간다. 직장에서 업무상의 스트레스를 견디며 일한다. 아이를 데려오는 길에 장을 본다. 음식을 하고, 식사하고, 대충 정리를 끝낸 뒤엔 집 안 청소를 한다. 빨래를 걷어 다림질을 마치고 나면 아이를 재워야 한다. TV를 보다가 잠이 든다. 그다음엔 굿나잇!

로맨틱

이것이 언제나 꿈꾸어왔던 위대한 사랑이란 말인가? 브루스 윌리스라면 화장실에서 일을 볼 때 향기를 풍길까? 제아무리 페넬로페 크루스라고 하지만, '쌩얼'로 나타난 그녀에게 여전히 섹시

아이돌을 부르짖으며 벌 떼처럼 사람들이 모여들까? 솔직히 말해 보자. 위대하고 로맨틱한 열애와 일상의 삶은 결합될 수 없다고. 그러나 사랑하는 모든 연인은 미래에 관해 꿈꿀 때 당연히 모든 것이 사랑하는 '오늘', 현재 순간처럼 계속될 것이라는 전제하에 출발한다. 영원한 사랑과 상대방에 대한 정절을 맹세할 때 이들은 진지하다. 자신들의 행복한 사랑을 손상시킬 건 아무것도 없다고 철통같이 믿는다.

그러나 일상의 연자방아는 위대한 사랑 앞에서도 멈추는 법이 없다. 우선 사랑하는 두 사람은 자기 입장에서만 상대를 바라본다. 그리고 나면 상대방이 더 이상 예전의 '그' 혹은 '그녀'가 아니라는 까칠한 감정이 늘어간다. 모험과 생동감에 대한 동경심이 점점 더 커진다. 그리고 나면, 현재의 부부관계에서 아쉬움을 느끼는 부분을 해소하고자 하는 기대와 바람 그리고 아마 한동안은 그 부분을 해소해주기도 한 내연관계였지만 그 관계는 더 이상 진전되지 않을 것이다.

깨어진
환상

이토록 많은 약점과 유혹, 유전적으로 정해진 '결정 사항'들을 보면, 도대체 행복한 커플이 세상에 있기는 한 건지 궁금해진다. 그렇지 않다면 행복하게 사랑하는 사람들은 영화나 잡지 속에서나 만날 수 있는 중간계의 존재들이란 말인가?

진정하시라, 행복한 커플들은 있으니까. 세월이 흘러도 두 사람이 서로 행복하게 지낼 수 있다. 물론 '행복한' 파트너관계도 습관과 상투적인 면이 점점 더 두 사람의 일상을 규정하게 된다는 점은 솔직히 인정해야 할 수밖에 없다. 그러나 행복한 부부들은 처음 만났을 때 고조되던 감정과 열정을 많이 유지하는 것으로 보인다. 반면 불행한 부부들에게선 생동감을 불어넣는 이런 경험들이 퇴색된 것을 볼 수 있다. 어쩌면 처음부터 그 색깔이 너무 약했기 때문일 수도 있다.

외도나 병렬관계로부터 부부관계를 보호하는 방법으로 개개인이 주관적으로 체험한 행복감과 만족감만큼 좋은 약은 없다. 둘의 관계가 정열적으로 시작될수록 위기를 견디어내고 관계를 지속할 기회는 그만큼 더 많다.

감각
〈뉴욕타임즈〉의 한 촌평을 인용해보겠다.

'오늘날 우리는 남성의 가장 중요한 성기는 남성의 손가락이라는 걸 알고 있다. 여성의 가장 중요한 성기는 여성의 입이라는 것도 안다. 남자가 손가락으로 프랄랭(프랑스·독일·스위스에서 일컫는 초콜릿 과자의 총칭)을 집어 여자에게 먹여준다. 그러면 여자는 그가 얼마나 멋진지 입으로 말한다.'

열기와 습관과 탐심에서 벗어난 소프트한 에로틱이 사랑을 안정적으로 만들 수 있다는 비전에 이끌려 많은 사람이, 간혹 아주 어린 커플들까지 섹스리스 커플로 지내는 경우가 있다. 그들은 한때 육체적으로 서로 가까이했다가 두 사람 모두 본능적 욕망에는 신경 쓸 필요가 없다고 확신한다. 그들은 말한다.
"우리는 행복에 푹 잠겨 있죠. 앞으로도 항상 이렇게 지낼 겁니다."

착오
변화는 종종 소리 없이 시작된다. 서로 도움을 주던 사이가 변하여 이기주의가 되고, 인정해주던 사이가 평가절하하는 사이로, 마음에 들려고 애쓰던 사이가 무심한 사이로 변한다. 서로 이름을 부르며 말을 건네는 횟수가 점점 더 뜸해지고 키스 대신 가벼운 입맞춤만 있을 뿐이다. 부부가 여전히 공동으로 아는 사람들이 있고, 공동으로 자녀 양육에 힘쓰는 등 다른 차원의 친밀도에 있어 아직 변화가 없다고 해도, 여성의 약 36.8%가 그리고 남성의 약 58.6%가 성적 친밀감을 잃어간다고 한다. 이런 친밀감의 상실을 과소평가하는 착오를 범해서는 안 된다!

화해 의지

커플의 성향에 따라 애정생활에 비중을 두는 부분이 다른 건 당연하다. 무엇보다 섹스에 비중을 두는 파트너관계가 있는가 하면, 자녀 양육 과제의 공동 수행에 비중을 두는 관계도 있고, 또 심오한 지적 나눔이 특징적인 관계도 있다. 그러나 에로틱한 면에서도 서로 결속되어 있느냐는 별개의 성질을 가진 문제다.

활발한 섹스는 커플 개개인의 자부심과 '우리'의 의식을 강화한다. 부부 심리치료를 하면서 계속 경험하는 것은 아직 잠자리를 함께하거나 다시 잠자리를 함께하는 부부들은 성적으로 소원한 부부들에 비해 눈에 띄게 화해 의지가 강하다는 것이다.

적어도 가끔씩이라도 육체적인 사랑을 나눌 것, 혀로 하는 깊은 키스를 할 것, 그리고 파트너의 맨몸을 만지고 느낄 것. 이것이 유혹과 그늘진 애정관계를 비교적 힘들이지 않고 물리칠 수 있는 비결이다.

냉담

내연관계 중에는 '밖에서' 너무 뜨거워서가 아니라, 대부분 '안에서' 너무 차가운 것이 발판이 되어 견고해지는 관계가 매우 많다. 가정생활이 원만하지 않을 때, 상대방을 소홀히 대했던 쪽은 성적으로 갈급함을 느끼던 파트너가 제3의 인물에게 받는 위로에 마음이 약해져도 원래 그것에 놀라면 안 되는 거다.

> "우리는 기껏해야 서너 달에 한 번씩 잠자리를 가졌죠. 아내는 섹스 욕구가 '제로'였습니다. 나에 대해서든 섹스에 대해서든 도무지 생각이 없었지요. 나는 진즉부터 생각이 있었죠, 그것도 자주 말입니다. 또 매일 계속 시도도 해보았고요. 그러나 성공한 적은 한 번도 없었지요. 그러다가 마누엘라를 만났습니다. 그녀는 내가 아직도 남자라는 걸 느끼게 해주었지요. 하지만 마누엘라가 얼마나 오랫동안 이 상황을 견디고, 또 그럴 의지가 있는지는 나도 모르겠어요." (발터, 50)

20년 세월이 지난 뒤에도 부부가 여전히 매주 한 번씩 육체의 옷을 벗고, 또 매번 기절할 정도로 여러 번 오르가슴에 올라야 한다는 건 바보 같은 생각이다. 그러나 우리가 갖고 있는 자료들은 섹스의 막대한 힘을 여실히 보여준다. 세월이 지나도 그 파워가 여전하다는 것도.

시작

다니엘라와 페터는 서로를 신처럼 떠받들었다. 그녀는 그가 섹시하고 똑똑하기로 둘째가라면 서러운 사람이라고 생각했고, 그는 그녀가 지상에서 가장 교양 있고 육감적인 여자라고 믿어 의심치 않았다. 두 사람은 서로 미친 듯이 사랑했다고 말해도 과언이 아닐 정도다.

"우리가 결혼하려고 한다고 하자, 친구들과 양가 가족들의 반응은 모두 회의적이었죠. 이렇게 다른 사람 둘이? 나는 운동과는 거리가 먼 사람이고, 페터는 열정적으로 움직이는 타입이죠. 또 나는 채식주의자에 잠이 많은 데 비해, 그는 호랑이와 같은 육식 애호가에다 일찍 일어나는 새벽형이거든요. '그런데 잘될 리가 있겠어?'라고 다들 말했죠. 하지만 지금까지 아주 잘 지내고 있답니다." (다니엘라, 39)

리아네와 오토의 경우엔 좀 다르게 시작되었다. 그들도 살짝 사랑에 빠지기는 했었다. 그러나 다른 커플과 비교해볼 때 둘은 유행가와 베토벤의 9번 교향곡처럼 차이가 났다. 그럼에도 리아네와 오토는 결혼을 원했다. 그런데 둘이 너무 잘 맞는 것이었다! 그들은 공통의 관심사를 가졌고, 직업적으로도 서로 겹치는 부분이 많았다. 게다가 둘 다 가정을 꾸밀 생각을 하는 그런 연령대였다. 그런데 결혼하지 않을 이유가 있겠는가? 부모와 친구들의 반응은 열광적이었다.

어떤 부부에게 행복하게 살 기회가 더 많이 주어질 거라고 생각하는가? 아마 지금 '이성적인 결혼이 가장 좋은 연애 결혼'이라는 격언을 떠올리는 사람이 있을 것이다. 분명히 그렇긴 하다. 그러나 최근의 인식에 따르면, 그것도 옳지는 않다.

빅뱅

100명의 커플을 대상으로 여러 해에 걸쳐 조사한 결과, 미국의한 연구진은 다음과 사실을 밝혀냈다. 처음 시작 단계에서의 열정이 강할수록 파트너들의 적응력Adaptive Fitness(변화와 위기에 대응하는 유연성)도 그만큼 더 높아진다는 것이다. 관계의 초기에 전무후무하게 엄청난 성적, 감정적 열정이 없었던 경우에 헤어질 위험도는 그만큼 커지는 것이다.

따라서 불륜의 위기가 닥쳐올 때 연애 초기 열렬히 사랑한 커플일수록 그만큼 더 빠르게 위기를 극복할 수 있다. 누구든 거의다 위기를 겪게 마련이다. 그러나 이런 커플은 그 기간이 오래가지 않는다. 곧 더욱 많은 보호와 보살핌, 인정과 생활 공간에 대한오래되고 채워지지 않은 어린이의 열망이 눈을 뜨게 된다.

탈출구

처음엔 이 옛날 유년기 시절의 결핍을 알아차릴 수 없다. 하지만 그것을 인식하면 결핍을 채우기 위해 집요하게 애걸하고 투쟁하며 잘못된 수단을 동원한다. 예컨대 더욱 강한 애정을 원하면서도 불평불만을 늘어놓는다. 가까이 있기를 갈망하면서도 반응은 공격적이다. 그런 곤혹스러운 상황 속에서 관계가 좋아질 리없다. 어쨌든 그 유명한 빅뱅이 터지고 난 뒤, 파트너들은 서로 상대방의 욕구와 소망에 자신을 맞추고 그것들을 다소 충족시킬 정도로 변화 능력을 갖춘다.

하지만 처음부터 둘의 관계가 뜨겁지도 차지도 않았다면, 둘은 갈라서는 것이다. 아니면 각자 허전함을 달래기 위해 일이나 운동, 친구들, 아이들 혹은 정사 등등 자기 자신만의 '탈출구'를 찾을 수도 있을 것이다. 그러나 이것은 겉으로 보기에만 좋은 해결책에 불과할 때가 많다.

그와 그녀 그리고 그녀.

그녀와 그 그리고 그.

취한 감정에서 벗어나는 순간이 찾아오는 것은 피할 수 없다. 그늘진 불륜의 사랑에 엮인 사람은 모두 그 각성의 순간을 맞아 불륜의 제국을 떠나느니 아무 행동도 하지 않는 편을 택할지도 모른다.

'어떻게 그것을 해낼 것인가?'가 문제일 뿐!

이성과 감성이
공존하는 생활구조

당신은 어려운 삶의 상황에 처해 있다. 불과 얼마 전에 그런 곤경에 빠지게 되었을 수도 있고, 어쩌면 그 부담스러운 상태가 벌써 오래전부터 혹은 오래되어도 심히 오래전부터 이어지는 중일지도 모르겠다. 아무래도 상관없다. 어쨌든 당신은 해결책을 원할 것이다. 가능한 한 빠르고 깨끗한 해결책을!

모색

일상생활에서 오는 어려움은 외부의 도움 없이도 대체로 잘 해결할 수 있다. 그러나 삼각관계에서 발생하는 부담은 종종 감당할 한도를 넘어설 때가 있다. 이러한 불행하고 불만족스러운 상태에선 누구든지 다른 사람의 조언과 도움을 바라게 된다. 그래서 인터넷을 샅샅이 뒤지기도 하고, 친구나 가족에게 속마음을 털어놓기도 한다. 한편으론 인생의 도움을 약속하는 책을 뒤적이며 해답을 구하기도 한다. 필사적으로 문제에 대한 해결책을 찾거나 외부로부터 도움을 구하다 보면, 운신의 폭이 좀 더 넓어지게 마런이다.

발생사

이 책을 통해서도 삼각관계에 엮여 들어간 사람들이 도움을 구할 수 있길 바란다. 이 책은 난공불락의 진리를 기록한 책이 아니라, 살면서 어떤 경험이 그리고 현재의 어떤 사건이 원인이 되어서 결단력이나 확고한 방향성 혹은 안정성의 결핍이 초래될 수 있는지를 요약, 기술한 책이다. 여기서 제시하는 것은 복잡한 갈등을 손바닥 뒤집듯 손쉽게 해결할 수 있는 '특허 기술'이 아니다. 이 책을 쓴 우리는 정신과 의사요 심리치료사로서 어떤 문제든지 생물학적이고 심리학적인 핵심 부분 외에 문제의 근간에는 환경의 영향도 배제할 수 없다는 것을 매우 잘 알고 있다.

우리는 인간을 생물학적이고 심리사회적 영향의 '결과물'로 이해한다. 주관적으로 부담을 주는 확실한 어떤 양상들은 변화시킬 가능성을 믿긴 하지만, 동시에 우리는 개별적 문제에 일반화된 조리법을 적용시킬 수도, 적용해서도 안 된다는 점에선 확고부동하다. 이 책은 따라서 임상치료 중에 경험한 일들이 기술되었을 뿐이다. 독자들에게 무엇이 옳고, 무엇이 그른지 알게 하려는 것과는 거리가 멀다.

전문가

어쨌든 대부분의 사람은 자신이 무엇을 '해야 했었는지' 알고 있다. 누구든지 자기 자신에 관한 한 최상의 전문가이다. 비만인 사람은 자기가 더 적게 '먹었어야 했다'는 걸 아주 정확하게 알고 있다. 흡연가는 담배를 '끊었더라면' 더 좋았다는 것을 알고 있다. 멸시당해본 여성은 자신이 그 굴욕적 관계에 연연해하지 '말아야 했다'는 걸 알고 있다. 이용당할 대로 당해본 남자는 자신이 그 이기적인 상대 여성에게서 '빠져나왔어야 했다'는 걸 알고 있다.

문제의 근본적인 원인은 바로 거의 모든 사람이 이 '했어야 마땅한 것'을 따르지 못한다는 데 있다. '이성'이 올바른 조치는 이것이라고 말해줘도 '가슴'이 현명한 행동을 방해할 때가 너무나 자주 있다.

내연의 여성들은 연인에게서 무수히 많은 공허한 약속을 듣고 나면, 그가 절대로 자기 부인을 버리지 않을 거라는 걸 이성적으로 철저하게 인식하게 된다. 그럼에도 감정적으로 그에게서 벗어나지 못한다. 불행한 사랑을 놓지 못하는 이 여인들에게 "그에게 최종시한을 제시하세요. 그때까지 아내 곁을 떠나지 않으면 그와 헤어지세요" 하는 충고가 무슨 소용 있겠는가? 이들의 문제는 바로 이 충고대로 행동하는 것이 옳을 거라고 확신하면서도 왜 자신이 그렇게 하지 못하고 번번이 실패하는지 그 이유를 알지 못한다는 데 있다.

장점

피상적으로 보면 사람들이 삼각관계를 맺는 충분한 이유가 있다. 그러나 심층적으로 자료를 분석해 들어갈수록 분명해지는 것이 있다. 제아무리 불만족스러운 관계라고 해도 그 고통스러운 결합을 통해 충족되는 무의식적 바람들이 그 관계에 어김없이 관여하고 있더라는 것이다. 앞서 제시한 많은 예화를 보면서 의식적 혹은 무의식적인 장점을 취하지 못하면, 장기적으로 삼각관계를 맺을 사람이 하나도 없다는 사실을 환히 알게 되었을 것이다. 여기엔 사람들이 의식적으로 원하는 것만 항상 해당되지는 않는다. 의식적으로 원하는 것에 미뤄 짐작해볼 수 있는 건설적인 행동을 방해하는 무의식적인 충동이 맞선다. 이것이 불륜의 사랑을 그렇게 역설적이고 복잡다단한 관계로 만드는 거다.

희망적 예측

따라서 이 책의 1차적인 관심사는 불륜의 사랑에 토대가 되는 무의식적 동기들에 관해 독자들이 잘 알도록 하는 것이다. 삼각관계에 갇혀 있다고 느끼는 사람은 누구든지 자신의 감정이 본인이 원하는 대로 될 거라는 희망적 예측과 현실에 대한 인정 사이의 긴장 지대에서 나온다는 것을 똑똑히 알아야 한다. 성장하기 위해선 바라는 대로 이뤄질 것이라는 희망적 예측, 그리고 그 희망과 결합되어 있는 방어기제에 대한 포기가 필요하다.

각성

이러한 포기가 고통스럽고, 오늘내일 중에 이루어질 성질의 것이 아니라는 건 분명하다. 그 과정은 여러 해가 걸릴 수도 있고, 심한 경우 간혹 평생에 걸쳐 지속될 수도 있다. 그러나 불륜관계나 내연녀 혹은 내연남의 처지에서 벗어나고자 한다면, 이 광범위한 각성의 과정을 반드시 거쳐야 한다.

유감스럽게도 일이 터지게 하려면 원하는 것만으로는 부족하다. 져주는 게 이기는 것이다. 희망적 관측의 포기는 어린아이의 의존성, 거부, 부자유를 누르고 승리하는 것이다.

희망

물론 바라는 대로 다 이뤄지리라고 예측하는 데는 착각이나 두려움, 개인의 욕심을 탐하는 이기적 마음, 죄, 감사, 희망처럼 다 '그만한' 이유가 있게 마련이다. 어디에 삶의 비중을 두느냐에 따라 그 이유의 비중도 달라질 거라는 것은 두말할 나위 없다. 하지만 희망이 현실 부정과 맞물리는 즉시 그것은 자업자득의 결과만 초래한다. 다름 아닌 불륜의 영역이야말로 불륜에 빠진 당사자들이 현실을 인정해야 하는 고통스러운 과정과 정면 대결하는 것이 결정적으로 중요한 영역이기 때문이다.

현실을 무시한 채 희망을 불태우지만 그 희망을 실현할 수 없어 괴로워할 때, 기존의 해법들은 당사자들을 심적으로 더욱더 깊은 나락으로 떨어지게 하는 효과가 있다. 침울해하는 사람에게 "긍정적으로 생각해보라" 하는 권유를 하면, 그는 이 '충고'를 이해하지도 못할 뿐 아니라 제대로 한 대 얻어맞은 것 같은 느낌을 받는다. 이러한 이유에서도 이 책에선 의미 없는 자명한 이치에 대한 거론을 포기했다.

지침

정신분석학적 이론과 행동장애치료 심리요법 이론 및 우리 연구팀의 임상 경험에 출발점을 두고 우리는 다음과 같은 점에 주력하고자 했다.

- 불륜 사랑의 심리적인 배경을 정서적으로 접근하게 한다.
- '최소한의 개입'을 원칙으로 읽는 이로 하여금 자신의 힘과 통찰력과 책임감을 통해 스스로 자율성을 되찾게 하는 정보들을 전달한다.
- 짧은 예화와 그 사례 연구 및 심리학적 분석을 통해 각자의 인생이 안고 있는 본래 문제를 한 번쯤은 정의하도록 돕는다.
- 주관적으로 만족감을 갖게 하는 생애 감정을 다시 갖기 위해 꼭 필요한 변화와 개선의 방향으로 나아갈 수 있도록 단초를 제시한다.
- 문제의 총체적인 배경을 고려할 때 나타날 함정들을 주의하도록 한다.
- 그리고 꽁꽁 얼어붙은 상황에 있는 사람을 이끌어내 다시 활동할 수 있게 하는 것으로 이미 입증된 조처들을 최소한으로 요약하여 알려준다.

자율성

예를 들어 관계에서 벗어날 수 있는 중요한 해방 조처인 자신

감의 증대에 관해 언급할 때, 그와 관련하여 긴 설명을 지양한다
는 것이다. 자신감을 강화하고 흔들리지 않게 하려면, 스스로 자
기주장 트레이닝을 하거나 치료받아야 한다.

스트레스 예방이나 걱정 근심 다스리기 등 결정을 돕기 위해
나열된 조처들 역시 '황금'을 만드는 마술쇼 트릭이 아니다. 그건
자신의 문제를 스스로 극복하는 능력을 길러줄, 입증된 행동치료
의 초석들이다.

이별

지금까지 이야기한 모든 내용은 물론이고 다음에 이어질 실천
부분에서도 원칙적으로 다음과 같은 점이 중요하게 다루어진다.
즉 상황을 극복할 여러 가능성을 지침으로 하여 결정의 자유와
자기책임을 극대화하고, 이로써 개인이 자기 삶의 행복에 필요한
자율성을 획득하도록 하는 것이다.

삼각관계에서 중요한 것은 그 관계가 끝나느냐 아니냐가 아니라,
그 관계가 과연 끝날 수 있는지 여부다. 이 사실을 무시한 채 많은
사람이 예를 들면 "그이에게(그녀에게) 아직 시간을 줘야 해요" 하며
상대 파트너에 대한 종속성을 합리화한다. 내면적으로 이별할 수
없는 사람들에게는 이별을 감행할 시점은 절대 오지 않는다.

인정

위대한 사랑을 포기하는 것은 죽음에 비유할 수 있다. 죽는 걸
흔쾌히 여기는 사람이 누가 있겠는가. 그러나 삶은 우리에게 죽고

싶은지 어떤지 묻지 않는다. 인간 고유의 한계성, 자기 고유의 소망과 가능성의 한계를 인정할 때 비로소 인간은 내면적으로 자유로워진다.

이 책을 읽으며 이런 문제들에 민감해질 수 있다면, 독자 여러분이나 책을 쓴 우리나 제대로 목표에 도달한 것이다.

제6장

불륜 청산을
어렵게 하는
10가지 함정

이번 실천의 장에서는 '애인들'을 다룬다. 여기 그늘진 애정관계에 있는 여성들은 내연녀뿐만 아니라 배신의 그늘 속에 서 있는 부인도 포함된다. 본부인이라도 삼각구도의 애정관계에 끼어 있으면, 심리학적 내용과 설명 대상에 들어올 수 있는 것이다.

'10가지 함정'과 더불어 '10가지 조처들'에서도 원칙적으로 중요하게 다루는 것은 그늘에 서 있는 사람들이다. 남성의 경우 장기적인 내연관계를 참고 견디는 경우가 드물기에 남성을 목표로 하지는 않았다.

평판

내연녀에 대한 평판은 좋지 않다. 부부 사이를 깨뜨리고, 아이들을 불행하게 만들며, 방종하고 탐욕적인 애인 자리를 누리는 젊은 사랑의 여신으로 생각한다.

그러나 사실상 내연녀로서 살아가는 삶은 지극히 부담스럽기만 하다. 이러한 처지에 놓인 여성 대부분이 몇 달쯤 관계가 지속되면, '이 그늘에서 벗어나야 해'라고 느낀다. 내연남의 경우, 이럴 때 자기 쪽에서 관계를 정리하는 경우가 아주 많다. 반면 여성들은 몇 년 동안이나 끄는 불만족스러운 내연관계로 빠져들게 된다.

관계에서 벗어나려 해보지만 실패하고 만다. 심리학적인 면과 태생학적인 면이 서로 톱니바퀴처럼 완벽하게 맞물려 빠져나오기 힘든 함정이 되기 때문이다.

첫 번째 함정
: 희망

"끝을 내고, 또 내도 우리의 관계는 절대 끝나지 않았죠. 관계가 깨질 때마다 나는 다시 한번 잘될 거라는 희망을 놓지 않았던 겁니다."
(페트라, 50)

"아직 싸울 수 있는 동안은 계속 희망을 붙잡는 게 사람 심리지요. 남자가 자신에게 열광할 수 있도록 많은 방법을 궁리해내죠. 아픔을 주는 견해들이 귀에 들어올 리 만무합니다. 남자가 뭔가를 말하면, 그것을 어떻게든 자기에게 유리한 쪽으로 해석합니다. 거기에 곧 모든 것을 보강하고 솜씨 좋게 포장하는 거죠." (카롤라, 41)

"원래 그녀가 사랑하는 사람은 남편이라고 말했는데도 우리는 계속 만남을 이어갔습니다. 나는 그녀를 얻기 위해 고군분투했습니다. 나는 계속 우리가 함께 만날 수 있는 기회를 보았지요. 지금 생각해보면 이해하기 힘든 행동이었지만, 당시 나는 우리 사이가 잘될 거라는 것에 추호의 의심도 없었으니까요. 그녀는 내 기분을 돋워주는 것도 참

잘했습니다. 나는 완전히 처져 있다가도 언제 그랬냐 싶게 빨리 최상의 기분이 되곤 했지요. 다른 남자가 있다는 걸 알면서도, 그녀가 다시 내 마음을 감동시켰다는 사실에 언제나 희망에 잠겼었습니다." (지기, 23)

"나는 그를 놓아줄 수 없었어요. 그리고 내 소망도 내려놓을 수 없었지요. 한참 전부터 그이가 나에게 싫증을 느끼고 있다는 걸 염두에 두고서도 항상 '내가 그 사람을 별로 유혹하지 않은 거야', '감탄할 만한 일을 너무 하지 않은 거야' 하는 식으로 결론 내리곤 했죠. 나와의 관계가 3년이 지나자 그이는 어딘가 모르게 전부인과 그랬던 것처럼 밋밋한 느낌이 들었나 봐요. 두 번 다시 그렇게 살고 싶지 않았던 거죠. 분명하진 않았지만, 그럴 거라는 느낌이 들었어요. 하지만 나는 내 행복에 대한 희망을 포기하고 싶지도, 포기할 수도 없었어요." (반야, 36)

"혼자 있을 때면, 우리가 완벽하게 행복하게 사는 그림을 그리곤 했죠. 그 그림 속에서 그는 나를 받들어주는 남편이었죠. 교외에 있는 작은 집에서 살면서 나는 장미를 가꾸고, 요리도 했지요. 고양이 한 마리에 귀여운 아이 둘을 둔 엄마이기도 했고요." (울리, 47)

예외적인 '행복해하는 애인'들에 이르기까지 내연녀 대부분은 연인과 함께하는 일상이, 그러니까 바로 그들의 내연관계가 호의적으로 대접받는 상태를 동경한다. 특히 그런 동경은 다음과 같은 희망의 발현인 것이다.

"그래도 그이는 아마 내 곁에 머무르겠지? 좋은 시간, 힘든 시간 모두 거치고 나면 아마 언젠가는 나도 손가락에 마술 반지를 끼게 되겠지?"

희망의 함정은 특히 속아 넘어가기 쉽다. 근본적으로 희망이란 삶에 속하기 때문이다. 믿음, 사랑, 희망은 기독교의 3대 덕성이기도 하다. 그러니까 희망이 행동을 주관하는 주무 기관이라는 말이 괜히 나온 게 아니다. 내연녀가 실제로 이루어지리라는 확실성이 없는데도 바라면서 더욱이 마음속으로는 확실히 이뤄질 수 있다는 확신으로 희망을 버리지 않을 때, 그 희망은 그녀에게 함정이 된다.

꿈

전망 없는 내연관계에서조차 그 배후에선 꿈꾼 대로, 동경했던 대로 바뀔 수 있다는 희망 그러니까 더 나은 방향으로 전환될지도 모른다는 희망이 긍정적인 기대효과로 싹튼다. 내연관계의 합법화로 들어가는 현실적 길이 보이지 않는다고 해도, 내연녀는 불가능이 언젠가는 가능해지리라는 걸 거의 배제하지 않는다.

'가장 마지막에 죽는 것은 희망이다.'

이 격언처럼 유감스럽게도 그늘진 내연관계에서도 그렇다. 이별을 바라면서도, 종종 마음 한구석에선 그래도 희망이 싹튼다. 당신의 애인이 이미 오래전부터 이 부담스러운 관계에서 벗어나길 원하고 있다고 가정해보자. 그가 당신 곁에 머무르는 이유는 단하나다. 당신이 터무니없는 희망에 이끌린 채 그가 '본부인'과 헤어지지 않는 데 대해 순응하기 때문이다. 물론 속마음과는 달리 겉으로만 말이다.

놓아주기

당신이 놓아주면, 당신들 두 사람은 자유롭게 성장할 수 있을 것이다. 이 경우 놓아준다는 것은 상대방에게 자기 본연의 모습대로 '있게 해준다'는 말이다. 당신 곁에 붙잡아두려고 하지 않는 것 혹은 당신의 결정대로 움직여주기를 바라지 않는 것이다.

전망이 불투명하고 불만족스러운 내연관계에서는 파트너의 마음을 '돌이켜보려는' 계획, 관계가 그렇긴 하지만 그래도 파트너를 자기편으로 만들겠다는 계획, 파트너의 의견과 태도를 바꿔보려는 계획에 전력해보았자 아무 소용이 없다. 당신이 변해야 한다.

놓아준다는 것은 잘못된 희망을 포기한다는 뜻이다. 놓아준다는 건 당신이 '조건을 제시하고, 담판을 짓고, 소유하려는 욕심을 더욱 줄이겠다'고 결심하는 것도 포함된 말이다. 그 욕심을 고집하는 것은 당신이 인격적으로 발전하고, 그래서 당신의 인생이 발전하는 데 방해가 될 뿐이다.

성장

놓아주기란 쉽지 않다. 한때 모든 것은 아니어도 많은 걸 기대했던 한 세계로부터 발을 빼야만 하는 거다. 동경했던 것들 그러니까 보호된 느낌, 둘만의 행복한 생활, 열정, 서로에 대한 지지, 행복, 아이들……. 이 모든 것이 동경으로 머무르게 될 수도 있다.

한편, 앞으로 어떤 일이 다가올지는 아무도 알지 못한다. 그렇다면 옛것에 매달리는 건 기껏해야 잠깐의 안정을 붙잡는 거에 불과하다.

사슬

영화나 소설에 그려진 '놓아주는' 장면은 언제나 아픔도 없고, 발걸음도 가볍다. 주인공들은 모두 자유롭고 희망 가득한 기쁜 눈으로 새로운 미래를 바라본다. 그러나 현실에서 그늘진 관계 속에 살아가는 여성들은 종종 금지와 비밀 유지라는 사슬에 매여 관계 속에 갇혀 있다고 느낀다. 강렬하고 행복한 시간도 있지만, 현재 상황과 이 상태를 바꾸지 못하는 자기 자신의 무능함에 대한 커다란 불만족도 있다. 관계에 종지부를 찍고, 현재 그래도 만족해하고 있는 것, 또 익숙해진 여러 가지를 포기하기란 여러모로 쉽지 않다. 새로움에 대한 두려움은 물론이고, 대체 무슨 수로 현재의 문제를 극복할지 막막하기만 한 것이다.

백일몽

이런 충족되지 못한 상태에서 그늘진 관계 속의 여성들은 백일몽을 꿈꾼다. 부담스러운 삼각구도의 상황도 없고, 포기하지 않아도 되고, 굴욕을 겪거나 숨어 지낼 필요도 없는 만족스러운 삶이 펼쳐지는 백일몽 속으로 기꺼이 달아나는 것이다. 백일몽을 통해 실망스러운 일상을 보상받을 수도 있을 것이다. 하지만 그건 진짜 문제해결책이 절대 아니다.

삶은 변화와 성장, 그리고 쉬지 않고 힘껏 일하는 것이다. 그것을 위한 전제는 '놓아주기'이다. 용기를 내 쥐고 있는 것을 놓아줌으로써 빈손이 되어야 당신 자신의 권한에 속하는 것 그리고 삶이 당신에게 제공할 것들을 붙잡을 수 있는 거다. 내려놓기 그리고 사람의 지각을 마비시키고 헛된 희망을 꿈꾸게 하는 백일몽과 같은 허상의 세계로 더 이상 도망쳐 들어가지 않기. 이게 전제될 때, 삶은 당신의 손안에 있는 것이다.

두 번째 함정
: 판단 착오

"이제는요, 그동안 이 관계에 쏟아부은 것이 너무 많아서요. 그래서 간단하게 관계를 끝낼 수가 없어요." (하이데, 50)

"처음에 우리는 여기저기 돌아다녔지요. 시간이 지나면서 우리는 얼마나 많은 시간을 자동차에 앉아서 보냈는지 계산해보았어요. 그가 말하더군요. 자신과 가까운 곳에서도 일할 수 있지 않냐고요. 그래서 나는 살던 집을 내놓고, 직장도 그만두고, 그 사람만 믿고 이사했습니다. 그를 위해 친구들과 친척들까지 포기한 거죠. 그런데 그 모든 게 다 허사가 되어야 하나요?" (프란치스카, 35)

"몇 년 동안이나 그가 이혼하기를 기다렸어요. 언제나 기다리다가 포기하고, 포기하면서도 기다렸죠. 시간은 흘러갔고, 내 통장엔 점점 더 돈이 불어갔죠." (나디아, 45)

"그 사람에겐 벌써 애가 셋이나 있었죠. 그에게 아이가 더 생긴다는 건 상상도 할 수 없는 일이었어요. 나는 아이를 갖고 싶었죠. 하지만 그를 위해 내 생각은 접어버렸답니다. 그는 이렇게 선택할 수밖에 없는 내 마음을 진심으로 이해하거나, 또 그렇게 생각한 걸 높이 평가할 줄도 전혀 몰랐어요. 그래서 나는 아쉬운 게 많았죠. 우리 사이가 예전 같지 않게 되었을 때는 특히나 그랬답니다." (헤르미네, 49)

경제 분야뿐만 아니라, 내연의 사랑에서도 그동안 투자한 것들을 지나치게 높이 평가함으로써 화를 초래하는 경향이 있다.

니나의 이야기는 아주 전형적인 사례다. 니나가 토니의 내연녀가 된 것은 3년 전이었다. 처음부터 그는 앞으로 둘이 함께 살 게될 거라는 희망 따위는 갖지 말라고 그녀에게 못 박았었다. 그러면서도 그는 그녀가 자신을 배려하고 넉넉한 관용을 베풀 것을 요구한다. 니나는 휴가 여행을 포기한다. 토니를 위해 언제나 집에 있어야 하기 때문이다. 더 이상 영화 구경을 가는 일도 없고, 은밀한 관계 때문에 부모와도 충돌하게 된다. 그런데도 토니에게서 되돌려받는 건 아무것도 없다. 한때 범상치 않게만 보이던 그는 이젠 그저 평범한 애인일 뿐이다.

투자

최선책은 니나가 이 남자와 헤어지는 것이다. 그러나 천만에! 그녀는 알맹이 없는 이 내연관계를 단단히 붙잡고 있다. 사랑이나 친숙함도 이제는 관계에서 아무런 의미 있는 역할을 하지 않는다. 다른 사람을 찾을 기회마저 이제는 물 건너갔다는 두려움 때문도 아니다. 니나는 겨우 37세이고, 매력적이고 기회도 정말 많다. 그런 그녀가 왜 전혀 만족감을 주지 못하는 이 관계에 논리적인 마침표를 찍지 못하는가?

니나의 태도는 '잃어버린 비용 때문에 범하는 판단 착오'의 전형이다. 이런 태도를 일관하면, 미래에 거둘 성과를 고려하여 결정하는 대신 나아가 오래전에 잃어버린 걸 만회하기 위해 투자를 결심하게 되는 것이다.

콩코드 현상

콩코드 스캔들을 기억하는가? 그런 유형의 비행기를 제조하는 것이 전혀 수지 타산이 맞지 않는 일이라는 것이 만천하에 드러났을 때, 슬기롭게 전체적인 프로젝트를 내려놔야 했다. 그러나 그 시기는 이미 콩코드에 대해 투자자본이 과다하게 몰렸기에 프로젝트를 끝까지 계속 밀어붙이게 되었다.

이성이 아닌 감정이 관여하는 즉시, 냉철한 경제 전문가들이 간혹 그런 잘못된 결론, 즉 판단 착오를 범하는 경우가 있다. 진즉 한물간 내연관계가 참 많다. 휘몰아치듯 열렬히 사랑하는 사이도 이제는 아니고, 시도 때도 없이 하던 애무도 예전처럼 잦지 않다. 섹스도 신선하지 않고, 아마 서로 이야기를 주고받는 것도 많지 않을 것이다. 그런데도 그 관계를 더 이상 철회할 수 없다고 사람들은 생각한다. '들인 돈과 시간과 에너지가 얼만데!' 하면서……

비용

그밖에 함께 경험한 일들, 서로를 위해 해준 일들, 사랑 때문에 이미 포기한 것들 또한 내연관계에 있는 많은 사람이 크게 가치를 두는 사항들이다. 이런 부분들을 쉽게 포기하고 싶지도 않을뿐더러 포기할 수도 없는 것이다.

투자하는 것은 점점 더 많아지는데, 거둬들이는 것은 점점 더 적어진다. 그럼에도 계속 그렇게 한다. 관계를 유지하기 위해 들어가는 비용은 단기적이든 장기적이든 그것의 실제적인 가치에 따라 정당성을 인정받는 게 아니라 그동안 거기에 들인 에너지와 시간에 의거하여 정당성을 인정받는다.

잘못된 계산이다!

또한 내연관계의 사람들이 은밀한 관계를 유지하게 하는 이유에 대한 설명으로는 투자의 정당성 이외에 또 다른 설명도 필요할 수 있다. 즉, 당사자가 어차피 관심을 더 받고자 하는 의지도 없거나 그럴 능력조차 없다는 자기 인식 상태에 있는 게 또 다른 이유가 될 것이다.

아니면 그늘진 내연관계의 상황이지만 원하는 것이 실현될 수 있는 희망이 있는 경우이거나! 미래에 대한 긍정적 결과를 예상할 수 없다면, 과거의 투자는 일체 거둬들일 수 없는 것에 지나지 않는다. 그렇다면 관계를 붙잡고 유지하려고 에너지를 쓸 게 아니라, 놓아주는 방향으로 에너지를 쓰도록 수정해야 한다.

세 번째 함정
: 방어기제

"그이는 결혼한 몸입니다. 하지만 그이가 사랑하는 사람은 나뿐이랍니다. 그이의 결혼생활은 그에게 의무, 그 이상도 그 이하도 아니죠." (바네사, 36)

"그녀의 애정이 깊지 않다는 것은 물론 나도 눈치챘습니다. 하지만 그렇게 하는 이면엔 그녀가 나를 위해 부드러운 자신의 마음을 감추고 있다는 것도 알고 있지요." (하랄드, 54)

"나는 은밀한 관계로 지내는 것에 대해 전혀 거부감을 갖고 있지 않아요. 그런데 그이는 그런 관계에 익숙해지는 걸 하지 못합니다." (로잘레나, 39)

"현재로선 이것이 어쨌든 내게는 최선의 해결책입니다." (이르미, 53)

"나는 어떤 남자도 내 마음에 두지 않아요. 어차피 내가 사랑에 빠

지는 사람은 항상 임자 있는 사람들뿐이니까요."(헬가, 45)

"아무도 내 말을 믿지 않을지도 몰라요. 하지만 나는 정말이지 우리가 결혼하는 걸 원치 않아요."(베아테, 32)

"내 친구들은 내가 이용당하고 있다고들 말하지요. 그러나 그건 맞는 말이 아니에요. 모두 그냥 부러워서 그러는 거죠."(빌마, 28)

"좀 솔직해지자고요. 근본적으로 인간은 누구든지 외로운 존재잖아요."(지그린데, 39)

"나는 나만의 행동 노선을 찾았어요. 아무것도 기대하지 않는 여자는 실망도 하지 않죠."(리아네, 36)

"당연히 모든 게 너무도 복잡하죠. 하지만 인생살이, 단순한 게 뭐있나요?"(샤를로테, 41)

"그이가 나에게 넌지시 말하더군요. 어떤 경우에도 비밀을 지켜야 관계를 계속 유지할 수 있고, 그렇지 않으면 관계를 일절 끊겠다고요. 나는 그 말을 의연히 받아들였죠. 눈물 따위는 전혀 보이지 않았죠. 혼자 있게 되자, 비로소 눈물이 나오더군요. 우리 관계에 대해서도 더 이상 아무에게도 말하지 않았죠. 모든 것을 그저 내 마음속에 꾹꾹 눌러두었습니다."(헨리에테, 24)

"우리는 사람들이 상상할 수 있는 최상의 섹스와 가장 아름다운 대화를 나누었죠. 그의 두 눈 속엔 오직 사랑뿐이었죠. 사랑 그리고 다시 또 사랑이 이어졌지요. 나는 그가 나를 사랑한다는 걸 확신합니다. 그 사람이 두려워하는 건 오직 자신의 감정일 뿐이죠. 나는 우리가 서로에게 예정된 사람이라는 걸 알고 있어요."(테아, 37)

"나이 어린 여자 중에 누가 정식 부부와 자녀가 있는 그런 그림을 아름다운 이상적 전원풍경으로 꿈꾸지 않겠어요? 그래도 우리는 행복합니다. 아니 정식 부부들보다도 아마 더 행복하게 지내고 있을 겁니다."
(도로테아, 35)

"휴양지에 다녀왔더니 그 사람이 휴대전화 번호와 이메일 주소를 변경했더군요. 나는 울기도 하고, 미친 듯 날뛰기도 했죠. 그가 한 말이라고는 '제발 히스테리 좀 그만 부려. 당신도 알다시피 당신이 요양지에 떠나기 전에 벌써 우리 관계는 끝났어'였죠. 하지만 그건 정말이지 말도 안 되는 일이에요."(안야, 40)

"헤어지려고 갖은 노력을 다 했었는데, 새로운 사람을 사귀게 되면서 비로소 그 이별의 투쟁에 종지부를 찍을 수 있었죠. 그가 '그 사람이야, 나야?' 하며 나에게 선택을 강요하더라고요. 그건 일종의 충격적인 선제공격이었죠. 그런 일은 그전엔 절대로 있을 수 없는 일이었거든요."(헬가, 29)

"그는 벌써 모든 것이 단지 실수일 뿐이라는 걸 깨달았을 겁니다."
(수잔네, 34)

"분명히 상황이 좀 더 나아질 거야. 하지만 며칠쯤 지나자 나는 분명히 알 수 있었죠. 나와 타냐 사이는 결코 '제대로 된 어떤 관계'가 될 수 없다는 것을요. 그 당시 나는 타냐와 심적으로는 관계를 끊은 것과 같은 상태였습니다. 그때부터 나는 공중대기 상태에 있습니다." (파울, 36)

맞대면하기엔 너무도 큰 아픔을 감내해야 하는 진실들. 그렇기에 오히려 우리는 누구랄 것 없이 그 모든 걸 영혼 깊숙한 곳에 꽁꽁 박아둔다. 이는 방어기제 덕분에 가능하다. 사실 고통, 두려운 마음 혹은 죄책감 등과 대면하고, 그와 연결되는 영혼의 고통을 참고 견디기란 쉽지 않다.

경감

우리의 심리구조는 죄와 두려운 감정을 거부하는 방향으로 나아간다. 가능한 한 거의 혹은 전혀 심리적인 고통을 야기하지 않는 정보들만 의식 속에 도달하도록 한다. 두려움과 죄를 참기란 너무도 힘들기에, 그 정신적인 고통을 경감시키기 위해서라면 무엇이든지 할 정도가 된다. 방어기제를 통해 세계에 대한 인식이 영향을 받으면, 새로운 해석이 이뤄져 가능한 한 정신적 고통을 적게 느낀다.

불륜관계에 처한 사람들은 종종 장기적인 고통과 두려움 가운데 살기 때문에 다른 사람들보다 더 방어기제를 따른다. 그들은 무엇이나 좋게 이야기하고, 진실은 떨쳐버리거나 부인한다. 그리고 자신의 감정을 상대방에게 투사하고, 합리화하거나 지적으로 포장한다. 이런 전술은 절반의 성공에 불과하다. 고통의 거부가 종종 인격 훼손과 불행한 관계의 고착화로 이어질 수 있기 때문이다.

자기보호

고통을 피하려는 정신적인 계략은 다양하다. 감정의 투사, 합리화, 떨쳐버리기, 부인, 회피, 우울, 분노는 누구든지 늘 반복적으로 필요로 하는 일상적 방어기제다.

감정의 투사

두려움을 낳는 감정들은 거부하고, 그것이 의식으로 들어오지 못하게 출구를 차단한다. 그리고 난 뒤 이 감정은 외부로 나와 누군가 다른 사람에게로 투사된다. (앞의 예화 중 로잘레나 이야기 참조)

떨쳐버리기

달갑지 않은 것은 더 이상 눈앞에 보이지 않게 관심권 밖으로 떨쳐버린다. 그러고 나면 더 이상 증오와 질투 혹은 완전한 관계가 되었으면 하는 소망 같은 감정이 전혀 느끼지 않는다. (앞의 예화 중 베아테 이야기 참조)

합리화

받아들일 수 없는 것은 '좋은' 이유를 들어 정당화한다. (앞의 예화 중 이르미와 헬가 이야기 참조)

회피

거절 또는 이별에 따른 고통을 피하고자 불가피한 조처로서 솔직한 대화를 회피하는 것을 예로 들 수 있다. (앞의 예화 중 안야 이야기 참조)

요헨은 애인 안야와 결말을 지었다. 한때 그는 이성을 잃었었다. 그러나 이제는 그 모든 것이 다 지나간 이야기가 되었다. 모두가 그 사실을 알고 있다. 그의 부인도, 그의 절친한 친구 칼도 그 사실을 알고 있고, 심지어 그의 어머니도 그 소식을 들었다. 모두가 안야에 대한 요헨의 감정이 진화되었으며, 더불어 몇 달간의 불륜관계가 끝났다는 것을 알고 있다. 안야만 그 사실을 모르고 있다. 요헨은 그녀에게 지금은 자신이 그녀와 어느 정도 거리를 둬야 할 필요가 있다고 말했다. 그러면서 안야가 오래전부터 가려고 했던 요양지를 다녀오라는 것이었다. 그러고 난 뒤 그는 조용히 남은 일을 처리할 수 있었다.

헬가와 한네스가 서로 헤어지자며 이별을 운운한 지 벌써 4년이 흘렀다. 한네스는 유부남이었고, 헬가는 자신이 결코 '정식으로' 그와 함께할 수 없음을 잘 알았다. 그들은 4년간 쉬지 않고 헤어져야 할 필연성에 관해 이야기했다. 동시에 그들은 모종의 사건이 벌어져 자신들 능력 밖의 일이 되어버린 이별이 순식간에 이루어질 수 있길 바랐다. 한네스의 부인이 개입하리라는 것은 기대할 수 없었다. 그녀는 말 그대로 죽은 듯 있었던 것이다.

부인

불륜관계로 얽힌 남녀가 현실을 부인하는 양상을 보고 우리는 놀라지 않을 수 없었다.

비교적 긴 시간 동안 불륜관계에 연루된 여성들은 한결같이 자신이 처한 전망 없는 상황에 대해 이성적으로 판단할 수 있었다. 그러나 그것을 마음속으로 받아들이고 그에 마땅한 결론을 내릴 수 있는 여성은 없었다. (앞의 예화 중 바네사, 하랄드, 빌마, 테아, 도로테아, 수잔네 이야기 참조)

그늘진 사랑을 나누는 여성들에게 친구들이 좋은 뜻에서 '실제로는 그녀가 사랑받는 게 아니라 이용당하고 있는 것'이라고 충고해줄 때, 이들에게 빈번히 나타나는 방어기제 중 하나가 이 고통스러운 사실을 부인하는 것이다.

명백한 사실을 두고 "나는 이용당하지 않아. 나는 사랑받는 거라고!" 하며 바꾸어 해석하기에 테아 같은 여자들이 내연녀가 되는 것이다. 성적 만족이 아니라 감정이 중요한 것이다. 그들은 마치 약물중독자처럼 이성적 논거를 받아들이지 않는다. 그리고 '사랑한다는 증거'를 찾아보려는 노력 또한 중단한다. 사랑한다는 근거를 찾아내려는 노력은 볏짚을 묶어 수영장 물을 다 쓸어내려는 것과 같이 승산 없는 일이기 때문이다.

자칭 테아를 위해 결정되었다던 그 남자는 그 순간에 자기 아내와 카리브해안의 햇살 아래서 휴가를 즐기는 중이었다. 그는 며칠 동안 전화 한 통 없었고, 테아의 문자메시지에 답하지도 않았다. 밤마다 그들 사이에 펼쳐졌던 사랑의 시간들을 테아는 풍요롭고 장래성 있는 관계로 과대평가한 것이다.

많은 사례를 통해 성공한 관계에 대한 내면화된 이상에 치우쳐, 현실을 사실적으로 받아들이고 현실에 집중하지 못하게 되는 걸 본다.

겉으로 보이는 모습을 지키기 위해, 내연관계의 제 문제들을 부인하거나 이런저런 말로 관계를 미화한다.

발터가 현재의 부부 사이를 위험에 빠뜨리지 않으려고 5개월 동안 지속해온 수잔네와의 관계를 정리했을 때, 수잔네는 헤어지려는 그의 바람을 인정하려 들지 않았다.

수잔네는 친구들에게 말했다.

"지금 그이가 고비에 처해 있어."

수잔네는 발터의 면전에서 그와 자신이 얼마나 많은 공통점을 갖고 있는지, 그리고 미래를 얼마나 잘 꾸며나갈 수 있는지 분명하게 보여주려고 했다. 발터의 부인이 둘째 아이를 기다리고 있는 지금까지도 수잔네는 헤어지고 싶다는 발터의 바람을 진짜로 받아들이지 못하고 있다.

의존적인 어린아이 시절 우리는 누구든지 감정적으로 거부당하는 경우를 체험할 수밖에 없었다. 그런데 이러한 거부에 대해 종종 너무 고통스럽게 체험하는 경우도 있다. 이로 말미암아 어른이 되

어서도 그때의 그 고통스러웠던 감정과 비슷하게 고통의 감정과 이어질 현실이 닥치면, 그들은 이 현실에 대해 부정하거나 떨쳐버리기 혹은 개념화함으로써 그 현실을 거부한다.

지적 포장

구체적인 감정을 열거하는 대신 철학화하거나 심리학적으로 해석한다. (앞의 예화 중 지그린데, 리아네, 샤를로테 이야기 참조)

우울

우울Depression의 배후엔 종종 분노가 존재한다. 분노는 수없이 많은 두려움을 낳을 수 있으므로 우울을 통해 분노가 저지되는 것이다. (앞의 예화 중 헨리에테 이야기 참조)

내연관계 중에는 예컨대 남자가 내연녀를 위해 비정상적으로 많은 것을 해주고, 내연녀는 그에 대해 감사하고 기뻐해야 하는 관계가 있다. 이런 내연관계에서의 우울은 궁극적으로 둘의 관계를 공식적으로 고백하지 않는 남자에 대한 거부감에서 비롯된 공격성의 은폐 수단이 될 때가 많다.

아주 작은 부스러기 같은 애정을 가지고 상다리가 부러지도록 성대한 사랑의 잔칫상을 차리는 사람이 많다는 건 이미 놀라고도 남을 일이었다. 이들은 왜 그렇게 할까?

그에 대한 책임은 바로 감당할 수 없을 것 같은 상처로부터 자신을 보호하도록 하는 방어기제다. 깨끗하게 마침표 찍기! 그것은 말처럼 쉽지 않다. 헤어지는 것을 어렵게 하거나 저지하는 두려움들의 목록이 길게 늘어선다. 그중 하나가 혼자 있는 것에 대한 두려움이다. 이별로 말미암아 상대방에게 깊은 상처를 입힐 것이라는 두려움, 그리고 그에 대해 책임을 져야 한다는 두려움이 또 다른 이유이다. 익숙한 것과 친숙한 것의 상실에 대한 두려움이나 이별과 함께 상대방에게 행사하던 통제력을 잃어버릴까 봐 두려워하는 심리 역시 종종 이별을 힘들게 하는 이유가 된다.

어린 시절의 두려움

어린 시절에 겪었던 불안정한 가족관계가 헤어지는 것에 대한 공포증의 원인이 될 때가 종종 있다. 부모의 사이가 벌어진 상황을 경험한 아이는 그와 동시에 떠나게 되는 사람이 '나쁜 사람'이라는 것도 경험한다. 그런 아이들은 '나쁜' 쪽이 될 수 없다. 그렇게 되면 이 불안정한 가정에 더욱 많은 불행이 찾아올지도 모르니까. 제일 좋지 않은 경우는 부모 중 떠나지 않은 한쪽 부모가 나쁜 존재를 대신해 아이에게 벌을 주고 아이를 돌보지 않은 채 방치하는 경우다. 이런 오래된 어린 시절의 두려움들이 성장하여 헤어져야 하는 상황이 닥치면 다시 몸을 부풀릴 수 있다.

'절대 나쁜 사람이 되지 말자. 그렇지 않으면 더 끔찍한 일이 벌어지고 말 거야!'

망명

파경에 대한 인정은 종종 내적 망명을 초래하곤 한다. 남자 혹은 여자가 함께 타고 있던 배를 떠나서 진정한 접근을 거부한다.

내연관계가 이어지고 있다고 한들 생동감도 없고, 희망도 없는 관계이다.

안드레아의 경우 막스와 내면적으로는 작별을 고한 상태이다. 막스와 관계를 맺은 지 5년이 흐른 뒤, 그녀는 인정하지 않을 수 없었다. 그가 결코 그녀를 공개적으로 인정하지 않을 것이고, 그녀를 위해 이혼하겠다던 약속도 절대 지켜지지 않을 거라는 사실을! 그 일 이후, 그녀에게는 결속의 와해 작업이 펼쳐지기 시작했다. 이제는 진짜로 막스를 더 이상 사랑하지 않는다. 그러나 그 사이 안드레아는 막스를 위해 일하게 되었고, 그의 작은 회사는 현재 그녀의 생활 기반이 되었다. 그러나 안드레아는 내면적으로 막스와 완전히 결별한 상태다.

구원

막스는 그걸 전혀 모르고 있다. 단 한 번도 안드레아가 분명하게 자신의 마음을 겉으로 드러낸 적이 없기 때문이다. 그러나 은연중에 안드레아는 글자 그대로 자신을 '구원할' 외도 대상을 기다리고 있다. 안드레아는 "이 생활을 감수하고 살아요"라고 말한다. 그러나 마음속으로는 이미 막스로부터 떨어져 나온 지 오래다. 안드레아에게 새로운 사람과의 만남은 진작 마음이 떠난 현재의 내연관계에서 최종적으로 하차할 수 있게 해줄 것 같다.

속으로만 마음을 정리하는 내적 이별은 어떤 경우에도 변화된 상태에 맞추어 새롭게 발전해 나아가는 것에 브레이크를 건다. 그렇게 하며 유지하는 관계는 속 빈 강정 같은 관계일 뿐만 아니라,

개인적 성장도 둔화시킨다. 불만족스러운 현재에서 벗어나 좀 더 나은 미래로 가기 위한 첫걸음은 이것이다. 더 이상 숨어 있는 두려움을 피하며 두 눈을 감아버리는 행동을 하지 않는 것!

자신을 마비시키는 두려움을 인식하는 즉시, 그리고 '이후의 시간'을 위해 현재를 극복하기 위한 전략을 펼치는 즉시, 당신은 이별의 고통을 참을 수 있게 될 것이다.

방어적 태도(물론 불륜관계의 애정과 연결하여 열거했던 방어적 태도 외에도 그보다 훨씬 더 많은 방어적 태도가 있다)는 원칙적으로 **나쁜 것이 아니다.** 방어적 태도를 보이는 것은 일종의 응급조치로, 일상에서 겪는 필연적 상처들을 참고 견디게 해준다.

그러나 방어적 태도가 자기 삶에 대한 안전조치로 변질되어 생산적이 아닌 파괴적 파급효과만 낳게 된다면, 그때야말로 한 번쯤은 반드시 근원적 상처와 맞대면해야 할 가장 좋은 시점일 것이다. 그렇지 않으면 당신에게 방어적 태도를 보이게 했던 그 사람이 어쩌면 그러한 태도를 갖게 한 원천적 원인이 되었던 인물과 똑같이 막강한 영향력을 행사하게 될지도 모른다.

파괴적인 방어적 태도를 내려놓고, 그 힘을 모아 진정으로 "굿바이!" 하며 작별 인사할 수 있을 때, 역시 새로운 대상에게 자유로이 "헬로우!" 하며 반가운 인사를 건넬 수 있을 것이다.

네 번째 함정
: 자책

"나는 밤낮없이 똑같은 문제로 나 자신을 괴롭혔죠. 한네스와 잘되
지 않은 것은 내 잘못이 틀림없다고요. 어쩌면 잠자리에서 내가 진짜
로 그를 만족시켜주지 못했기 때문에, 그가 성심성의껏 나를 대해주
거나 나를 가지려고 투지를 불태우지 않은 건 아닐까? 어쩌면 내가 더
재치 있게 행동했어야 했던 건 아닐까? 더 적극적이어야 했나? 내가
그의 진정한 가치를 너무 표면적으로 인식했던 건 아닐까, 아니면 전
혀 알아보지 못했던 건 아닐까? 내 인생에서 절호의 기회를 놓쳐버린
건 아닐까?" (산드라, 31)

그늘 속에 서 있다는 것. 이는 '나는 그 이상의 가치는 없는 존
재야'라는 모욕과도 거의 맞먹는 뜻을 갖고 있다. 그러나 본인이 자
신에게 그런 모욕을 가하는 경우도 가끔 발생할 수 있다. 예컨대 본
인이 원해서 이별했는데, 헤어지자마자 자신이 차버린 사람이 곧
바로 다른 사람과 사귀면 후회막급의 심정이 되어 자문하게 된다.
"내가 혹시 뭘 잘못한 건 아닐까?" 하고……. 남편 게르트를 선택하

면서 애인 한네스를 차버린 산드라에게도 그런 일이 벌어졌다.

텀블링

산드라는 한네스에 대한 감정이 점점 시들해지자 그와의 숨바꼭질 놀이를 더 이상 계속하고 싶은 마음이 없어졌다. 그녀는 그런 상황이 신경에 거슬렸고, 한네스라는 인물 자체도 신경에 거슬렸다. 이제 끝이다. 산드라는 그에게서 벗어나기를 원했다. 결국 한네스는 체념한 채 헤어지고 싶다는 산드라의 마음을 따라주었다.

이후 산드라는 그에게 다른 여자가 생겼다는 사실을 알게 되었다. 그로부터 얼마 뒤 그가 결혼할 것이라는 말도 듣게 되었다. 그리고 또 얼마 뒤 그 둘이 벌써 함께 살고 있다는 이야기까지 듣게 되었다.

갑자기 산드라의 감정이 공중제비를 한다. 한네스와 그의 새 애인에 대해 관심을 쏟게 된 것이다. 산드라는 그 새로운 관계에 대해 어떤 반응을 보일 입장이 아니다. 그런데도 그녀는 끊임없이 전 애인의 사생활에 열중한다.

'그 두 사람, 저녁 시간은 어떻게 보낼까?', '휴가 여행은 어디로 떠나나?', '한네스는 그 여자에게 정중하게 잘 대해줄까?', '그 여자는 그에게 정겹게 대해줄까?' 등등…….

처음엔 산드라의 친구들이 자신들이 알고 있는 것을 산드라에게 계속 전해준다. 그러나 시간이 지나면서 산드라가 한네스의 애정생활에 지나치게 꼬치꼬치 파고들자 친구들은 마음이 불편해진다.

"너 혹시 그 사람이랑 다시 사귀고 싶은 거니?"

골똘히 파고들기

이 질문에 대해 산드라는 분명하게 "No"라고 대답할 수밖에 없다. 한네스에 대한 자신의 사랑이 식어버렸다는 걸 감지하고 있으니까. 그러나 그와 그의 부인 될 여자에 대한 소식을 들을 때마다 산드라의 위기감은 더욱 강해진다. 헤어지자고 해놓고 정작 그녀 자신이 내연관계를 진정으로 놓아주지 못하는 것이다.

그녀는 한네스와 아그네스가 스킨스쿠버를 배운다는 이야기를 듣고는 골똘히 생각한다.

'나랑 같이 잠수하러 가자고 할 땐 가지 않았는데, 그렇다면 그게 내 탓이었나? 스킨스쿠버를 배우는 것이 우리가 만날 좋은 구실을 제공해줄 거라고 했는데도?'

아그네스가 결혼식을 치르고 나면 즉시 아이를 가지려고 한다는 이야기를 듣고 난 뒤, 산드라는 이제 탈진상태에 빠져버린다.

'내가 한네스에게 뭘 잘못했던 걸까?'

아그네스, 이 젊고 우수한 예쁜 여자가 한네스를 최고의 파트너로 추켜세우며 열광적으로 찬사를 보낸다는 말에 산드라는 거부감을 느낀다.

위기

분명 자신이 먼저 이야기를 꺼내 헤어지게 되었는데, 그 이별 후에 산드라는 집요한 자책의 위기를 겪는다. 그녀를 괴롭히는 것은 외부인이 아니라, 그녀 자신이다. 그녀의 능력과 그녀의 가치에 대해 의심하는 건 타인이 아닌 그녀 자신인 것이다.

자책의 위기에 직면하면 다른 사람에 의해 가해지는 모욕이나 다름없이 자책으로 말미암아 고통스럽다. 아니 그런 모욕보다 더 심하다. 자책은 자신은 물론이고 이 시나리오에 관련된 인물들과 평화롭게 지내지는 것도 힘들게 만든다. 산드라는 자기 자신을 학대할 뿐만 아니라 자신과 한네스가 공동으로 알고 지냈던 친구들이 한네스와 아그네스를 새로운 커플로 받아들이는 것에 대해서도 분개했다. 신랄한 발언으로 아그네스를 폄훼한 산드라의 행동은 충분히 나쁜 행동으로, 그 때문에 그녀는 오랜 친구들과의 사이에도 깊은 고랑을 파고 말았다.

어차피 본인이 선택하기를 거부했던 애인이었는데, 그 사람이 다른 사람과 사귀면서 행복해한다고, "내가 갖지 않은 어떤 면을 그 사람이 가진 걸까?"라고 질문을 해대며 자기 자신을 괴롭히지 말라. 벌써 옛날에 전 애인과의 사랑의 불씨가 다 꺼져버렸음을 생각하라.

자신이 정리한 내연남이 지금 그의 행복을 찾았다는 단지 그 이유 때문에 스스로를 평가절하하지 말라. 자기 자신을 완전히 평가절하하며 뒤돌아보는 행동은 금물이다. 자신이 선택한 삶의 틀 안에서 긍정적이고 만족스러운 세계를 눈앞에 그려보라.

뒤돌아보며 자신에 대해 과소평가를 하는 것은 에너지의 흐름을 봉쇄하는 함정이다. 그렇게 하는 건 다시 힘을 모아 자기 삶에 에너지를 투입하는 것을 불가능하게 만든다.

다섯 번째 함정
: 두려움

"그와 결별한 이후로 전 훨씬 좋아졌어요. 혼자 되는 것에 대한 두려움을 이제는 갖지 않아도 되니까요. 언제나 혼자 될까 봐 두려웠지요, 정말 끝이 보이지 않는 두려움이었지요. 이제는 영원히 한 남자 위에 떠도는 게 무엇인지 알 것 같아요. 마치 끝없이 바위를 굴려 올리면서 언젠가는 이 바위가 다시 굴러떨어질 것을 아는 시시포스 같다고 할까요. 이 바위가 언제 떨어질까 하며 불안에 떠는 게 바위가 굴러떨어진 것보다도 훨씬 힘든 일이지요. 이제 저는 두려워할 필요가 없어요. 두려움은 모든 것을 마비시켜요. 자발적으로 할 수 있는 모든 것, 내일에 대한 생각들, 이 모든 걸 말이에요. 정말로 완전히 혼자가 된 그 순간부터 마음이 이렇게 편해질 것을 진작 알았더라면, 벌써 몇 년 전에 결정을 내렸을 거예요." (키아라, 49)

"내 시간을 늘 한 사람의 유부남을 위해서만 쓰지 않고 온전히 나 자신에게만 쓴다는 것, 이것이 얼마나 내 삶을 풍성하게 만드는지를 깨닫기까지는 상당한 시간이 걸렸어요. 난 다시 테니스를 치기 시작했고, 기분이 내키면 함께 경기했던 사람들과 자유롭게 와인을 마시러 갈 수도 있게 되었죠. 그런가 하면 그 사람이 올지 안 올지 신경 쓸 필요도 없이 오후 내내 그냥 욕조에 몸을 담그고 있기도 하고요. 그리고 한 친구 덕분에 그 친구와 함께 입석이긴 하지만, 오페라를 관람하거나 강연회를 듣는 취미도 생겼죠." (마리안네, 41)

"내가 늘 그의 곁에 붙어 있지 않아도 되었다면, 난 분명 직장생활을 했을 거예요. 그건 분명해요. 하지만 난 자유롭지 않았죠. 친한 친구들의 모임에 가거나 취미생활을 위한 시간조차 없었는걸요." (발렌티나, 44)

"이상한 일이었어요. 자기소개를 해야 하는 경우가 오면, 난 아주 서툴게 처신하곤 했어요. 어떤 때는 너무 뻔뻔스럽게 행동했고, 또 어떤 때는 너무 서툴게 행동하는 등…… 실제로 나는 전혀 그런 유형이 아닌데 말이죠." (헨리에테, 41)

많은 여성에게 자립에 대한 두려움, 특히 문자 그대로 '완전히 외따로 떨어져 홀로 선다는 것'에 대한 불안감은 빠져나오기 힘든 함정이 된다. 이 함정은 심지어 여성들이 스스로 파고 들어가는 함정이기도 하다.

토니는 마리안네와 헤어지길 원한다. 하지만 마리안네는 "다른 것은 다 괜찮지만, 헤어지는 것만은 말아달라"고 통사정한다.

"다시는 당신에게 최후통첩 같은 것은 하지 않을게. 아무것도 신경 쓰지 말고 당신 부인하고 휴가 갔다 와도 돼. 어쨌든 난 상관

없어. 다만 날 혼자 있게 하지만 말아줘."

마리안네는 혼자 지내게 될까 봐 너무 두려워한 나머지 유일한 해결책인 '혼자가 되는 것'을 막을 수 있다면 무엇이든 할 마음의 준비가 되어 있다.

마리안네에게 다행스러웠던 것은 토니가 그 어떤 말로도 내연 관계를 지속하지 않았던 것. 그다음 일은 어떻게 전개되었을까? 두려움 때문에 한동안 지옥 같은 시간을 보낸 마리안네는 차츰 자신이 혼자서도 아주 잘 지낸다는 사실을 깨닫게 되었다.

차단

난생처음으로 마리안네는 자신이 아주 특정한 성향과 태도를 지닌 사람이라는 것을 알게 되었다. 전적으로 한 사람의 유부남에게만 초점을 맞추려다 보니 사회 속에서 자기 자신을 세우고, 자신의 자리를 찾지 못했었다는 걸 알게 된 것이다. 처음에 마리안네는 자신을 위해 가치 있는 것, 필요한 것을 혼자 해결할 생각을 하지 않았다. 그녀는 늘 토니가 삶과 가치에 대한 모든 문제를 술술 해결해주길 기대했던 것이다.

마리안네는 자기 스스로 경계를 정하고 차단막을 치는 의존적이고 미성숙한 아이를 속에 지니고 있었던 것이다. 그녀가 찾는 '해결책'들이 언제나 새로운 혼란과 갈등을 불러일으켰기 때문에 그녀의 상황은 계속 나빠지기만 했다. 그녀가 흑사병처럼 두려워했던 일이 벌어지면서 비로소 그녀는 처음으로 성장하고 행복해질 기회를 갖게 것이다. 애정을 가지고 자신을 받아들이는 법을 배운 것이다. 마리안네는 이제 자신의 약점들을 똑바로 보고, 자신의 필요를 하나씩 발견해가면서 점점 더 완성체가 되어갔다.

'~하면 ~하게 될지도 몰라' 하는 두려움을 극복한다는 것은 쉬운 일이 아니다. 그러나 다른 사람의 도움이 있으면 그것을 극복하는 게 한결 쉬워진다. 전문가나 우정 어린 친구의 도움은 더욱 빨리 문제를 극복할 수 있게 한다. 하지만 두려움은 인생을 망치는 조언자다.

결별이나 새 출발에 관하여 이야기할 때, 이와 연관된 모종의 원동력에 대한 문제는 반드시 짚고 넘어가야 한다. 이 원동력이야말로 내연의 생활에서 벗어나는 데 필수적이기 때문이다. 인식하지 못하고 그렇기에 처리되지 못한 두려움이 있다면, 그건 삶의 에너지를 훔쳐 가는 도둑을 모시고 사는 것과 마찬가지다! 유감스럽게도 많은 내연의 여성이 자신들이 두려움이라는 함정에 빠져 있다는 것을 전혀 모르고 있다. 공황장애 혹은 특정한 것에 대한 공포나 공포증에 대한 공포 증세Phobophobia(공포 공포증) 같은 것들은 간과할 수 없는 심각한 상태다. 그러나 내연관계에선 두려움이 드러나지 않은 채 은폐되어 나타나는 경우가 다반사다.

헨리에테는 드디어 막스와 헤어질 결심을 했다. 4년 남짓 이어온 은밀한 사랑, 그 정도 했으면 충분하다. 아무 직업 없이 지내는 것도 이제는 더 이상 견디지 못하겠다. 아니, 이런 생활은 청산해야 한다.

실패

처음엔 모든 것이 착착 잘 맞아떨어졌다. 헨리에테는 다시 부티

크에서 일하기 위해 신문 광고들을 샅샅이 살펴보고 전화 통화까지 한 상태다.

희망에 부풀어 헨리에테는 이 새로운 자유를 만끽했다. 이제는 더 이상 막스에게 의존하지 않고, 직접 돈을 벌고, 직장생활도 열심히 하여 인정을 받을 것이다. 하지만 그녀는 원했던 것을 하나도 이루지 못했다. 그녀는 현재까지도 막스의 내연녀이며, 그가 원하는 대로 살고 있다.

어쩌면 이런 불행한 경우를 직접 경험해본 사람들은 잘 알 것이다. 성공을 코앞에 두고 도저히 돌이킬 수 없는 어리석기 짝이 없는 실수를 범함으로써 실패하게 되는 경우가 있다. 잘못 찬 페널티킥처럼 말이다. '그렇게 말을 많이 하지 않았더라면', '엄마가 그렇게 강력하게 끼어들지만 않았어도', '그렇게까지 오버하지 않았더라면', '그렇게까지 소심하게 굴지 않았다면 모든 게 진짜로 환상적이었을 텐데' 등등…….

셀프핸디캡

그때의 상황을 참작해봐야 할 문제일까? 구차한 변명에 불과한 것일까? 전자도 후자도 모두 다 해당될 수 있다. 무엇보다도 그와 같은 많은 사례에서 문제 되는 것은 셀프핸디캡Self-handicap(자가약점)전략이다. 비판받을 경우나 실패할 경우를 대비해 사전에 보호막을 설치하는 것이다.

셀프핸디캡이 헨리에테의 경우처럼 항상 그렇게 효과적인 것은 아니다. 오랜 기간 직장을 쉰 그녀는 이제는 직장생활을 예전처럼 잘할 수 없다는 생각과 컴퓨터를 다루는 능력이 부족하다는 비판을 받게 될지도 모른다는 두려움을 떨칠 수가 없었던 것이다. 자신이 만들어낸 핸디캡 상황이 몇 년이나 잠복 상태로 있어서 처음에는 전혀 인지할 수 없는 경우도 가끔 있다.

전략

발렌티나가 제트기를 타고 세계를 누비고 다닐 정도로 정신없이 바쁜 애인을 위해 직장까지 포기하고 오로지 그 사람만을 위해 살겠다고 스스로 결심했을 때, 내연녀로서의 생활이 갖는 단점에 주의를 기울이게 한 것은 다름 아닌 그 사람이었다. 그래도 발렌티나는 결심을 굽히지 않은 채 말했다.

"그게 내가 바라는 유일한 소원이에요."

11년이 지난 후 발렌티나는 그에게 비난을 퍼부었다.

"당신만 안 만났어도 난 성공한 직장여성이 되었을 거야"하고……

물론 발렌티나를 반박할 수 있다. 그녀가 오직 애인만 바라보고 산 것은 자기 능력을 시험대에 올려놓지 않으려는 하나의 전략에 불과하다고 말이다. 안전하게 집에다 진지를 구축한 채로도 발렌티나는 체면을 유지할 수 있다. 그녀를 보고 그래픽디자이너로서 창의력이나 근면성, 사업 수단이 떨어진다고 비난할 사람은 아무도 없다. 내연녀로서의 생활을 지지한다고 열심히 고백해두었기에 심각한 비판들을 면할 수 있는 것이다.

비교

두려움의 함정에 빠진 내연녀들은 자기 삶을 다른 여자들과 비교하지 않을 수 없다. 진짜로 내 삶이 더 나쁜가? 어쩌면 내가 더 낫지 않을까? 의식적으로 비교하면서 재는 행위는 생활의 일부, 기준 잣대를 구하는 생활에선 특히나 일상에 속하는 행위다.

또래와 비교하는 행위는 늦으면 초등학교에서, 대부분은 이미 유치원에서부터 시작된다.

"내가 더 커, 더 강해, 더 빨라."

"내 핸드폰이 더 멋있어."

우리와 상담한 여성들 중 자신을 다른 사람과 비교한다는 사실을 숨기려고 한 사람은 거의 없었다. 그건 왜 그런 걸까? 초등학교에 들어가면서부터 이미 자신을 평가하고 비교하기 위한 성적이 주어진다. 커서는 그것이 다음처럼 신뢰할 만한 두 가지의 비교전략으로 발전한다.

그 하나는 하향 비교로, 다음과 같이 망가진 자부심을 회복시킨다.

"재는 나보다 더 외롭잖아."

"재가 나보다 더 안 좋은걸."

하향 비교는 위기 상황에서 자신이 처한 운명에 유화적 태도를 보이게 한다.

또 다른 비교전략은 상향 비교다. 상향 비교는 다음과 같이 업적을 높일 수 있도록 추진력을 더해준다.

"저 여자, 저 남자도 저걸 해냈는데!"

그런가 하면 하향 비교를 통해 재빨리 자신을 "그 사람에 비하면 나는 잘나가는 거지!" 하는 식으로 위로한 후 더 많이 상향 비교로 나아가는 것은 우리의 생물(학)적 추진 본능에 가깝다. "나도 노력하면, 그걸 할 수 있다고" 하는 상향 비교를 통해 우리는 유전학적으로 최선을 다하도록 추진력을 얻는다.

살다 보면 어려움을 겪는 시기와 마주하게 마련이다. 내연관계에서도 마찬가지다. 그런 시기일수록 변화에 대한 두려움 때문에 하향 비교, 그러니까 상황이 자신보다 훨씬 좋지 않은 여성들만을 비교 대상으로 삼아서는 안 된다.

자신이 불운한 사람의 역할을 떠맡고 있는 건 아닌지도 체크하라. 셀프핸디캡을 가진 여성의 경우, 처량한 패자와 같은 인상을 줄 때가 종종 있다. 실제로 이들은 내연관계에서 억눌러둔 두려움, 예컨대 자신이 변화해야 하고 다른 사람들과의 비교 경쟁을 통과해야 한다는 두려움을 이겨냈다고 생각하고 있지만 잘못된 것이다.

이런 식의 전략은 권장할 만한 것이 못 된다. 숨겨둔 애인에게 의존하는 삶은 인격 해체로 이어질 수 있다. 내연녀가 자신의 두려움을 스스로 인정하고 자기 고유의 자율권을 찾기 위해 도전하려고 한다면 그러한 인격 해체에는 이르지 않을 것이다.

자립과 홀로서기를 위협으로 보지 말고, 성장을 위한 선물이라고 생각하라. 내연의 관계가 주는 위장된 안전으로 '다시 돌아가는 것'은 두려움의 함정 속으로 더욱 깊이 빠지게 할 것이며 자립적인 삶을 살 수 있는 자기 능력에 대해 의심만 키울 뿐이다.

여섯 번째 함정
: 자기 욕심

"그녀가 모습을 보이면 나는 괜히 흥분됩니다. 그녀에겐 뭔가 좀 특별한 구석이 있어요. 다른 여자들처럼 평범하지 않지요. 하지만 그걸 어떻게 내 점잖은 친구들한테 미주알고주알 설명하겠어요? 카르멘이 벌이는 즉흥적인 행동은 내가 보기에도 민망하거든요. 그녀는 낯선 사람들 앞에서도 그러죠. 그러니 그녀와 공개적으로 모습을 드러내지 않는 것이 당연하지 않겠어요?"(레오폴드, 51)

자신을 남들과 비교하는 것만 여상히 일어나는 일이 아니다. 자기 파트너를 다른 사람의 파트너와 비교하는 것도 생활 속에서 쉽게 벌어지는 일이다.

귀족 출신의 성공한 변호사 시빌레는 자신이 언제나 자신과 어울리지 않는 파트너만 사귄다는 사실을 인정하지 않을 수 없다. 최근에 사귄 마지막 파트너는 헬스클럽 트레이너였는데, 그와 나눌 수 있는 대화라고는 헬스에 관한 것 외에는 전혀 없었다. 당연히 그녀는 친구들에게 그를 소개하지 않았고, 따라서 이들의 은밀한 관계를 아는 사람은 아무도 없었다.

미관상의 결점

레오폴드와 관계를 맺었던 여성들 또한 그의 취향 때문인지 모두 한결같이 미관상 결점이 있는 여성들이었다. 현재의 내연녀는 약간 통통한 체구의 50대 여성으로, 플라멩코 춤 옷을 즐겨 입으며, 새까맣게 염색한 머리에 조화를 꼽은 채 스스로 카르멘이라고 부른다.

취향이나 기호가 도를 넘지 않아야 한다는 사회적 압박 아래서도 실제로 핸디캡이 있거나 있을 것 같은 사람을 내연의 파트너로 만드는 여성과 남성이 많다. 이런 여성 혹은 남성에게는 단지 은밀한 만남만 있게 하고, 공개적으로 드러내는 것을 꺼리게 하며 이 관계를 고백하지 못하도록 방해하는 어떤 요소가 있다. 방해요소는 주관적으로 여기는 것들이긴 하지만, '외모'에서부터 '어울리지 않는 사회계층에 속하는 것'에 이르기까지 일일이 열거하자면 한도 끝도 없다.

이러한 불륜관계에 전형적으로 나타나는 현상은 다음과 같다.

- 매력과 반발력, 즉 매력을 느끼게 하는 요소와 반발감을 갖게 하는 요소의 세기가 비슷하다.
- 관계를 완전히 끊어버릴 정도로 거부감이 심한 것도 아니고, 그렇다고 관계를 확실히 인정할 정도로 열광적이지도 않다.

자기 욕심

언제나 다른 사람에게 보여줄 수 없는 결함을 가진 사람만 파트너로 삼는 경향엔 무의식적으로 자기 욕심을 채우려는 이기주의적 심리가 숨어 있다. 어딘가 결함이 있는 것 같은 사람을 대할 때, 사람들은 훨씬 쉽게 자신에 대한 확신을 가지고 행동할 수 있다. 자신이 이해에 따라 어떤 행동을 하거나 내키지 않으면 언제든지 그만두기도 하면서, 자신의 기분이나 심기를 쉽게 있는 그대로 표출한다.

핸디캡이 없는 파트너일 경우, 그 파트너가 어떤 다른 사람에게 관심을 가지면 자부심이 동요를 일으킬 것이다. 이상적인 동반자를 잃을지도 모른다는 불안감 때문에 자신에 대한 확신이 없어지고, 변해보겠다 애쓸지도 모른다. 그렇다면 소위 잘못된 파트너는 '제대로 고른' 파트너인 셈이다. 이들은 개인적 성장이나 성숙 같은 것을 요구하지 않기 때문이다.

불평하거나 자기연민에 빠지는 것은 이런 사례에선 어울리지 않는다. 오히려 이러한 선택을 할 때 어떤 자기 욕심이 개입되었는지 자문하는 게 마땅할 것이다.

계속해서 자신에게 어울리지 않는 내연의 파트너를 사귀려고 하는 동기를 파악하고, 그에 대한 진지한 반대 조처를 취하고자 한다면, 반드시 항상 차선의 선택에만 만족해할 필요는 없다.

자기 자신이 핸디캡이 있는 파트너의 역할에 처해 있다고 생각될 경우, '왜 나는 상대방에게 내가 올바른 선택, 그늘 속으로 밀어

놓는 파트너가 아닌 자랑스럽게 내보이는 파트너가 되고자 하는 요구를 하지 않는가'를 자문해봐야 할 것이다.

일곱 번째 함정
: 고별 섹스

"갑자기 모든 것이 내게 특별한 의미로 다가왔어요. 그 사람은 내 시선을 피하고, 멀어져갔지요. 나는 우리가 정말로 헤어지게 되는 순간이면 정확히 이런 그림이 그려질 거라고 아주 오래전부터 생각했었어요. 왜 저렇게 천천히 걸어가는 거지? 이별이 힘들어서 그러는 걸까? 왜 다른 곳을 보는 걸까? 더 이상 내 시선을 견딜 수 없는 걸까? 자신의 삶을 뒤바꿀지도 모를 어떤 것 때문에 도망가는 걸까? 아니, 어쩌면 내가 나의 새로운 삶을 뒤바꿀지도 모르는 무언가를 경험한 것은 아닐까?"(소피, 33)

"절정의 순간이 지난 뒤, 아무 말 없이 내 옆에 누워 담배를 피우며 천장을 응시하는 그를 보면서 나는 이 사람에게서는 정말 더 이상 기대할 게 아무것도 없음을 깨달았죠."(크리스티네, 34)

"섹스를 마친 후 곧바로 일어나, 그녀를 침대에 놔둔 채 아무 말 없이 나가버리는 상황을 그려보았습니다."(롤란트, 46)

'옛 애인에 대한 기억'의 이면에는 분노와 복수의 감정으로 채색된 상상화가 심심찮게 숨어 있다. 롤란트는 유부녀 애인에게 차이면서 받았던 마음의 상처를 앙갚음하려고 한다. 냉정하게 그녀를 떠나면서 이렇게 '멘트를 날리고' 싶은 것이다.

"꺼져버려! 난 네가 더 이상 필요 없다고!"

그런데 실제로 성행위를 하고 난 뒤, 그의 심경은 오히려 헤어진 초기에 느꼈던 고통스런 상태로 되돌아가고 말았다.

이별을 앞둔 파트너들이 헤어지자는 많은 대화 끝에 만나는 마지막 만남이 섹스로 끝나는 일은 비밀이랄 수도 없는 일이다.

소피의 고백을 들어보자.

"처음부터 나는 그럴 생각이었어요."

일은 순조롭게 잘 진행되었다. 안드레아스가 "이따가 아내와 저녁 약속이 있다"라고 말하긴 했지만, 소피는 그가 제일 좋아하는 향수 냄새를 풍기면서 머리카락은 묶지 않고 자연스러운 상태로 있었다. 이것은 평소 그가 좋아하는 헤어스타일이었다. 가볍게 몇 번 시선이 오갔고, 분위기가 고조되었다. 평상시 나누던 다정한 몸짓에 갑자기 몸이 달아올랐고, 결국 그들은 열정적으로 사랑을 나눴다. 잠시 후, 안드레아스가 깜짝 놀라며 시계를 보았다.

"나 가봐야 해."

뗘남

두 사람 다 어쩔 줄을 몰랐다. 아내가 기다리는 상황에서 옛 애인과 헤어지는 기분은 어떨까? 마지막 손자국, 마지막 키스, 마지막 눈길과 마지막 음성이 아직 남아 있는 상황에서 옛 애인이 떠나다면 그 기분은 어떨까?

환상

많은 내연녀가, 마지막 섹스가 모든 것을 다시 좋은 상태로 돌려놓을 거라는 환상에 젖어 있다. 괴롭겠지만, 판단 착오다.

옛 애인과의 섹스는 거의 예외 없이 복잡한 사연이 얽혀 있다. 처음부터 그것을 겨냥했던 사람은 대부분 자신이 마술을 써서 이미 망가진 관계를 회복시키려 했다는 걸 한순간에 깨닫게 된다. 옛 애인과 나누는 섹스 저변엔 재결합에 대한 꿈이 있을 수 있지만, 그 꿈이 깨질 경우 더 이상 회복할 수 없는 결별이 뒤따를 수밖에 없다. 섹스를 통한 재결합 시도는 거의 언제나 상황을 더 악화시킬 뿐이다. '옛 애인에 대한 추억'은 그냥 추억 자체로 덮어두는 게 현명하다.

여덟 번째 함정
: 감사하는 마음

"나는 언제나 그녀에게 나를 섹스로 유혹했다고 대놓고 비난합니다. 또한 그녀가 창녀에 지나지 않는다고 확실히 못 박아두기도 했지요. 사실 파울라가 가진 모든 것은 내가 해준 겁니다! 그녀가 남부럽지 않은 수준으로 살아가는 데 필요한 모든 것이 다 내 덕분이죠. 내가 자기한테 어떻게 해주었는지 그녀는 결코 잊어서는 안 되는 겁니다. 그녀가 헤어지자고 말할 때마다 언제나 그녀에게 상기시킵니다. 나한테 빚졌다고 말입니다." (쿠르트, 65)

사람들이 과거에 머무는 것은 많은 경우 고마움 때문이다. 고마운 마음은 인생을 살아가는 데 고귀한 감정임이 틀림없지만, 불륜의 경우 그것은 두 파트너를 옭아매는 올가미가 되기도 한다.

빚

동독 출신인 파울라는 아는 사람이 아무도 없었고, 직업도, 전망도 전혀 없는 여자였다. 살기 위해 파울라가 콜걸로 일한다는 소문이 무성했다. 이러한 수렁에서 파울라를 꺼내준 남자가 쿠르트다. 현재 그녀는 20년간 행복한 결혼생활을 하는 쿠르트의 내연녀로 살아가고 있다.

쿠르트 덕분에 파울라는 멋진 삶을 살고 있다. 네일아트 학원에서 네일아트를 배울 수도 있었고, 좋은 친구들을 사귀었고, 또 인기도 좋은 편이다. 이러한 좋은 생활이 모두 쿠르트의 관대함 덕분이었음에도 그녀는 자기 또래의 남자와 사랑에 빠지고 말았다. 쿠르트는 도저히 이 상황을 용인할 수가 없다. 그야말로 배은망덕 아닌가?

콘라트 역시 그의 애인에게서 평생 감사하는 마음을 기대한다. 그녀가 의대에 다닐 때 그녀의 생활을 돌봐주었기 때문이다. 그런데 지금 상황은 어떤가? 스테파니는 그를 고마워하지 않는다. 몇 달 전 그녀에게 애인이 생겼는데, 이제는 온 병원이 다 알 정도가 되었다. 콘라트는 이기적인 스테파니에게 분노한다. 그는 아무것도 받지 않고, 그녀의 학업을 뒷바라지했던 그 시절을 기억하라며 끊임없이 이야기를 늘어놓는다.

"잘 기억해둬! 나한테 고마워해야 할 빚이 있다는 것을 말이야."

과거

여러 명의 남자와 여자가 서로 마주 보고 앉아 있었다. 그중 한편은 자신이 베푼 것을 평생 돌려받아야 한다고 주장했고, 다른 한편은 그 보답은 이미 했다고 생각했다. 스테파니도 후자 중 한 명이다. 그녀는 신세를 진 것에 대한 보답으로 자신이 행한 수많은 일을 조목조목 리스트를 만들어 열거했다. 콘라트의 형이 요양 원에 있을 때 그녀가 행한 일들이며, 그녀의 어머니를 무료로 치료해준 동료 의사들 등등. 자기가 좋아하는 지중해 대신 콘라트가 좋아하는 산에서 함께 보냈던 그 많은 여름날은 차치하고라도 말이다.

스테파니와 콘라트 간의 문제는 배은망덕한 그녀의 행동이 아니라, 계속 과거에 머물러 있으려는 콘라트에게 있다. 물론 한때 콘라드가 스테파니에게 에너지와 돈, 그리고 관심 등 많은 걸 베풀었다는 것은 사실이다. 하지만 그건 이미 오래전의 일이다. 현재의 스테파니 상황이 어떤지에 대해 콘라트는 아는 바가 없고, 또 알려고 하지도 않는다. 직장과 골프 외에 중요한 것이 없어진 지 오래다. 그럼에도 콘라트는 언제나 스테파니에게 은혜를 잊지 말라고 했고, 이것은 가뜩이나 식어버린 그녀의 마음에 더욱 큰 부담을 주었다. 죄의식은 참기 어려운 법이며 타인에 대한 공격성을 유발하게 마련이다.

쿠르트는 아무리 감사할 거리가 있고, 감사하는 마음이 있더라도 계속되는 모욕을 참아내기엔 역부족임을 명심했어야 했다. 그는 파울라의 자부심을 짓밟았다. 파울라는 그를 성적으로 속여본 적이 단 한 번도 없었다. 그녀는 기꺼이 그의 내연녀가 되어주었고, 자주 함께 잠자리를 나누었고, 또 그와 함께 있는 시간을 즐겼다. 물론 그녀의 성적 대응 역시 그의 영향력과 그의 장려금 덕분이었다고 설명될 수 있을 것이다. 그래서 어떻다는 것인가? 쿠르트는 그것을 통해 파울라의 가장 기본적인 필요들을 채워주었다. 하지만 무자비할 정도로 끊임없이 그녀를 모욕하면서 쿠르트는 자신이 성적으로 느끼던 자극을, 파울라는 그에 대해 지니고 있던 감사의 마음을 잃게 되었다.

그것은 고마워하는 마음을 기대하던 사람에게는 고통과 환멸을 느끼게 하지만, 죽을 때까지 감사해야 할 의무를 지닌 것처럼 느끼던 사람에게는 마음의 부담을 덜어주는 일이다.

감사하는 마음은 현재에도 그리고 미래에도 계속 한 방향으로 나가야 하며, 더불어 '내가 지금 너에게 필요한 걸 주는 것처럼 너도 지금 나에게 필요한 것을 주어야 한다'와 같이 활발하게 상호교환의 풍토를 필요로 한다. 더 이상 자신이 필요로 하는 걸 얻지 못하는 사람이 고마운 마음을 유지하기란 힘든 일이다. 하물며 '정상적인' 파트너 사이에 비해 기본적으로 더 부담을 안고 있는 내연관계의 경우에 관해선 말할 나위도 없을 것이다.

아홉 번째 함정
: 받들어주기

"알렉스가 성심성의껏 잘해주는데도 그것이 하나도 고맙지 않은 거예요. 또 억지로 기뻐하는 척하는 것도 못 하겠고요. 그의 열심만 보고는 아무것도 시작할 수 없기 때문이죠. 원자력 같은 건 나랑 전혀 상관없는 분야고요. 그 사람이 준 땅콩 초콜릿만 보면 온몸에 소름이 다 돋는다니까요. 그리고 퇴근한 뒤에 나는 어차피 걸어서 집으로 오는 걸 더 좋아해요." (코니, 29)

"나는 모든 것을 다 보여주려고 했습니다. '내가 가진 모든 장점을 네가 다 알아야 해'라면서요. 얼마 후 난 단념하고 말았습니다. 그러고는 말했지요. '뭘 더 해야 한단 말이지?' 나는 보여줄 수 있는 모든 것, 제공할 수 있는 모든 것을 할 수 있는 한 마지막 한 방울까지 다 짜내었습니다. 그 일이 그럴 만한 가치가 있다는 걸 보여주기 위해 기교적으로 할 수 있는 모든 것을 다 동원했던 셈이죠." (플로리안, 48)

그늘진 애정관계, 그 세계에선 감사하는 마음을 갖도록 하는 것이 상대를 받들어줌으로써 버릇을 잘못 들이는 경우와 서로 맞물려 돌아갈 때가 종종 있다. 남자는 여자를 위해 모든 걸 다 바치며 그녀를 받들어줌으로써 그녀를 잘못 길들인다. 혹은 전혀 그럴 필요가 없는데도 남자가 원하는 것보다 훨씬 더 많은 걸 해주는 여자들도 있다. 받들어줌으로써 오히려 함정에 빠지고 마는 것이 이런 경우다.

헛된 노력

알렉스는 코니가 그런 태도로 나올 줄은 정말 꿈도 꾸지 못했다. 그는 눈짓만으로도 그녀가 원하는 것은 무엇이든 알아챘고, 그녀를 신처럼 받들어주었다. 그런데 그녀에게서 돌아온 것은? 그의 애인으로서 누리는 이런 황홀한 생활을 관두고 싶다는 것. 그녀는 자유분방한 사람이긴 하지만, 알렉스와는 전혀 비교도 되지 않는 그런 남자를 선택했다. 아무것도 아닌 남자, 아무 매력도 없는 평범하기 그지없는 남자를 말이다. 알렉스는 참담한 기분이 들었다.

"나는 그렇게 해주면 코니가 좋아할 거라는 생각에 그리해주었던 겁니다."

물론 즐기긴 했다. 하지만 좋아할 거라고 생각했던 그의 생각과는 좀 거리가 멀었다.

코니는 결혼한 지 17년 차이고, 사춘기 두 딸의 아빠이기도 한 알렉스가 정기적으로 원자력에 관한 신문 사설을 이메일로 보내고, 또 자신에게 땅콩 초콜릿을 선물하고 사무실까지 마중 나오는 것에 관해 제대로 평가할 줄 몰랐던 것이다.

빗나간 선택

알렉스가 그렇게 많은 호의를 베푼 이유는 무엇일까? 코니는 알렉스의 애인이다. 하지만 그녀는 구속되는 걸 원하지 않았고, 그녀가 원할 때만 동침했다. 알렉스는 그녀가 더 많이 그를 위하고, 오직 자신만을 위해 있을 수 있도록 기꺼이 모든 것을 할 마음이었다. 그의 노력 이면에는 코니를 구속하고 더 많은 권력을 얻으려는 무의식적인 욕구가 존재한다.

파트리치아 역시 스테판을 위해 모든 것을 바치는 여성이다. 몰래 둔 헌신적인 애인의 이런 전폭적인 사랑! 이런 부드러움! 애정에 넘치는 몸짓들! 그런데 여기에 뭔가가 맞아떨어지질 않는다는 건가? 그렇다는 것이다.

스테판을 위해 하는 일이 많으면 많을수록, 파트리치아는 그에게 자신은 원래 없어도 되는 존재라는 생각에서 그만큼 벗어나기 쉬워진다. 하지만 그녀 내면 깊숙한 곳에는 자신은 가치도 없고 사랑을 받을 존재도 아니라는 생각이 도사리고 있다. 스테판을 위한다는 선한 의도에서 나온 그녀의 헌신적 행동들은 그녀가 몹시 갈급해하는 자존감을 부여한다.

소원 성취

그렇긴 하지만 다른 한편 파트리치아의 지칠 줄 모르는 헌신은 자신의 소망을 이루는 것이기도 하다. 이러한 다정한 사랑은 아이

때 그녀가 어머니에게서 열망하던 것이기도 하다.

근본적으로는 알렉스도 코니의 실제적인 바람을 충족시켜줄 수 없고, 파트리치아도 스테판이 진정 필요로 하는 것을 만족시킬 능력이 없다. 아마도 대부분 이런 이유 때문에 오히려 파트너를 위해 점점 더 많은 걸 하고 싶은 충동이 느껴질 것이다. 그러나 '조금 더' 해본들 그것 역시 정답은 아니다.

그렇다고 모든 사람이 다 받들어주는 걸 싫어한다는 말은 아니다! 편하고 멋진 생활은 누구나 좋아하게 마련이다. 그러나 너무 지나치게 성의를 다하는 것은 대개 두 사람이 동등한 입장이 아니라거나 의사소통이 제대로 이루어지지 않음을 드러내는 표시다. 다시 말해 진심에서 우러나는 감정의 일치와 화합이 이루어진다면, 좋은 의도를 가진 파트너는 언제 무엇이 필요한지 정확하게 느낄 것이다.

지나친 배려, 무조건적인 이해, 원하지도 않은 애정 공세, 과도한 애정 표현 같은 것들은 뭔가 잘 맞아떨어지지 않는 내연관계에서 전형적으로 나타나는 현상들이다. 떠받드는 것은 완벽한 관계의 표현이 아닌, 결핍의 표현이다. 거기서 초래될 감정은 행복이나 고마움이 아닌, 불쾌함이다. 마지막으로 에너지를 쏟아붓는다고 해서 원하는 친밀함이 생기는 것이 아니다. 그것은 줄어들어야 할 거리감만 반대로 더욱 키우는 결과를 낳는다. 특히 분에 넘치도록 떠받듦을 받다 보니 거기서 죄책감이 생기고 또 그 죄책감에서 벗어나고자 공격적인 태도를 보일 때 이런 현상은 더욱 극명해진다.

열 번째 함정
: 죄책감

"그 사람은 왜 죄책감에 시달리는 것일까? 나는 모든 것을 다 그를 위해서 했을 뿐인데. 난 언제나 그를 배려했고, 또 한 번도 그를 몰아 세운 적도 없었는데…… 그런데도 자기 아내에게로 돌아가다니. 이제 는 사랑하지 않는 여자이자 자신에게 전혀 점잖게 행동하지도 않는 여자에게로. 왜 그랬을까? 아내에게는 더 이상 아무 감정도 없다고 고 백까지 한 사람이……." (로자, 42)

"이제는 더 이상 사랑에 관해서 운운할 사이는 아니지요. 나도 아내 도 마찬가지입니다. 더군다나 나는 아내한테 남자 친구가 있다는 것도 알고 있는걸요. 우리 두 사람 모두 안 그런 척 행동하지만, 사실은 사 실입니다. 그런데도 만약 내가 떠나기로 한다면, 난 죄책감을 갖게 될 것 같습니다." (폴커, 53)

"남편은 도저히 이해할 수 없는 성격의 소유자입니다. 나로서는 그 래요. 그를 더 이상 진정으로 사랑하지 않는 것은 아마도 그 때문일 거예요. 하지만 남편을 버리고 남자 친구와 새롭게 시작한다고 해도 죄책감 때문에 도저히 행복할 것 같지 않아요."(마리안, 37)

한네스는 로자에게 끊임없이 자신의 사랑을 고백하면서도 동시에 이런 말을 한다.

"하지만 인네스를 떠날 수는 없어. 그렇지 않으면 죄책감 때문에 죽어버릴 거야."

강제

한네스는 로자가 자신에게 더 잘 어울리는 파트너라는 것을 잘 알고 있다. 그는 또한 그녀가 자기를 아무 계산 없이 진심으로 사랑한다는 것도 느낀다. 그런데도 그는 인네스와 이혼할 생각을 하지 못한다. 인네스가 벌써 몇 번이나 그를 속인 적도 있고, 또 그녀가 그를 통해 자기 욕심을 채우면서도 그의 직장 일에 대해선 거의 신경을 쓰지 않는데도 말이다. 그런데도 "날 버리면 안 돼요" 하는 그녀의 한마디에 한네스는 꼼짝하지 못한다. 죄책감이 그를 진작부터 마음이 떠난 관계에 강제로 머물게 한다.

이런 식으로 많은 여성이 남편의 곁에 머문다. 남편이 자신에게 관심이 없고, 술에 빠지거나 끊임없이 바람을 피우는데도 말이다. 삼각관계에 있는 여성 중 44%의 여성이 오랜 세월 함께 지낸 배우자를 떠나지 못하는 남성을 사랑한다. 아내에 대한 감정이 식었거나 아니면 아내 쪽에서도 이미 다른 남자가 있는데도 말이다.

죄의식은 인생에서 중대한 문제다.

"난 아내와 헤어질 수 없어. 평생 죄의식에 시달리게 될 거야."

한네스의 솔직한 말이다. 거의 모든 사람이 한네스와 같은 갈등에 빠진 적이 있거나 친구를 통해 비슷한 상황을 경험한 적이 있을 것이다. 이성적으로 생각해볼 때 죄책감을 가질 필요가 없는 상황인데도 죄책감에 시달리는 것이다. 헤어지는 것은 상대방을 상징적으로 파괴하는 걸 의미함을 차치하고라도 이러한 죄책감을 느끼게 되는 데는 다른 여러 심리학적 이유가 존재한다. 그 이유들은 기억조차 할 수 없는 머나먼 시간 속에 묻혀 있다.

여기 한 젖먹이가 울고 있다. 아이는 품에 안기고 싶은데, 안아주지는 않고 기저귀를 갈아주고는 다시 침대에 눕히기 때문이다. 그 아이가 울면서 어떤 느낌을 가질 거라고 생각하는가? 그 아기가 느끼는 것은 분노 그 자체다. 또 이제 여동생이 생겨서 막 언니가 된 어린 여자아이가 느끼는 감정이 어떨 것이라고 생각하는가? 그 아이가 느끼는 것은 이제부터 엄마의 사랑을 독차지하지 못한다는 데서 오는 갓난아이에 대한 분노다. "난 새로 태어난 내 동생이 너무너무 좋아요!"라고 말하는 것은 부모의 남은 사랑마저 잃지 않으려고 그냥 그러는 척하는 것에 지나지 않는다.

분노

아무리 사랑하는 부모라 할지라도 어린 새싹의 욕구를 다 채워줄 정도로 완벽할 수는 없다. 그들은 아이를 더 낳기도 하고 혹은 아이가 어느 정도 자라면, 자기들은 즐거운 시간을 보내면서 아이에게 들어가 먼저 자라고 할 때도 있다. 그 위의 형이나 언니에겐 늦게까지 TV에서 방영하는 영화를 봐도 된다고 허락하면서 말이다. 아이에게 자신이 바라는 사랑과 관심을 충분히 받지 못한다고 느끼게 만드는 부모들의 '실수' 목록은 그야말로 끝없을 것이다. 하지만 그것 때문에 섭섭함과 분노의 감정을 느끼면서도 동시에 아이는 자연적으로 자신이 종속된 부모에 대한 깊은 사랑도 느끼게 된다.

사랑과 분노가 겹치는 곳에서 최초의 죄책감이 생긴다. 성인으로서의 당신은 당신의 파트너에게 이렇게 말할 수 있다. "이젠 도저히 못 참겠어. 난 떠나야겠어!"라고. 하지만 두 살짜리 아이는 그럴 수가 없다. 이 아이의 종속감 같은 시기에 가졌던 애착이 나아가 분노와 증오 같은 자연스러운 감정을 느낄 때 동시에 죄책감을 일어나도록 만드는 것이다.

아이가 사랑하는 엄마나 마음 좋은 아빠에게 자신의 분노를 어떤 식으로든 표현할 수 있다면, 성인이 되었을 때 아마도 만성적으로 나타나는 공연한 죄책감에 시달리지 않을 것이다. 그 사람은 다른 사람에 대해 죄의식을 가져야 할 때와 그렇지 않아도 될 때를 감지하게 될 것이다.

공격성

씨씨는 결혼한 첫날부터 자신을 속이고 기만했던 남편인데도 지금 그에게 죄의식을 느낀다. 점잖고 믿음직스러우며 투지가 넘치는 로날드는 씨씨의 마음을 얻기 위해 최선을 다한다. 자신과의 은밀한 관계 때문에 그녀가 죄책감과 양심의 가책에 시달리는 것이 로날드로서는 도무지 이해할 수 없는 일이다.

씨씨가 공연한 양심의 가책에 시달리는 이유는 뿌리가 깊다. 씨씨가 17세 때였다. 그녀는 부모님 집을 떠나 그들과 완전히 인연을 끊으려고 했다. 그때 그녀의 부모는 그렇게 되면 자기들은 죽어 버릴지도 모른다는 느낌을 그녀에게 주었다. '착한 소녀'였던 그녀는 부모에게 그런 상처를 주고 싶지 않아서 그들의 뜻에 따랐다. 그러나 그녀는 무의식적으로 사랑하는 부모에 대해 공격성을 갖게 되었고, 그 때문에 평생 죄책감을 안고 살아가야 했다.

일반적으로 남성들이 여성들보다 죄책감에 시달리는 경우가 다소 적은데, 아마도 남성은 어렸을 때부터 저항하는 것이나 공격적인 면을 드러내 보이는 것이 어느 정도 용납되었기 때문일 수 있을 것이다.

양심

내연관계에 있는 남녀는 자주 양심의 가책에 시달린다. 그들의 삶은 어두운 비밀과 거짓, 그리고 다른 사람의 것을 빼앗았다는 혹은 자기 것이 아닌 걸 취했다는 불안감에 싸여 있다. 간단히 말해 그들은 느낌이 '좋지 않다'는 것이다.

양심의 문제는 한 인간의 일평생을 관통하는 운명의 붉은 실이다. 물론 그것이 태어나자부터 시작되는 것은 아니다. 일반적으로 양심이라고 불리는 인간 내부의 도덕을 관할하는 담당 기관은 생태적인 게 아니다.

양심의 형성

살아가는 동안 내내 양심이 한결같지는 않다. 8세까지 그것은 부모에게 벌받고 부모의 사랑과 따스함을 잃을지도 모른다는 두려움에서 오는 반응이다. 5세 된 어린아이는 부모의 꾸지람과 냉담함을 두려워하기 때문에 양심 상태가 '양호'하다. 후에 아이는 좋은 것과 나쁜 것을 구별하는데, 그 이유는 부모에 대한 사랑에서 자기를 부모와 동일시하기 때문이다. "난 엄마(아빠)처럼 되고 싶어!" 하는 식의 동일시 과정에서 아이는 부모의 가치관까지도 물려받는다.

청소년은 부모의 영향에서 벗어나려는 또래 청소년들을 사귀면서 성장하고, 이 시기의 양심은 이미 어느 정도 독립성과 상호 존중의 성격을 띤다. 성인의 양심은 그동안 몸에 밴 행동 규준과 이상, 가치관 같은 것들로 이루어진다.

도덕

양심을 견고하게 하는 구성 요소는 자기관찰과 '지금 한 행동, 제대로 한 것일까?'처럼 지속적으로 양심과 관련한 질문을 하는 것이다. 이런 도덕의식은 인간의 성격을 형성하고 자화상을 규정한다.

"전반적으로 나는 바르게 행동하니까, 난 오케이야."

따라서 자부심은 무엇보다도 '자신이 물려받은 가치와 일치하는 삶을 살고 있는가, 아닌가?'의 문제와 직결된다.

양심과 죄의식은 인도적이고 책임감 있는 사회생활을 영위하는 데 유용한 규정 요인이다.

그러나 당신이 불륜의 어두운 사랑에 연루되어 있고, 당신이 결정을 내리고 행동하는 것이 비합리적인 죄의식 때문에 방해된다면, 이 죄의식의 원인을 굳이 현재 상황 혹은 잘못된 행동을 들추며 찾을 필요는 없다.

당신이 평생 쓸데없이 양심의 가책에 시달리지 않기 위해서는 죄책감 이면에 감추어진 원래의 이유를 알아내는 데 힘써야 한다. 필요하다면 전문가의 도움을 받는 게 좋다.

제7장

불륜의 그늘에서
벗어나는
10단계 조치

내연관계에 있는 사람들과 함께 진행된 심리치료 작업과 대화를 토대로 우리는 불륜의 삶에서 벗어날 확실한 10가지 조치를 결정체로 만들어낼 수 있었다.

물론 이러한 조치가 반드시 순서대로 진행되는 것은 아니다. 또한 각각의 조치는 명확히 구분되어 진행되지 않는다. 각각의 조치에 소비되는 시간도 서로 상이하며, 그동안 매듭지어져 있던 여러 감정과 습관을 풀어가는 과정 중 계속 새로운 점이 더해질 수밖에 없다. 하지만 예컨대 자신감을 강화하거나 마음의 위안을 주는 원천을 개발하는 것은 무엇보다 중요하고 없어서는 안 될 부분들이다.

무엇보다도 결정적인 것은 자신을 억압하는 상태를 계속 변화시키려는 당신의 의지다.

1단계 조치
: 자신감을 얻는다

가능한 한 이의 제기할 것이 없는 삶을 영위하기 위한 본질적 전제는 건실한 자기수용과 자의식, 자부심, 그리고 자신감이다. 생각해보라. 몇 년 동안 한 남자의 그늘에서 생활한 여성이 자신의 힘으로 그곳에서 벗어나려고 하는데, 그녀에게 자신에 대한 믿음과 자신을 수용하는 마음이 없다면, 그것이 가능하겠는가?

심리치료사 밀톤 에릭슨Milton Erickson은 이런 말을 한 적이 있다. 행복한 어린 시절을 갖는다는 것은 그 어느 때라도 결코 늦는 법이 없다고. 이 말에 기대어 우리는 이렇게 말하고 싶다. 다시금 자신감을 일깨우거나 완전히 새로운 자신감을 구축하는 것은 어느 때라도 결코 늦는 법이 없다고. 힘닿는 데까지 자기 자신을 도우라. 당신을 지지하고 당신에게 힘을 줄 수 있는 모든 것을 활용하라. 평생교육원의 자기표현 훈련이나 상담, 치료, 단체 활동, 도와줄 용의가 있는 사람들뿐만 아니라 새로운 헤어스타일과 새로운 의상과 같은 것들까지도 활용해야 한다.

그러나 무엇보다도 당신은 자기 자신에게 관대해지는 법을 배위야 한다. 당신이 내연관계에서 행하는 실수들에 관대해지라. 현재 가장 큰 실수는 '조금의 실수도 용납하지 않는 현대 문화'를 그대로 받아쓰기하며 그것에 굴복하는 것이다! 기술 진보를 통해 현대 문화는 우리에게 무자비할 정도의 완벽함을 요구한다. 실수는 치명적인 것이고, 더 이상 배움의 기회로 간주되지 않는다. '성공이냐 실패냐' 혹은 '이것이냐 저것이냐' 하는 이분법만이 통용되고, 완벽해야만 인정받을 수 있다. 이러한 태도를 견지할 경우, 이의 제기를 받는다는 건 저주받을 실수를 범한 셈이 되는 것이다.

'나는 약하지만, 강한 면도 있다', '나는 대개 자발적으로 행동하지만, 어떤 면에서는 수동적이기도 하다' 등등 '이것도 좋고 저것도 좋다'는 식의 좀 더 여유 있고 열린 생각이 제대로 된 생각일 수 있다. 특히 사랑처럼 민감한 문제에서는 더욱 그렇다.

자의식을 확고히 하기 위해서는 새로운 그 무엇을 시도해보고 아직은 익숙지 않은 태도를 견지해보는 것이 꼭 필요하다.

광대의 철학을 따르라! 기울도록 되어 있는 것은 기울게 마련이듯, 잘못될 수밖에 없는 건 잘못될 것이다. 그러나 광대는 포기하지 않는다. 그는 지치지 않고 계속한다. '함정에서 벗어나기 위해선 체면을 벗어던져라'라는 모토를 따라!

2단계 조치
: 결정을 도울 방법을 구한다

당신 생각에 당신은 두 사람 모두를 사랑하는 것 같다. 그런데 당신은 그중 한 명을 결정하려고 한다. 어쩌면 한쪽에서 혹은 양쪽에서 압력을 받고 있으므로 그럴 수밖에 없는 상황에 놓여 있는지도 모른다. 그건 힘이 드는 일일 뿐만 아니라 양단간에 결정을 내릴 수밖에 없는 긴급한 상황에 처해 있다는 사실이 당신을 불행하게 만든다.

사랑과 관능적인 면이 중요시될 경우, 지금까지 효력을 지니던 행동 기준이 거꾸로 곤두박질친다. 절대적 확신 아래 한 선택이므로 그 선택은 희소가치를 갖게 되고, 합리적인 동기에서 결정에 이르는 것이 아니라 '배에서 나오는 대로' 결정할 때가 많다. '결정의 힘'이라는 말은 그냥 생겨난 게 아니다. 이때 결정을 내린다는 말은 또한 상대에 대한 충분한 지적 기반 없이도 이런 식으로 결론을 끌어낼 수 있음을 뜻하기도 한다. "바로 저 사람이다!", "당장 그렇게 하겠어!" 등등…….

복뇌

삼각관계의 상황에선 많은 경우 '배에서 나오는 대로' 결정을 내리게 된다. 실제로 복부에는 '제2의 뇌'라고 할 만한 어떤 것, 다시 말해 내장 조직이 존재한다. 결정의 기로에 선 상황처럼 스트레스가 많은 상황에서는 흔히 머리가 제대로 작동하지 않는다. 그러면 그때까지 축적된 관계의 경험을 기반으로 '복뇌腹腦'를 통해 어떤 '영감'이 주어진다. 최종적으로 그 영감이 꼭 필요한 결심을 하게 하는 결정적 힘으로 작용하는 경우가 잦다.

'배에서 나오는 대로' 결정에 이르지 못할 경우, 다음과 같은 것을 통해 결정을 위한 방법을 찾아보아야 한다.

'최상의 것 취하기'전략

'최상의 것 취하기'전략은 두 가지 가능성 중 그것들을 구별하는 최상의 특징들을 파악한 후 더 나은 걸 결정하는 거다. 첫 번째 비교에서 결정할 수 없다면 차선의 특징을 검토한다. 그런 식으로 해결점을 도출할 때까지 계속한다.

그러나 감정이 개입하는 한, 결단의 문제는 일반적으로 통용되는 그런 방식으로는 해결되지 않는다. 통계학적으로 볼 때 70%의 성공률을 갖는 '최상의 것 취하기'전략으로는 심정적인 문제들이 그렇게 잘 해결되지는 않는다.

손익 계산

손익 계산 방법도 활용할 수 있다. '지금 공들이고 있는 것들

중 어떤 걸 얼마나 줄여야 하는가?', '얼마나 더 정성을 기울일 것인가?', '나에게 돌아올 이득은 어떤 것인가?' 등을 타진해본다.

찬반으로 결정하기

이 방법에선 우선 자신에게 가장 필요한 욕구의 순서대로 1점부터 5점까지 점수를 매긴다. 예컨대 자립의 요소가 '별로 중요하지 않을' 경우 1점, 안전의 요소가 '매우 중요'할 경우 4점과 같은 식이다. 찬성하는 이유 한 가지는 반대하는 이유 세 가지보다 더 가치가 있다.

문제해결 과정

이런 방법들로도 불투명한 감정, 마음의 분열, 불안과 같은 상태가 극복되지 않을 경우, 목표점으로 이끄는 각 단계를 설명하고 결정하는 과정도 동원해볼 수 있다. 문제해결의 과정은 7개 단락으로 진행되는데, 이 모든 과정을 문서로 기록하면 성공 확률은 그만큼 높아진다.

- 진정한 욕구에 대해 진단한다.

  위기의 시기에 사람들은 자신이 진정으로 원하는 것이 무엇인지 전혀 감을 잡지 못하는 경우가 흔하다. 불만족스럽다는 말은 예컨대 '내가 정말로 원하는 건 그게 아니라 안전하고 보호받는 것(혹은 섹스, 합법성 등등)인데'처럼 대부분의 경우 자신의 인격에서 은폐되고 억압된 어떤 부분이 신호를 보내고 있다는 말이기도 하다.

- 현재 상태를 파악한다.

  한번 진단해보자. 현재의 내 생활 상태는 어떤가? 나에게 중요
  한 사람들 가운데 어떤 사람이 어떤 역할을 하고 있는가?

- 해야 할 일이 무엇인지 깊이 생각한다.

  여기서 중요한 것은 목표를 세우는 일이다. 목표는 간결하고
  명확하게 표현되어야 한다. 가령 '나는 행복해지고 싶다'가
  아니라 '나는 사람들에게 공식적으로 인정받으며 살고 싶다'
  혹은 '나는 많은 거리를 두고 살아갈 필요가 있다' 하는 식
  으로 표현되어야 한다.

- 해결책을 마련한다.

  이 단계에서는 목표를 이루는 데 도움 되는 여러 해결책을
  강구한다.

- 해결 가능성들에 관해 논의한다.

  그 해결책들이 문제를 풀 수 있을지 객관적 위치에 있는 다
  른 사람들(가족 외에 친구나 상담자, 치료사)과 논의할 경우 그
  해결 가능성을 더 잘 파악하고 판단할 수 있다. 혼자서만 생
  각하면 문제를 다시 반복하거나 잘못된 방향으로 나아갈 수
  있다.

- 가능한 한 가지 해결 방안을 결정한다.

  그늘에서의 삶에서 양지로 건너간다는 것은 새로운 방향 설정을 의미한다. 미래에 대한 다양한 비전을 그려보는 것이 가능성 있는 해결 방안을 수행하는 데 훨씬 도움 된다. 이 부분은 생활상에 대한 구체적 변화를 요구하기 때문에 가장 어렵다고 할 수 있다. 혼자 결정하기 힘들다면, 단기적으로라도 전문적인 도움 이를테면 심리치료사와의 상담을 요청해야 한다.

- 구체적인 안을 정한다.

  이 단계에선 여러모로 선호되었던 해결안을 관철시키는 데 없어서는 안 되는 조처들을 상세하게 확정한다.

행동

경험에 비추어볼 때 실천을 위해 첫걸음을 내딛는 것이 가장 힘들다. 그렇기에 편안한 가상의 해결책으로 피해 갈 위험이 크다. 자연스럽게 애인과 함께하는 먼 미래를 공상하며 계속 자신을 달래며 살 수도 있다.

당신이 어떤 상황에 있는지는 상관없다. 행동하라! 행동은 비전을 갖게 한다. 불행한 삼각관계 속에 수동적으로 계속 머무르는 것은 시간이 지남에 따라 희망이 사라지게 하고, 의기소침하게 만들며, 앞날에 대한 전망을 방해한다.

- 예컨대 쥐 죽은 듯 가만히 있기, 적응하기, 기다리기 등과 같이 두려움에서 나온 특정한 전략을 빈번하게 사용할수록 일방적인 신경 차단을 향한 통로는 그만큼 커진다.
- 뇌는 위기를 통해 배운다! 뇌는 '사고 기관'일 뿐만 아니라 다른 사람과의 관계를 추구하고 새로운 전략을 테스트하는 성향을 지닌 '사회적 기관'이기도 하다. 전문가의 도움을 구하거나 자기치료 집단을 통해 당신의 문제를 상담하라.
- 신경생물학의 새로운 발견에 따르면 우리의 뇌는 새로 조형될 수 있다. 과거의 경험을 통해 생긴 엔그램Engram(잠재적 기억의 상 혹은 기억 흔적을 말한다. 예컨대 '불리한 상황에선 받아들이는 수밖에 없어')들은 새로운 경험들(예컨대 '도움을 구한다면, 뭔가 상황을 바꿀 수도 있겠어')에게로 양도될 수 있다.

3단계 조치
: 대화할 기회를 찾는다

정상적 관계에서 나누는 유익한 대화는 상대방에게로 다가가는 교량 역할을 한다. 그늘진 불륜관계에서는 의사 표현을 분명히 하는 대화가 그에 못지않게 중요하다. 서로 간에 있었던 일들을 이야기할 수 있는 적당한 자리를 찾아 삶의 한 장을 매듭짓는 것이 필요하다.

침묵

아무 말 없이 헤어지는 것보다 더 나쁜 것은 없는 법! '차가운 이별'을 감행하면서도 단 한 번도 '이별'을 입 밖에 내지 않는 경우가 많다. 그냥 잠수해버리는 경우가 있는가 하면, 관계를 단절해버리기도 한다. 한마디 설명도 없이 말이다. 남아 있는 사람은 사태를 파악하지 못하고, 이별의 진짜 원인이 무엇인지 전혀 모르는 경우도 있다. 명확한 입장을 밝히는 마지막 대화가 없을 경우, 미래에 대한 전망이 '불투명한' 상태에서 벗어나는 데 걸리는 시간은 그렇지 않은 경우보다 훨씬 오래 걸린다.

당신의 애인이 이유를 해명하기 위한 대화를 회피하려고 할 경우, 그의 태도 때문에 어쩔 수 없이 당신은 혼자 이런저런 추측을 하면서 자책감에 자신을 괴롭히게 될 것이다.

'어쩌면 내가 뭘 잘못 했는지도 몰라. 그게 뭘까? 헤어짐이 이렇게 초라해서야 되겠는가!'

함께 공유했던 귀중한 추억을 갈무리하는 이별의 말보다 침묵이 훨씬 더 가슴 아픈 법이다. 마지막 말로 울음바다가 될지도 모르지만, 그렇게 함으로써 헤어지는 커플들은 긍정적인 힘을 얻게 되어 각자 새로운 출발로 나아가기가 한층 더 쉬워지는 것이다.

4단계 조치
: 스트레스를 예방한다

숨겨둔 사랑이 발견되거나 파트너와의 결별은 그럭저럭 잘 진행되던 인생에 결정적으로 변화를 가져오게 하는 위기의 사건들이다. 이른바 '라이프이벤트'라 불리는 일생일대의 사건에 대한 학계 연구에 따르면 가장 큰 부담을 느끼는 삶의 사건들로 손꼽히는 일은 가깝게 지내던 사람을 잃는 것과 중병에 걸리는 것 그리고 실직 같은 것들이라고 한다.

신속한 회복력

한 여성이 이별의 위기 상황에 부딪혀 좌절하고 말았다면, 어떻게 하다 그리되었을까? 그런데 다른 여성들은 그것을 극복했다면, 그 능력은 어디에서 오는 것일까? 아마도 내연의 관계를 잘 청산하고 모든 걸 새롭게 시작할 수 있는 여성들은 신속한 회복력 Resilience, 즉 유연한 적응력을 가진 여성들일 것이다.

신속한 회복력이란 인생의 위기를 장기적 후유증에 시달리지 않고 잘 극복하는 능력을 말한다. 1980년대 중반까지 서구에서는

'긍정적으로 사고하라'라는 표어가 지배적이었다. 그러나 이 철학은 많은 장점을 가지고 있음에도 문제를 부인하거나 좋은 말로 포장한다는 비난을 면치 못했다. 신속한 회복력은 허울 좋은 말치레와는 전혀 관련이 없다. 완전히 그 반대다.

무장

신속한 회복력을 지닌 사람이라고 해서 자기 삶에서 실패할 가능성을 전혀 고려하지 않는 것은 아니다. '최악의 경우엔 무슨 일이 일어날까?' 하는 식의 구체적 상황 설정은 스트레스에 대비한 예방주사 같은 효과를 불러일으킨다. 어느 날 그런 안 좋은 일이 실제로 벌어질지라도 그런 상황을 설정해본 사람은 이미 그것에 대비해 무장한 상태이니까.

또한 신속한 회복력이 있는 사람에게 전형적으로 드러나는 현상은 그들은 언제나 자신을 희생자로 여기지 않는다는 것이다. 그들은 자신의 운명을 능동적으로 받아들이고 만들어간다. 물론 그런 신속한 회복력이 타고난 것, 다시 말해 운명의 여신으로부터 받은 선물인지 아니면 노력해야 얻을 수 있는 것인지 궁금할 것이다. 신속한 회복력, 즉 적응의 유연성은 성인이 된 후에도 학습이 가능하다.

대결

위기 상황 앞에서 눈을 감지 마라. 현재 상황이 아무리 좋지 않다고 해도, 또 당신이 안고 있는 문제 때문에 '거의 죽을 지경'

이라고 해도 당신의 노력으로 문제 상황을 충분히 정상화할 수 있다는 믿음을 가져라. 내연관계를 청산하면서 변화된 상황들과 의식적으로 대결함으로써 현실에 영향력을 줄 수 있다. 이것을 통해 무력감과 우울증에 빠지지 않게 되는 것이다.

감정들

억눌린 감정들은 삶의 에너지를 훔쳐 가는 도둑이다! 애써 분노를 참으려 하지 말라. 눈물을 삼키지 말라. 두려운 점들을 부정하지 말라. 당신만의 특별한 '마법'의 장소 예컨대 침대, 좋아하는 나무, 구석진 방, 조용한 시골 별장과 같은 곳으로 몸을 피하고, 당신의 감정을 풀어놓으라. 당신이 감정을 삭이느라 소모했던 에너지를 이제는 자신을 해방시키고 새롭게 나아가야 할 방향을 설정하는 데 사용하라.

대화하는 것은 좋지만, 적극적인 행동 없이 토론만 계속해서는 안 된다. 어느 시점부터는 '말하기 전에 행동을!'이라는 구호가 필요하다. 실제로 행동하는 것이 더욱 효과적으로 자부심을 구축하고 그늘에서 벗어나도록 도움을 준다. 위기를 극복한다는 것은 '내일 아침 일어나면 만사가 다 오케이 상태로 있을 것'이라는 말처럼 한순간에 이루어지는 게 아니다. 위기 극복이란 하나의 과정이라는 사실을 잊지 마라. 동기를 계속 유지하고 상승시키려면 당신은 이 극복의 과정이라는 큰 틀 안에서 이루게 되는 하나하나의 부분적인 성공들을 그때그때 반복해서 의식하고 있어야 한다.

5단계 조치
: 걱정관리

'근심 걱정일랑 이 한 잔의 포도주로 털어버리게나.'

빈Wien 지역에서 불리는 노래의 한 소절이다. 바비 맥퍼린은 'Don't worry, be happy'라고 노래한다. 수많은 처세서는 '긍정적으로 사고하라'를 강조한다.

이미 어린 시절부터 사람들은 사랑과 걱정이 서로 연결되어 있음을 경험한다.

"걱정되어 죽겠다. 제발 전화 좀 해라."

어머니가 자식에게 하는 말이다. 그런데 사랑하는 사람들의 행동만이 걱정거리는 아니다. 금전, 유전자 기술, 교통, 환경 등등 신경 쓰이는 것은 이루 셀 수 없을 정도다.

걱정의 이유

특히 내연녀인 당신에게 걱정거리가 되는 건 앞으로 당신의 삶이 어떻게 계속 이어질까 하는 것이다.

다시 생활을 잘 이어갈 수 있을까? 사랑이라는 것을 다시 감행할 수 있을까? 나에게 맞는 파트너를 다시 만날 수 있을까? 혼자 있는 생활을 잘 견딜 수 있을까? 하루하루의 삶을 어떤 식으로 만들어가야 할까?

걱정을 많이 한다는 것이 근본적으로 잘못되었다는 말은 아니다. 중요한 것은 당신이 당신의 걱정거리들을 '어떻게 처리하느냐'다. 걱정거리를 안고 끙끙 앓으며 자신을 못살게 구느냐, 아니냐가 중요한 것이다. 미국 학자인 제임스 블루멘탈J. Blumenthal은 걱정 때문에 자기를 훼손하는 4가지 행동 양식을 발견했다.

1. 부정적인 사건에 대해 특별히 집중적으로 반응하는 것.
2. 문제의 원인을 근본적으로 자기 잘못으로 돌리는 것.
3. 골머리를 썩이며 파고 또 파며 생각하는 것.
4. 걱정거리를 공개하지 않는 것.

걱정 털어버리기

걱정이 많든 적든 '걱정을 털어버리지 않는 사람은 심각한 위험에 처하게 된다'는 말은 모두 유념해야 할 것이다. 세계의 여러 학자가 저마다 독자적인 방법으로 도달한 인식에 의하면, 불평불만을 늘어놓으며 호소하는 건 그 자체로 많은 중요성을 갖는다는 것이다. 웨스턴캐롤라이나대학교의 심리학자 로빈 코발스키R. M. Kowalski는 걱정을 묶어두지 말고 자유롭게 풀어놓으라고 격려한다. 하염없이 걱정을 늘어놓는 게 우울증이나 심신의 병을 막는 '방패'가 될 수 있다는 것이다. 탄식이 정화 작용을 한다는 것은 이미 오래전부터 모든 민족이 알고 있는 사실이었다. 그래서 모든 민족에게 '애가'는 슬픔에 빠진 사람에게 눈물과 탄식을 불러일으킴으로써 치유 효과를 발휘하는 카타르시스Katharsis(내적 정화를 의미한다)를 유도했다.

걱정거리가 무엇이든지 간에 한탄하며 한숨짓는 것은 긍정적인 작용을 한다. 마음을 가볍게 만들고, 스트레스를 줄이며, 일어난 일을 받아들이고자 필요한 거리를 만들어준다.

물론 푸념을 늘어놓으라고 권하는 게 무턱대고 걱정을 하며 그것에 집착하라는 조언은 당연히 아니다. 끊임없이 똑같은 걱정을 되뇌면서 그것에 집착하는 것은 부담을 벗는 데 전혀 도움 되지 않는다. 파고 또 파고들며 지나칠 정도로 걱정에 사로잡히는 경향은 종종 죄의식 때문일 때가 있는데, 이때의 죄의식은 사랑하는 사람에게 가졌던 무의식적인 적대적 충동으로부터 내려온 것일 수 있다.

아래의 건설적 '걱정관리 프로그램'은 생활하기가 어려워질 정도로 심하게 걱정에 사로잡힐 때 더욱 도움 될 것이다.

- 당신의 걱정이 무엇인지 명확하게 글로 쓰며 진단해보라.
- 걱정하던 일이 진짜로 벌어진다면 실제로 영향을 줄 수 있는 것과 그렇지 않은 것, 그리고 일어날 가능성이 있는 것과 그렇지 않은 것을 구분하라. 걱정하는 것 중에서 당신이 영향을 끼칠 수 있는 건 어떤 것이고, 또 그렇지 못한 건 어떤 것인지 검토하라. 예컨대 당신이 개입한다고 해서 강물의 범람

을 막을 수는 없겠지만, 당신의 향후 경제 상황은 아마도 영향을 끼칠 수 있을 것이다.

- 실제로 일어날 가능성이 가장 큰 걱정거리와 그렇지 않은 것을 규정하라.
- 당신이 영향을 끼칠 수 있거나 그럴 가능성이 있는 걱정거리에 대해선 해결책을 강구해보라.
- '걱정하는 시간'을 도입해보자. 예를 들어 하루 두 번씩 10분간 시간을 정해놓고 그 시간 동안만 제대로 '걱정하듯' 걱정하는 것이다. 이때 가능한 한 같은 장소를 이용하라.

대책 없는 걱정이 차단되면, 걱정을 관리하는 것은 발전적인 기능을 하게 된다. 더욱이 의식적으로 걱정을 허용하고 그걸 위해 자리를 배치하겠다고 결정할 때, 당신은 당신의 생각과 현재 당신이 처한 삶의 상황에 대해 훨씬 더 많은 조절력을 갖게 될 것이다.

6단계 조치
: 위로의 원천을 개발한다

당신은 지금 내연관계로 얽힌 삶에서 벗어날 방법을 기술한 장을 읽고 있다. 그늘진 관계에 있는 당신은 자신이 어떤 형태로든 그런 상황에 연루되어 있다는 결론에 근접했을 것이다. 그리고 이러한 맥락에서 또한 '내가 위로받을 필요가 있는지' 궁금해질 것이다. 우리가 잠정적으로 생각하는 대답은 '그렇다'이다.

억압당하고 불안하며 슬픈 상황 속에 살아가는 사람에겐 옆에서 함께하며 위로해주는 것이 필요하다. 그것이 동정에서 나온 말이든 다정한 몸짓이든 아니면 다른 무엇이든 상관없이 위로는 영혼의 고통을 덜어주고 감정의 스트레스를 감소시켜주며, 별로 고통스럽지 않은 삶으로 이끄는 첫걸음을 뗄 힘을 부여해준다.

위로받기 위해 당신이 할 수 있는 것들은 무엇일까? 짧지만 다음과 같은 '위로에 관한 카탈로그'를 활용하자.

고백 의식

모든 종교에는 자신의 어두운 비밀을 타인에게 알려주는 의식이 존재하는데, 이것은 면역체계를 훼손하는 죄책감에서 본인 스스로 벗어나게 하고, 또 공감을 느끼도록 하기 위한 것이다. 오늘날엔 토크쇼가 과거 고해성사 같은 역할을 한다. 꼭 이러한 거창한 고백의 방법이 아닐지라도 마음의 부담을 덜도록 다른 어떤 방법을 사용할 수도 있을 것이다.

조용한 곳에서 참회 기도를 하거나 익명이 보장된 전문 상담가에게 고백하거나 전화 상담을 이용할 수도 있다. 또는 자신이 잊고 싶은 것을 종이에 기록한 뒤 태워버릴 수도 있다.

온정

이별 뒤, 무엇보다 부족한 건 온정과 이해심, 지지와 인정 같은 것들이다. 이전의 관계가 끊어지고 아직 새로운 관계를 맺기도 힘든 이 시기에 이런 것들을 어떻게 얻을 수 있을까? 심리치료를 이용하는 것도 한 방법이다. 요즘엔 각종 의료보험을 통해 정신건강을 회복하는 데 필요한 심리치료 비용을 전액 혹은 일부 면제받을 수 있다.

자기수양 코스

자기수양Self-help 코스에 참가하면 비슷한 문제나 목표를 가진 사람들을 그룹으로 만나게 된다. 이곳에서 서로의 생각을 교환하거나 서로 도움을 주고받으며, 편안히 대해줌으로써 스트레스를 해소하는 동시에 삶의 에너지를 충전할 수 있다.

우정

그 어느 때보다도 쉽게 관계가 깨어지는 현대사회에서 우정은 특히 중요하다. 좋은 친구들은 그 어느 때든지 도와줄 준비가 되어 있고, 매사에 수용적이며, 위안을 주고 결속감을 낳아 정신력을 강하게 해준다. 더욱이 우정은 삶의 방향과 관계에서 중요한 하나의 포인트가 되며, 여기엔 이별이 존재하지 않는다.

적극적인 사회 참여

자기만의 좁은 삶의 테두리를 벗어나 그 너머로 시선을 돌리는 것은 진정한 '위로상' 수상감이라 할 수 있다. 연구에 따르면 사회 활동에 적극적으로 참여하는 사랑이 풍부한 사람들이 더 훌륭하고, 더 신속하게 위기를 극복하는 것으로 나타났다.

무료 봉사자들로 구성된 많은 공익 단체가 있다. 사적으로도 주변을 관심으로 돌아볼 수 있다. 홀로 자녀를 양육하는 여성을 도우는 일, 장애인과 노인을 보살펴주는 일 등 '이웃에 대한 사랑의 봉사'는 외로운 타인에게 도움 될뿐더러 자기 자신에게도 도움 된다.

섹스

자존감과 성적 정체성을 확립해주는 건전한 섹스는 위로의 기능이 있다. 물론 당신은 하기 싫은 섹스를 억지로 해서는 안 된다. 하지만 자연스럽게 분위기가 이루어진다면, 못할 이유가 있을까?

이의 없이 이루어진 조화로운 섹스는 감정을 부드럽게 해주는

터보엔진이다. '힐링 터치Healing Touch', 즉 '접촉치료요법'이라는 말
에서 알 수 있듯이 접촉을 통해 상처 입은 영혼이 위로받고 치료
받는 경우는 드문 일이 아니다.

영성

세상에 영적으로 결속되는 것은 위로가 필요한 사람에게 많은
걸 줄 수 있다. 단지 신앙 그 자체만 고수할 게 아니라 정기적으로
교인들과 교제하고 목사를 만나 이야기하는 것 등의 부대 현상들
을 통해서도 긍정적 효과를 거둘 수 있다.

**온정이나 인간적인 친근함, 섹스 같은 경험들이 정신과 육체의
건강에 영양 섭취, 운동, 유전학적 요소와 동일하게 긍정적 혹은
부정적인 영향을 끼칠 수 있다는 인식은 다윈과 프로이트 이후 인
류가 이룬 제3의 혁명이다.**

위대하고 폭넓은 사랑의 이상은 기이한 형태를 띠기도 한다.
때때로 파트너에게 비현실적인 걸 진실한 사랑의 증거로서 요구
하는 것이다. 이를테면 다른 여자 혹은 남자로 말미암아 감정이
동요될 때 파트너로부터 위로받고 도움을 구하는 태도다.

"우선 그 사람은 뻔뻔스럽게 나를 속였지요. 그런데 그랬던 사람이
얼마 뒤엔 애인에게 거절당하자 나에게 사랑을 호소하면서 지지와 위
로를 구하더군요." (마리, 44)

강력한 불륜의 사랑에 휩싸여 정절 맹세를 비롯해 모든 걸 다 폐기 처분한 사람이 바로 자신이 배신한 파트너에게 변함없는 정절을 기대한다는 것은 그로테스크한 일이 아닐 수 없다.

> "그녀는 내 품에 안겨 실컷 울고는 언제나 이렇게 말하곤 했지요. '당신이 정말로 날 사랑한다면, 지금의 나를 참아주길 바라요'라고요."
> (이보, 32)

이와 똑같은 요구는 어린아이들도 한다.

"난 엄마도, 아빠도, 내 동생도 모두 다 사랑해요. 하지만 엄마는 나만 사랑해줘야 해요."

과거에 무한 보증수표 같았던 부모처럼 현재 자신의 삶의 동반자도 일편단심이어야 한다는 것이다.

정절

우리는 모두 정절을 동경하면서 내심 오직 한 사람에게만 모든 것을 다 바치고 또 그에게서 모든 걸 다 얻기를 바라는 마음이 있다. 남성과 여성, 진보와 보수로 구분할 것 없이 모든 사람은 파괴되지 않는 안전한 상태를 갈구한다. 하지만 그것은 너무 '아름답기' 때문에 현실로 이루어지기 힘들다.

불륜을 범했던 당신이 애인을 포기하고 난 뒤 상심에 빠졌을 때 다름 아닌 남편에게 위로받기를 바란다면 그건 뻔뻔한 요구다. 반

대로 당신의 파트너가 또 다른 익숙한 관계를 위해 이제까지 당신과 맺었던 내연관계를 끝내려고 할 때, 배신당한 당신에겐 그에게 부모와 같은 사랑을 베풀 의무가 전혀 없다. 당황하지 말고 평상시처럼 매력적이고 멋진 사람이 되도록 노력하라. 비록 그것이 어려운 일인지는 알지만…….

7단계 조치
: 과거사를 되새기고 마무리 짓기

소냐는 헤르만과 함께 보낸 시간에 대해 좋은 추억이 하나도 없다. 그를 만날 때 그녀는 희망에 가득 찬 젊은 여자였는데, 현재 그녀는 아무 꿈도 없는 나이 든 한 여자에 불과하다. 헤르만을 위해 그녀는 학업도 중단하고 제약 회사에서 반나절짜리 아르바이트를 했다. 또 그를 위해 아이도 포기했고, 내연관계를 청산하고 합법적인 관계가 되는 것도 포기했다. 하지만 그는 우울증에 빠진 자기 부인을 떠날 수는 없다고 했다. 소냐는 이 모든 것에 순응했고, 그의 태도 또한 받아들였다.

추억 지우기

12년이 지나 헤르만이 사귄 지 1년도 채 되지 않은 한 여자 때문에 자기 부인과 이혼하고 또 소냐를 떠났을 때, 소냐는 헤르만과 함께한 시간을 머릿속에서 지워버리기 위해 온갖 노력을 다 기울였다.

'이것이 옳은 것일까, 잘못된 것일까?'

우리는 '잘못된 것'이라고 말하고 싶다. 많은 사람이 불행했던 시간에 대해선 슬퍼할 필요가 없다고 생각한다. 그러나 그건 잘못된 생각이다. 당신이 증오하는 파트너는 당신이 사랑한 존재로, 헤어질 때 슬퍼했던 파트너보다 더 오래도록 당신의 기억을 지배한다.

증오의 여파를 가볍게 보지 말라! 강력한 점성을 가진 증오는 헤어진 지 오래된 두 사람을 다시 연결할 고리가 될 수도 있다. 증오는 발전과 성장, 사랑과 자기수용으로 가는 모든 길을 차단한다.

되새기기

반쯤 완성된 퍼즐 그림을 상상해보라. 당신 앞에 있는 그림의 단편은 불완전하고 조화롭지 못하며 중심이 없다. 이와 마찬가지로 당신이 당신 인생의 부분들을 받아들이지 않는다면, 당신은 무언가 비어 있다는 느낌을 갖게 될 것이다. 우리가 재차 다시 확인하게 되는 사실은 실망스러웠던 관계의 기억을 증오에 가득 찬 감정으로 머리에서 지워버리려 하지 않고, 조금씩 단계적으로 되새기고 종합적으로 살펴본 사람들에겐 감동할 만한 변화가 일어난다는 것이다.

헤르만이, 소냐가 꿈꿔왔던 그런 책임감 넘치는 파트너였다면 어떻게 됐을까? 그들이 결혼했다면 어떻게 되었을까? 그녀가 학업을 마쳤다면? 그녀가 아이를 낳았다면?

받아들이기

물론 이것은 고통스러운 질문들이다. 그러나 어떠한 관계에서 도출될 모든 가능성을 자세히 그려봄으로써 당신은 자신의 과거와 현재를 지배하는 악령을 쫓아버릴 수 있다. '그랬다면-어땠을까-게임'에서 결정적으로 중요한 것은 암울한 경험들이 각 인격체가 갖고 있는 고유의 내적 특성과 맞물려 서로 영향을 주고받는다는 걸 인식하는 거다. 그렇게 하면 때늦은 결심이나 기회들에 더 이상 집착하지 않을 수 있다.

'그래, 그랬었지. 하지만 이제 그만! 그때는 그럴 수밖에 없었고, 그래서 오늘날 내가 이렇게 된 거다. 그래서 나는 그걸 받아들일 수 있는 거다.'

의식적으로 과거를 되새기는 것은 아무런 의미 없이 기억을 뒤적이는 게 아니라 적극적이고 긍정적으로 자신의 정체성을 재구성하는 작업의 일부다. 불행했던 시절, 파트너에 대한 실망, 개인적 실패의 경험들, 깨어진 관계와 같은 것들이 여기에 속한다. 그런 작업이 이루어질 때 비로소 자신에 대한 사랑이 가능하고 그럼으로써 같은 실패를 되풀이하지 않도록 최선의 안전장치를 갖출 수 있다.

8단계 조치
: 외로움을 극복한다

더 나은 발전이나 어떤 치유 과정을 위한 '창조적 고립'의 의미에서 혼자 지내는 것이 필요할 때가 항상 있는 법이다. 예를 들어 이별한 뒤가 그렇다. 그러나 내연관계에 있던 사람이 결별 이후 심한 고독감에 빠져드는 것은 다른 사람에 비해 위험의 소지가 더 많다. 대체로 내연관계는 시간이 흐름에 따라 다른 사람들과의 활발한 접촉을 잠재우고, 새로운 접촉을 힘들게 만드는 격리 상태와 이미 결합되어 있기 때문이다.

심리적 빙하 시대가 도래했다면, 당신은 어떻게 해야 할 것인가?

격려

일반적으로 이별을 경험한 사람들은 자신을 비하하는 경향이 있다는 것을 생각하라. 자기 비하의 감정을 갖게 되면, 문자 그대로 뒤로 물러서게 된다.

무슨 일이 벌어졌든지 간에 당신은 사랑하고 사랑받을 가치가 있는 사람이다. 그러한 사실을 가능한 한 자주 머리에 떠올려라.

대놓고 "자화자찬하라" 하는 말을 들어본 적 없어서 쉽지는 않겠지만 말이다. 어린 시절, 자화자찬은 남부끄러운 행동이라는 말을 들어보지 않은 사람이 어디 있겠는가!

수줍음

우리와 상담을 한 사람 열 중 넷은 자신이 수줍음을 잘 타는 성격이라고 말했다. 우리가 추측하기에 심지어 두 사람 중 하나는 상황에 따라 수줍음을 탄다. 예컨대 내연관계에 있는 중이거나 그런 관계에 서본 경험이 있는 사람이 다른 흥미 있는 사람과 새로 알게 될 경우에 그렇다. 수줍음을 잘 타는 사람은 가능한 한 다른 사람과 만나는 것을 피하고 또 거기서 오는 외로움 때문에 매우 힘들어하는 경우가 많다. 오랜 기간 내연관계에 있는 사람들에게서 수줍음과 대인공포증이 더 강하게 나타나는 것을 볼 수 있다. 대인공포증 저변에는 자신을 최고 상태로 표현해야 하고 훌륭하게 '퍼포먼스'를 해내야 한다는 압박감이 깔려 있다. 그러나 다른 사람들 앞에서 멋지게 행동하지 못할 수 있다는 두려움이 비정상적인 것은 아니다. 자신감에 넘치는 사람들도 개인적 관심사를 관철해야 하는 등 특별한 시험 상황 앞에서는 불안 증세를 느끼게 마련이다. 그런 것은 수줍음과는 전혀 상관이 없고, 불안정한 상황에서 느끼는 적절한 감정의 동요에 지나지 않는다.

관찰

그럼에도 불안정한 사람들은 만남의 자리에서도 끊임없이 자신에게 다음과 같이 되묻는다. '내가 하는 말이 재미있을까?', '내 모습이 어떻게 보일까?', '내 옷차림이 괜찮은 걸까?' 등등……. 이런 생각들은 식은땀, 가슴 떨림, 손과 무릎 떨림, 빈뇨감, 설사, 현기증이나 붕 떠 있는 느낌과 같은 불안 증세로 이어진다.

수줍음이 많은 사람이나 대인공포증이 있는 사람은 마찬가지로 타인들에게 인정받지 못하고 웃음거리가 될지 모른다는 생각에 불안감을 느낀다. 대인공포증이 있는 사람들은 아주 특정한 사회적 상황을 두려워하면서 괴로워한다. 예컨대 그런 사람은 다른 단체의 사람들과 무언가 마시거나 식사해야 할 때, 권위 있게 말해야 하거나 이성과 만나야 하는 상황에서 공황 증세를 보인다. 그에 비해 수줍음을 타는 사람은 특별히 정해진 상황에 대한 공포감이 있는 것이 아니라, 사람들을 만나는 상황 자체에서 불편함을 느낀다. 수줍음 타는 사람은 가능한 한 그런 상황을 피하고자 노력하지만, 어차피 만나야 되는 상황이라면 그것을 감수한다. 그에 반해 대인공포증이 있는 사람들은 공황에 빠지게 될 상황을 모면하기 위해 온갖 노력을 경주할 것이다.

가교

당신만 홀로 취미생활을 하고 싶어 하지 않는 유일한 사람은 아니다. 다른 사람과 교통할 수 있는 가교를 활용하라. 인터넷이나 생활정보지를 통해 함께 취미생활을 할 사람을 구하거나 연락할 수 있다.

자신의 신체적, 정신적, 창조적 기량에 따라 당신은 등산 동호
회, 장기 동호회, 애완동물 동호회, 연극 동호회, 노래 동호회, 공예
동호회, 독서 동호회 등에 가입할 수 있을 것이다. 이런 기회를 통
해 당신은 두 마리 토끼를 한꺼번에 잡을 수 있다. 자신이 좋아하
는 것을 하는 동시에 힘들이지 않고 처음부터 공동의 관심이 있는
새로운 사람을 만날 수 있으니까.

애완견

서로 부담 없고 편하게 대화를 나눌 좋은 방법 중 하나는 개를
데리고 산책하는 것이다. 본인이 개를 기르고 싶은 생각이 없다
면, 개를 데리고 산책을 가주는 사람을 찾는 곳을 통해 정기적으
로 그 기회를 가질 수도 있다. "그 개 암컷인가요, 수컷인가요? 사
나운가요?" 하면서 말을 오가다 보면, 곧 개들끼리도 친해진다. 그
렇게 개 주인들도 덕분에 친교를 나눌 수 있다.

가족

가족은 많은 경우 친구 없이 지내는 내연녀들의 유일한 도피처
가 된다. 그것은 다행스러운 일인 동시에 슬픈 일이기도 하다. 오
늘날은 부모와의 정적인 유대가 과거보다 크기 때문에 다행이기
도 하지만, 반면 부모와 자식 간의 관계는 대부분 친구관계를 대
신하지 못하기에 슬픈 것이다.

따지는 건 금물

가족 외의 사람들에게서도 사랑받고 있다는 느낌은 누구에게나 필요하다. 그건 당신도 마찬가지일 것이다. 그럼에도 당신이 호감을 느끼고 가까이 사귀고 싶은 사람들과 가까워지지 못한다면 당신은 사람을 새로 사귈 준비가 되어 있는지 자문해야 할 것이다. 지나치게 따져보는 비판적 태도는 사람들과의 교제를 방해하는 잘못된 보호조치다.

주도적으로 행동하기

본인의 성격이 좀 심하게 따지고 비판하는 편이라면 당신은 사람들과의 교제에서 그리 주도적이지 않을 것이다. 어떤 관계이든 그냥 저절로 생기는 관계는 없다. 관계는 만들고, 가꾸고, 보살펴야 유지된다. 누군가가 당신에게 전화하거나 어떤 것을 함께하자고 제안할 때까지 기다리지 말라. 주도적으로 행동하라. "함께 와인 한잔 어때요?" 또는 "함께 영화 한 편 볼까요?" 혹은 "함께 산책하실래요?" 하며 먼저 권해보자.

호감 있게 행동하기

당신이 상대방에 대해 인간적 관심을 표현할 때, 상대방의 당신에 대한 호감도가 급상승한다. 예컨대 대화 상대가 앓고 있는 고질적 요통이나 먹기를 좋아하는 그의 고양이에 대해 관심을 가져주면 당신의 점수는 엄청나게 올라갈 것이다.

한편, 타인과의 사이에 '벽을 쌓아서는' 안 된다. 사람을 만날 때 빈말이나 냉소로 대하지 말라. 당신의 마음이나 욕구, 목표, 경험 등에 관해 이야기하라.

인정

당신만 솜씨가 있고 점잖고 부지런한 것은 아니다. 상대방에게서 발견되는 장점들에 관해 말하라! 또 가끔 기회가 닿으면, 상대방과 함께하는 시간이나 나누는 대화가 얼마나 좋은지 말해줄 것. 인정받는 것을 싫어하는 사람은 아무도 없는 법이다.

이벤트 만들기

시간이 지나면서 고통스러운 감정이 더욱 심해지는 것을 피할 수 있도록 시간을 잘 활용하라. 정기적으로, 특히 주말을 겨냥하여 계획을 세운다. 주중에 미리 '이번 토요일에 뭐 하지? 일요일은 어떻게 보낼까? 누구에게 전화할까? 무슨 행사 없나?' 등을 생각하고 '이벤트할 거리'를 살펴본다. 신문이나 인터넷에서 무료로 여가 시간을 보낼 행사 일정 정보를 많이 발견할 수 있을 것이다.

수줍어하며 주저하지 말라! 사회성 결여와 대인 기피 같은 것들은 워크숍과 세미나, 자신감 훈련 단체 등을 통해 극복할 수 있다. 사회적 환경을 극복하는 연습은 다른 사람들과 소통할 가교를 세울 수 있게 한다.

서둘러 포기하는 우를 범하지 말라. 둘이서 할 수 있을 만한 것은 전부 해보는 거다. 자신한테 이렇게 말하라.

"나는 혼자 있고 싶지 않다. 그러나 나는 혼자서도 있을 수 있다."

9단계 조치
: 유머

아마 현재 상황에선 웃을 일이 전혀 없을 것이다. 내연관계라는 그늘 속에 살아가면서 그런 자신의 처지를 바꾸려 해도, 원하는 대로 일이 잘되지 않는다. 그럴지라도 위트와 유머가 있으면 스트레스를 최소화할 수 있다.

외부의 시각

유머의 특징은 때때로 당하게 되는 불쾌한 상황과 밀착되어 터질 수도 있을 감정의 분출을 '아끼는 데' 있다. 어떤 상황의 불합리하고 우스꽝스러운 면이 느껴질 때, 그 일을 당한 자신을 '외부의 시각에서' 바라보도록 하는 것이다. 그렇게 함으로써 짜증을 내거나 분노를 터뜨리지 않고 웃으며 반응할 수 있게 된다. 유머란 불쾌한 일에도 불구하고 웃을 때 쓰는 말이다.

구경꾼

어떤 상황을 당사자가 아닌, 구경꾼의 입장에서 보고 그를 통해 유머 감각을 발전시킬 수 있는 능력. 이것은 배우고 훈련하는 것으로도 얻을 수 있는 능력이다. 웃음치료 세미나와 유머 교실에서 다루는 것들은 다름 아닌 통찰력과 감정이입, 한 걸음 물러서서 보는 재능, 창조력 등과 같이 유머 감각을 발전시키는 것들이다.

유머러스한 시각을 갖기 위해 반드시 본질적으로 중요한 다음 두 단계를 거쳐야 한다.

- 불완전한 당신 자신을 용서하라.
- 불완전한 다른 사람들을 용서하라.

웃음학Gelogology에서는 '웃음은 완충 작용을 한다'라고 말한다. 불쾌한 감정이 완화되고 진정된다는 것이다. 그뿐만이 아니다. 유머러스한 시각을 갖추면, 여러 결정 사항이나 삶을 속박하는 여러 규정에 대해 문제를 제기하고 변화를 시도하며 복잡한 연관성을 통찰 및 요점을 파악하는 것이 가능하다. 위기 상황에서 유머를 '극복 수단'으로 사용할 수 있는 것이다. 시도해볼 만하지 않은가!

10단계 조치
: 화해

　장시간 함께 살다 보면, 서로 상처를 주거나 모욕하는 언사를 하지 않고 살기란 쉽지 않다. 어쩌면 당신은 불륜을 저지른 배우자를 용서해야 할지도 모른다. 또 어쩌면 그가 당신의 배신을 용서해야 할 수도 있을 것이다.

　화해하고 용서할 마음의 준비가 되어 있다고 말하기는 쉽다. 그러나 정말 그런 상황에 닥친다면! 불륜이 밝혀지는 순간 화해라는 말은 온데간데없어진다. 사랑 이야기란 늘 죄 이야기이기도 하다는 걸 알면서도 말이다. 신뢰의 붕괴, 몰이해, 모욕과 이기심 같은 것들이 없는 사랑이란 거의 존재하지 않는다고 해도 과언이 아닐 듯싶다.

　상처 입은 사람들이 복수심에 사로잡힌 채 그리는 복수에 대한 상상도를 보면, 소름 끼칠 정도로 무서울 때가 종종 있다. 이것은 비정상적인 게 아니다. 마음의 상처는 내적 균형을 파괴할 뿐만 아니라 오래된 상처들도 헤집는다. 모욕과 무시, 홀대, 배신당했던 경험, 홀로 버려진 경험들⋯⋯. 마음속은 정당하게 보상받아야 한다는 울부짖음으로 가득 찬다. 그런 상황에서 어떻게 그 모든 고통을 안겨준 사람에게 손을 내밀며 "이미 다 잊은 일인걸요"라고 말할 수 있겠는가. 그건 불가능한 일이다. 고귀한 용서의 제스처는 일련의 절차가 끝난 후 마지막에 취할 수 있는 것이다.

용서는 TV에서 보여주는 것처럼 신속하고 거창한 쇼 행위가 아니다. 그건 일어났던 일에 대해 열린 마음으로, 그리고 전력을 다해 집중적으로 대면할 때 가능한 것이다. 또한 그건 상처 입은 사실을 솔직히 시인하고 그에 따른 고통, 그리고 그에 대한 배상 요구를 터놓고 제시할 때 이루어질 수 있는 것이다.

보상

복수란 다른 사람을 파멸하는 게 아니라, 특정한 수단을 통해 괴로움을 당한 것에 대해 보상, 즉 내적 만족을 꾀한다는 의미가 있다. 상상의 세계에서 이루어지는 복수에 대한 충동은 실재 세계에서 일어나는 것과는 아무 상관이 없다. 생각은 자유다. 그것은 부당하게 괴로움을 당하는 사람에게 응급처치와 같은 도움을 준다. 그러나 현실에서는 자신의 상처를 인지하고 그걸 시인하는 것이 중요하다. 그렇게 함으로써 잘못을 저지른 사람은 배상할 기회를 갖게 된다.

그저 입으로만 "미안하다"라고 하는 것으로는 어림도 없다. 용서는 양쪽이 서로 자신이 잘못한 부분을 솔직하게 시인하고, 앞으로 행동을 바꾸도록 노력하는 자세까지 포함할 때 가능한 것이다.

깨달음

잘못을 범한 당사자의 깨달음이 있지 않고선 아무리 화해할 마음이 있더라도 화해와 용서 그 자체가 존재할 수 없다. 그것을 기대하는 사람은 상대방이 한 사랑의 언약을 악용하는 사람이다. "당신이 사랑을 맹세한 이상 나는 당신에게 내가 하고 싶은 대로 행할 수 있어. 당신에겐 사랑해야 할 의무가 있으니까"라고 말하면서 말이다. 화해라는 고도의 기술은 잘못에 대한 통찰 없이는 생각할 수도 없다. 당신의 파트너가 당신에게 하는 비난의 말들을 한 번 더 곰곰이 생각해보라. 그 속에 아주 작지만 맞는 말도 있지 않나? 자기 자신에 대해 철저하게 솔직해질 때 비로소 당신은 고쳐야 할 점이 무엇인지 알게 된다. 이것은 입으로만 하는 화해에 머물지 않고, 좀 더 나은 미래를 만들 수 있기 위해서도 필요한 일이다.

신중함

화해 시점에 있는 파트너들은 누구랄 것 없이 모두 특히나 민감한 상태에 있다. 서로에게 입힌 상처가 아직 아물지 않았기 때문이다. 그러니 무슨 일이 일어났으며, 왜 그 일이 일어났는지에 관한 긴 설명은 포기하라. 괜히 오랜 상처만 헤집을 뿐이다. 이미 엎지른 물이다. 조심스럽게 다가가서 신중히 처신하라.

"당신이 나 없이는 아무것도 못할 줄 내 알고 있었다니까" 하는 식의 뻐기는 말은 금물이다. 또한 말은 하지 않더라도 "당신이 나 없이는 살 수 없기 때문에 그냥 화해하는 것일 뿐이야" 하는 식의 태도로 희생양이 된 듯 행동하는 것도 삼가라. 이미 화해할 마음의 준비를 했다는 것, 그 자체로도 적극적인 화해의 자세인 거니까!

관용

화해할 때 잘못된 낭만적 감정에 사로잡히는 경우가 많다. 서로 손을 내밀기만 하면 급속히 이전 상태로 돌아가는 줄로 생각하는 것이다. 이건 잘못된 생각이다! 화해는 순간적으로 이루어지는 행위가 아니라 시간을 요구하는 과정이다. 곧바로 다시 이전처럼 화합되는 것은 아주 예외적인 경우일 뿐이다.

먼저 믿어주기

진정으로 서로를 용서하고 화해하는 것은 백지수표를 써주는 것과 같다. 그건 어리석고 단순한 것과는 다른 거다. 자기 자신과 상대방의 미래에 대해 회의하지 않고 먼저 믿는 것은 화해를 바로 세우는 든든한 기둥이다.

타협할 용의

위기와 분쟁의 원인이 무엇이든 간에 타협 없이 화해가 이루어지는 경우란 거의 없다. 심리학적으로 볼 때 타협할 때 다루는 중요 사안은 바람과 요구가 다른 사람들 사이에서 의견 일치를 끌어내는 것이다. 각자 조금씩 포기하면서 상대방에게 다가서야 한다. 이것이 어느 한쪽에서만 이루어질 경우, 이러한 타협은 결코 정상적 타협이 될 수 없다. 따라서 상대방에게선 다시 이전의 공격성과 상처가 빠르게 되살아난다. 당신의 배우자에게 한 걸음 더 다가서고 있다는 것을 명확히 보여줄수록 화해를 향한 당신의 의지도 그만큼 더 진지하게 드러난다.

받들어주기

위기를 맞은 부부는 사물을 지각하는 시각도 특정한 방향으로 발전한다. 자꾸만 상대방의 단점들만 눈에 보이는 것이다. 이렇게 부정적인 방향으로 진행되는 상황에서 벗어나려면 철저히 의식적으로 상대방을 칭찬하고 받들어주는 식으로 관심을 보여야 한다. 하루에 한 가지 이상 칭찬하기와 같은 것을 해보라. 적어도 일주일에 한 번은 한두 시간 혹은 최소한 30분이라도 배우자가 기뻐하는 것을 해보라. 이런 전략을 통해 부정적으로 발달하는 지각을 다시 긍정적 방향으로 되돌릴 수 있을 것이다.

실행하기

실제적 화해에 이르는 경우는 대부분 원리 원칙에 관해 대화를 나누는 것이 아닌, 공동으로 할 일을 계획하고 착수할 때 이루어진다. 이 말은 위기에 이르게 한 일들을 전부 모르는 척해야 한다는 것이 아니다. 갈등의 원인이 무엇이었는지 알아냈다면, 그걸 다시 장황하게 문제 삼지 말고 그것을 변화시킬 확실한 용의가 있음을 보여주어야 한다.

이전에 재미있게 했던 것들을 해보라. 친구들을 만나고, 기분 전환과 외부로부터 자극을 받는 데 신경 쓰라. 다시 서로 가까워질 상황들을 만들어보라. 말 한마디 없이 TV 앞에 나란히 앉아 있지만 말고 옛날 사진들을 꺼내어 보는 것도 한 방법이다. 진정한 화해와 새로운 생활을 위해 눈에 띄도록 노력하는 모습을 보면 마음이 움직이게 마련이다.

거리

몇몇 부부는 서로 거리를 두고 떨어져 있으면, 더 잘 그리고 더 쉽게 화해할 수 있을 거라고 생각한다. 눈앞에 배우자가 보이지 않는다면, 다시 새롭고 긍정적인 특징들을 발견할 수 있고 또 단시간 내 새 출발을 위한 마음의 준비를 다시 하게 될 거라고 생각하는 것이다.

하지만 이러한 실험은 그다지 쓸 만한 것이 못 된다. 더구나 아빠가 왜 짐을 싸 들고 나갔다가 다시 돌아오는지 이해하지 못하는 아이들이 있는 경우는 더 그렇다. 그런데도 굳이 이 방법을 써서 결별로 나아가지 않기 위해 시간을 갖고자 한다면, 확실히 시한을 정하고 시작해야 한다. 최소한 2개월, 최대 3개월 하는 식으로 말이다. 용서와 화해, 그리고 새 출발에 필요한 시간적 거리를 얻기 위해 그 이상의 시간은 필요하지 않다.

평화

하지만 서로에게 입힌 상처를 치유하기 위해 거리를 두는 것만으로 충분하다고 보는 건 단순한 생각이다. 그걸 위해서는 다른 조처를 하는 게 더 좋을 것이다. 다시 서로 가까워졌다는 느낌, 무엇과도 비교할 수 없는 화해의 달콤함을 향유하는 건 마치 오랜 여행을 마치고 집으로 돌아오는 것과도 같다.

서로 용서하는 행위는 육체적인 열정뿐만 아니라 영혼의 열정을 불러일으킨다. 동방교회의 부활절 의식에는 심지어 '행복한 타락Felix Culpa'이라는 개념이 있다. 이 라틴어 '펠릭스 쿨파'는 평화의 은총을 선물로 받았다는 행복에 겨운 경험과 결부되어 있다.

복수도 가끔은 좋을 때가 있지만, 용서가 더 달콤하다.

주요
응급처치 규칙

적극적으로 행동하면, '의지할 데 없는 처지'라는 느낌을 극복하는 데 도움 된다. 하지만 과도하고 성급한 조처들은 관계에서 벗어나는 과정 중에 있는 사람에겐 큰 도움이 되지 않는다. 오히려 그 반대이다. 그러다가 용기를 잃고 약해진 채 다시 퇴보하게 되어 원래 벗어나고자 했던 내연관계로 다시 들어가는 상황이 벌어질 수도 있기 때문이다.

• 현실적인 태도를 유지하라.

한 걸음씩 옮길 때마다 자신에게 물어보라. 내가 원하는 것은 무엇인지, 또한 내가 할 수 있는 것은 무엇인지 말이다. 작은 보폭으로 움직이되, 한 걸음씩 꾸준히 나아가라.

• 쓸 만한 것이 있는지 정리해보라.

오랜 세월 함께했던 애인과 이별함으로써 그 세월을 지탱시켜준 습관이나 애호하게 된 의식 같은 것들도 대부분 함께 희생되고 만다. 동시에 생활환경이 변하더라도 계속 유지하면 유익할 부분이나 행동 방식 같은 것들도 있게 마련이다.

아직 쓸 만한 것들을 찾아내어 더 자주 쓰임새를 발휘할 수 있도록 동기를 부여하라.

• 불안함을 주는 일들을 자제하라.

내연관계를 청산하면서 과도한 불안감을 불러일으킬 여러 상황을 단번에 감당할 생각을 하지 않도록 하라. '걸음마를 배우는 아이'처럼 하라. 예를 들어 곧장 혼자 나갈 생각을 하지 말고 친구와 함께 나가라.

전략이 잘못되었다고 판단되면 곧바로 새로운 방법으로 바꾸라.

• 부분적으로라도 안전을 확보하라.

변화는 사람을 불안하게 만들게 마련이다. 그러므로 지속적인 안전의 요소를 증대시켜야 한다. 좋아하는 사람들과의 만남을 강화하거나 다시 새롭게 하라. 그간 소홀했던 취미생활도 다시 시작하고, 자신이 안전하고 편하게 느끼는 주변 환경 속에서 활동하라.

• 조언들을 비판적으로 검토하라.

내연녀들의 경우 주변으로부터 좋은 의도에서 하는 충고를 넘치고 흐르도록 받을 때가 많다. 그중에서 정말로 도움 되는 조언들만 받아들이길 바란다. "그 사람과 헤어지게 된 것을 기뻐하라"

혹은 "비가 갠 후엔 해가 나오는 법에 주목하라" 따위의 일반적 조언들은 많은 경우 사람을 더 불안하게, 더욱 의기소침하게 만들기 일쑤다. 구체적인 해결책을 찾는 데 도움을 줄 사람들의 조언만 받아들여라.

유종의 미를 위해
: 행복은 만들어지는 것!

당신은 행복하기를 바란다. 당신은 행복을 누릴 자격이 있다. 당신은 행복을 찾기 위해 노력한다. 그러면서 자문한다.

'행복이란 원래 무엇일까?'

이것은 위기에 처해 있거나 인생의 불행한 시기를 살고 있는 모든 사람이 고민하는 세기적인 문제다. 행복에 관한 질문은 또한 행복을 연구하는 사람들의 최대 관심사이기도 하다. 많은 연구 결과가 있겠으나 모두 예외 없이 한 가지로 귀결된다.

즉, 행복이란 자신들의 풍요를 마음껏 우리에게 부어주는 신들의 소관 사항만은 아니라는 것이다. 행복이란 의지와 성찰, 그러니까 '행복한 삶을 사는 데 내게 걸림돌이 되는 것은 무엇인가?'라는 숙고를 통해서도 찾을 수 있다는 것이다. 행복을 발견하고 지속시키기 위해서는 다음과 같은 10가지 원칙적 인식과 능력이 전제되어야 한다.

• 자신의 행복은 자기 스스로 책임지겠다는 의지

- 삶에는 반드시 가치와 의미가 부여되어야 한다는 인식
- 경우에 따라 다른 사람을 위해 자신의 이해를 유보할 수 있는 대범함
- 욕구불만을 견딜 수 있는 의지
- 변화시킬 수 있는 것은 변화시키고, 변화시킬 수 없는 것은 받아들이겠다는 용기
- 요구사항과 그것이 이뤄질 가능성 사이에서 균형을 유지하겠다는 단호한 결심
- 여가와 나태함을 행복의 척도로 삼지 않겠다는 마음가짐
- 자신을 극복하면 그에 대한 대가로 행복이 주어진다는 결단
- 인간은 관계 가운데 살아가는 존재이며 배우자와 가족, 친구들과의 내면적 관계를 필요로 한다는 의식
- 행복은 결코 지속적인 상태가 아니라는 사실의 수용. 긴장과 이완이 교차하면서 느껴지는 순간적 행복만이 존재할 뿐이라는 인식

이런 의미에서 행운을 빈다!

부록

연구
세부 사항

인생사적
요소들

'어린 시절의 인생사가 나중에 성장한 뒤의 인간관계에 영향을
끼치는가?'

그렇다. 파트너관계에서 외도나 삼각관계에 빠지는 경향이 있
는 사람들은 보통 어린 시절에 본격적으로 '이중구속Double Bind'에
시달린 경험이 있다. 그들은 엄격함과 과잉보호를 번갈아 경험하
며 양육되었다. 이들은 부모로부터 홀대당하고, 많은 경우 무시와
모욕, 비웃음을 당한 경험이 있는 사람들이다.

정절

배우자 간의 정절을 지키는 사람들이라고 해서 더 좋은 양육
을 받은 것은 아니다. 그들 역시도 자신의 보호자로부터 홀대와
거부를 당했다는 느낌을 받았고, 자주 매를 맞고 무시당하기도
했다. 그러나 그와 동시에 또한 그들은 보호자에 대해 유아적으
로 의존하도록 육성되었다.

정절은 '자연적으로 주어진' 기질이 아니라, 많은 경우 매우 고통스럽기까지도 한 인생사적 배경에 의해 형성된 것이다. 결정적인 것은 인생 후반에 정절을 지켰는지, 안 지켰는지의 문제가 아니라 어떤 동기에서 지켰는지의 문제이다.

애정이 없고 억압적인 사회화 과정으로 말미암아 많은 사람이 진심에서가 아니라 내적 강요에 의해 정절을 지킨다. 그들은 다른 선택의 여지가 없다. 자칫 잘못 부부관계를 위험에 빠뜨릴지도 모른다는 두려움에서 그랬거나 아니면 과거 부모 때문에 그랬던 것처럼 자신들의 엄한 양심 때문에 어쩔 수 없이 멍에를 매는 거다. 정절을 지키는 것 하나만으로는 결코 관계의 행복을 보증할 수 없다.

행복한
관계

한 어린아이가 사랑할 줄 알며 부부관계를 잘 유지할 수 있는 배우자로 성장하려면 어떤 식으로 사회화되어야 하는가?

행복한 관계

행복한 관계 속에 있는 사람들은 애정 가득한 관심과 보살핌을 받으면서, 자유롭게 양육되었고, 또 자립할 수 있도록 격려를 받으며 자랐다.

불행한 관계

불행한 관계 속에 있는 사람들의 경우는 그 반대다. 그들은 억압적인 양육을 받았다. 훗날 성년기의 배우자관계를 해치는 가장 강력한 요인은 유아기에 받은 수치감과 자기애적 모욕감이다. 초년기의 그런 악몽 같은 정신적 외상들은 개인의 인격에 깊이 각인되어 훗날에도 영향을 미친다.

성년기의 불행한 배우자관계에 특히 결정적 역할을 하는 것으로 보이는 두 가지 요소는 어린 시절에 경험한 어머니와의 이별과 좋지 않은 가족 간의 분위기다.

인격 그리고
배우자관계

훗날 성년기의 행복한 배우자 관계에 걸림돌이 되는 것으로 판명된 중요한 성격이 있다.

행복한 사랑을 유지할 줄 아는 이는 자의식이 강하며, 사람들을 즐겨 만나고, 쉽게 자기의 울타리를 벗어나 이성과 교제할 때도 자신감에 차 있는 인물이다. 이들은 경쟁을 두려워하지 않고, 언제든지 자기 영역을 지킬 준비가 되어 있다. 이들의 성격은 굳건하고 안정적이어서 쉽사리 다른 사람들의 영향을 받지 않을뿐더러 자신의 소망과 기대를 현실에 맞출 줄 안다.

이에 비해 불행한 관계에서 살아가는 사람들은 좀 더 불안해하고 좀 더 부자연스러워 보이며 의기소침한 상태에 있다. 이들은 자신을 좀 더 자기중심적이고 자기를 드러내 보이는 성향이 강하다고 말한다. 다른 사람들과 어울리는 것도 남들보다 힘들어한다. 모욕당하면 잘 잊지 못하고 이성과의 교제에서도 좀 더 편파적인 감정을 갖는다. 사회생활에서도 좀 더 폐쇄적이고 소극적이다.

이들은 살아가면서 어쩔 수 없이 인정할 수밖에 없는 경계선을 좀처럼 인정하려 하지 않는다. 이들은 삶에 관해 많아도 너무 많은 것을 기대하기 때문에 현실적 가능성에는 실망하기 일쑤다. 그래서 이들은 모든 걸 더 좋게 만들어보리라는 희망 속에 기꺼이 자신의 삶을 다시 한번 처음부터 시작하려고 한다.

행복한 부부,
불행한 부부

결혼한 지 얼마 되지 않은 부부일수록 더 많은 행복감을 느끼며 지낸다. 반면 부부생활이 오래될수록 행복감은 그만큼 더 빨리 사라지고 만다.

교육

주목할 점은 교육수준이 높은 부부들일수록 비교적 오래된 부부 사이에서 느끼는 주관적 행복감이 더 높다는 것이다. 행복에 대한 감도가 교육받은 사람들에게서 흔히 더 많이 나타나는 자기 성찰 능력에 상당히 좌우된다는 것을 짐작할 수 있다. 성찰 능력은 현실의 경계를 인정하고 갈등 상황에서 더 냉정하게 반응하는 능력을 촉진한다. 그래서 모든 것을 언제나 개인적으로 받아들이지 않고 비합법적인 요구로부터 자신을 더 잘 지켜내는 게 가능해진다. 교육은 사람들에게 자신의 꿈과 동경, 환상을 시기적절하게 현실에 적응할 능력을 부여해준다. 이런 식으로 부부관계에 대한 지나친 기대감 때문에 야기되는 고통스러운 실망감을 피할 수 있게 해준다.

배우자 선택

배우자를 선택하는 동기에서도 확실한 차이점이 나타난다. 여기서 중요한 것은 무엇보다 성적 매력과 속궁합, 상호 간의 신뢰다. 의사소통 능력과 공동의 관심거리가 있는지 여부와 상대방을 믿고 의지할 수 있다는 느낌도 그에 못지않게 중요하다.

지위

배우자와의 관계가 몇 년이 지나도 그다지 행복하지 않다면, 배우자를 선택할 때 물질적인 이해관계와 수입, 재산, 사회적 지위와 같은 요소들에 비중을 두고 선택했을 확률이 높다. 여기에 딱 들어맞을 것 같은 격언이 있다.

'돈이 행복의 전부는 아니다.'

행복한 부부는 함께 보내는 시간이 많고, 대화 주제가 고갈되는 경우가 없다. 이들은 다른 부부가 무슨 일을 하는지 관심을 가지며 그들이 직장에서 성취한 일들을 인정한다. 이들은 직장에서의 성공을 중요하게 생각하기는 하지만, 삶의 다른 영역보다 우선시하지는 않는다. 이들은 또한 자기중심적인 면이 좀 더 적고, 공동생활에서 타인에 대해 배려하는 면이 좀 더 많다.

자녀들

아마도 행복한 부부를 하나로 묶는 가장 강력한 매개체는 자신들만의 가정과 자녀를 갖고자 하는 공동의 바람일 것이다. 특히 여성들은 배우자를 선택할 때 아이들에 대한 애정과 가족을 소중히 여기는 마음을 가진 남성을 선호한다. 아이 양육 문제에서 그들은 의견을 달리하지 않는다. 아이들에 대한 그들의 태도는 관용과 이해심, 후원으로 특징지어진다.

이런 부부들의 경우 남성은 직장 일보다 가족의 행복을 우선시하려는 강한 의지를 보인다.

성향

행복한 부부관계와 정절은 공존한다. 행복한 부부관계에서는 섹스 파트너를 바꾸려는 욕구가 훨씬 약하게 나타난다. 반면 외도가 부부관계의 적이라는 데 대한 확신이 뚜렷하다. 그러므로 한쪽 배우자가 정절을 지키지 못할 경우 그냥 용서하고 넘어가기보다는 관계가 끊어질 확률이 높다.

이런 태도는 의존하려는 경향과 이별과 상실에 대한 불안감이 적절히 경계를 이룰 때만 가능하다. 하지만 행복한 부부관계에서 실제로 그런 일이 일어나는 경우는 현저히 적다.

자유

행복한 부부관계에 있는 사람들은 내적으로 좀 더 자유롭고 독립적으로 느낀다. 그들은 부부관계가 나빠지는 것보다 차라리 이별을 감행하는 편을 선호한다. 전문가 관점에서 볼 때 이런 내적 독립성과 그것에서 비롯된 자립심이야말로 행복한 부부관계를 위한 가장 중요한 척도다. 배우자들이 함께 사는 이유는 서로 심리적으로 의존하려는 경향 때문에 어쩔 수 없이 같이 사는 것이 아니라, 함께 살아가는 걸 '원하기' 때문이다.

이렇게 볼 때, 의존적인 관계 성향을 지닌 사람들은 불행한 관계를 유지하는 경우가 잦고, 그뿐만 아니라 불행한 삼각관계에 빠지는 경우도 훨씬 많다. 내연의 사랑과 의존성은 이렇듯 서로 공존관계에 있다.

섹스

행복한 부부관계에서 섹스가 차지하는 가치가 매우 크다. 애무와 성애에 개방적인 자세, 실험적인 성애가 주는 즐거움 등은 이상적인 부부생활에 탄력을 준다. 배우자는 상대 배우자의 성적 욕망에 부응하기 위해 노력한다. 이를 통해 이들은 자신들의 성적 욕망을 마음껏 해소하며 이로써 공동생활이 더욱 조화로워지면서 개방성과 관용, 유머 있는 삶으로 각인된다.

외모는 크게 문제 되지 않는다. 어쩔 수 없이 외모가 퇴색되고, 육체적인 매력이 감소되는 노화 과정을 극복하는 데 이처럼 좋은 길은 없을 것이다.

직업

인생의 목표를 이야기할 때 행복한 부부들이 제일 먼저 꼽는 것은 만족과 가족의 행복이다. 그들은 많은 시간을 가족과 아이들과 함께 보내는데, 그들의 공동생활에는 갈등이 없다. 무슨 문제가 생기더라도 행복한 부부는 효과적인 극복전략을 사용한다. 물질적인 목표, 권력 혹은 사회적 지위 같은 것들은 그들에게 그다지 매력적이지 않다. 직장에서 경력을 쌓아 올리기보다는 일을 조금 덜 하더라도 가족들과 더 많은 시간을 보내길 원한다. 하지만 그렇다고 그들이 직업을 대수롭지 않게 생각한다는 말은 아니다. 그와 반대로 그들은 직장생활에 기쁨을 느끼며 자신의 책임을 완수하려고 더욱 많은 노력을 기울인다. 다른 부부들에 비해 이들은 가정과 직업 간의 균형을 더 잘 이룬다.

만족

그들은 같은 인생의 목표를 가질 뿐만 아니라 가사와 자녀 양육에서도 두 사람 모두 만족하도록 일을 분배한다. 세계관의 문제에서도 일치를 보인다. 행복한 부부들은 사실 전통적인 가족모델(어머니는 아이가 3세가 될 때까지 아이 곁에 머물러야 한다)을 모범으로 삼긴 하지만, 그럼에도 그들의 공동생활은 자유롭고 관습에 얽매이지 않는다. 윤리와 정치, 사회 문제에서도 그들은 오히려 비교조주의적이고, 관용적이며, 자유주의적인 진영에 속한다고 말할 수 있다.

이런 관계에 있는 여성들은 더욱 강한 자의식을 보여준다. 동등권은 그들에게 더 이상 문제 삼을 필요가 없다. 그렇게 살고 있으니까.

거리

행복한 부부생활에 중요한 또 다른 요소는 처음 사귈 때 가졌던 신선함과 거리를 유지하는 데 있는 것 같다. 수년간의 공동생활 후에도 되는대로 행동하지 않고, 혼인 서약에 따라 의무전 치르듯 사는 것이 아니라 자원하는 마음으로 생활에 임하고, 배우자에게 다른 사람보다 더욱 매력적으로 보이도록 각자 노력할 때, 행복한 부부관계가 유지될 가능성이 더욱 커지는 법이다.

양심

행복한 관계를 유지하는 사람은 양심 문제 앞에서 훨씬 여유 있는 모습을 보인다. 그들은 삶을 너무 무겁게 받아들이지 않는다. 그리고 이런저런 약점에 대해 아무런 문제를 달지 않고 너그럽게 관용을 베푼다. 관계에선 마음뿐 아니라 몸도 서로 가까이 지내고자 노력한다. 또한 이들은 자상하여, 심지어 사람을 거두는 것도 마다하지 않는 경우가 간혹 있다. 그들은 자신감에 넘친다. 다른 사람과의 교제에서 그들은 여유가 있고, 자발적이며, 자연스럽고 또한 유머가 넘친다. 그야말로 역동적이다.

불행한
관계

불행한 관계를 유지하며 살아가는 사람들의 삶의 질은 어떤가?

행복한 부부와는 반대로, 그들은 개인생활과 직장생활에서 많은 갈등을 겪는다. 관계에서 오는 어려움 외에도 건강상의 문제를 안고 살아가는 경우도 많다.

침해

불행한 애정관계에 있는 여성들은 일상생활에서 다른 여성들보다 훨씬 많은 성적인 침해나 부담에 시달린다. 이것은 두 가지 관점에서 설명할 수 있다. 하나는 이 여성들이 언어적, 육체적 혹은 성적인 침해에 대해 그들이 훨씬 예민하게 평가한다는 것이다. 그렇지 않으면 둘째, 침해하는 남성이 이런 여성들의 불행을 악용하고 있다는 것이다. 이 경우 그들은 여성들을 마음대로 다뤄도 되는 일종의 오갈 데 없는 존재로 본다.

권력

정말 놀라운 것은 불행한 부부관계에 있는 사람들의 권력과 부에 대한 갈망이다. 이때 물질적 관심이 그들의 삶에서 처음부터 제일 중요한 요소였는지, 아니면 행복의 결핍에 대한 보상으로서 부차적으로 의미를 얻게 된 것인지 설명하기란 간단하지 않다.

설상가상으로 이들은 나이 든다는 사실에 훨씬 더 괴로워한다. 이는 마치 운명이 그들에게 허락하지 않았고, 또한 더 이상 얻을 수도 없는 것을 그들이 붙잡고 있으려는 듯 보인다.

의기소침

의기소침한 성격의 사람이 어쩔 수 없이 불행한 관계를 유지하며 살아가는 경우가 두드러지게 많다. 이들은 자기 자신(그리고 자신의 불행)에게만 관심이 고정되어 있어 더욱 강한 질투심, 두려움, 억눌림, 통제, 의욕 상실에 시달린다. 이들이 가진 긍정적인 면을 살펴보면, 분위기에 좌우되는 일이 거의 없다는 것, 다른 사람과 공감하고 동정할 줄 안다는 것, 이해심이 많다는 것, 어려움에 처한 사람을 도와줄 준비가 되어 있다는 것 등이다.

배우자에 대한 인상

불만족스러운 관계에 있는 사람들은 자신의 배우자를 공격적이고, 자기 자랑이 심하고, 독선적이고, 소심하고, 완고하고, 거리감을 두고 아이들을 별로 좋아하지 않는 사람이라고 생각한다. 이들에겐 유머와 자기비판이 결핍되어 있다. 긍정적인 특성은 사람들을 만나 교제하는 것을 즐긴다는 점이다.

부부 갈등과
삼각관계

배우자 중 적어도 한 명이 외도에 대한 바람을 행동으로 옮길 때의 부부관계는 어떤 상태일까?

부부간의 정절을 지키지 않는 사람은 현재의 부부관계에서 어떻게 역할을 소화해낼까?

배우자의 불륜이 의심되거나 밝혀졌을 때 이 사람들은 어떤 식으로 반응할까?

역할 수행

부부간의 정절을 깬 자신의 행동에도 불구하고 '외도하는 사람들'은 현재의 부부 사이에 거리가 벌어지지 않게 하려 노력하고 정성을 기울인다. 배우자의 환심을 사고 감탄해 마지않는 걸 즐기면서도 동시에 뒤로 물러나는 태도를 보이면서 자신에게 자유로운 공간이 많이 필요하다는 신호를 보낸다. 부부관계를 할 때도 그저 기다리기만 하는 수동적인 태도를 보인다. 비난받을 땐, 공격이 최선의 방어라는 모토에 따라 오히려 공격적으로 나온다. 이들은 겉으로 보이는 부분은 아무런 문제없이 오버해서 행동할 수 있지만, 부부 사이의 무드를 잡는 데는 부담을 느낀다. 부부관계의 갈등에 대해 말을 꺼내기가 힘들기만 할 뿐이다. 그래서 대화를 하지 않고 지내며, 대화하려는 상대방의 요구에 대해 거부반응을 보인다.

그들은 자신의 배우자에게 오히려 자신을 방어하려는 차원에서 의심스러운 역할을 부가한다. 부부관계에서 그들의 눈에 배우자는 어딘가 풀이 죽어 있고, 우울해 보이며 어떤 관심이든 그에 대해 민감한 것으로 보인다. 배우자가 유혹적으로 행동하며 교제할 사람을 찾는 것처럼 보이는 거다.

기존의 관계에서 아직 한 번도 부부간의 정절을 깨뜨리지 않았던 사람들이 역할을 소화해내는 방식은 저들과 어떻게 구분되는가?

이들은 자신의 배우자를 경탄해 마지않고, 또 높이 평가하면서도 배우자부터 거리를 유지한다. 이들은 독립적이고, 낙관적이고, 적극적이고, 사교적이다. 다툼이 벌어지면 이들은 방어적 태도를 보인다. 이들은 자신들의 정서 상태가 변동이 심하지 않고 일정하게 유지된다고 판단한다.

상상력

이들은 자신은 정절을 지킬지라도 배우자의 정절에 대해선 의심한다. 이 현상을 접하면 많은 사람이 놀라겠지만, 이런 현상은 정절을 지키는 사람들에게선 빈번히 나타나는 현상이며 또 쉽게 설명될 수 있는 것이다. 오랜 기간 정절을 지키며 부부생활을 해온 많은 사람이 다른 사람들에게 성적 매력을 느끼는 것은 어찌 보면 당연한 일이다.

이들이 자신의 욕망을 실행에 옮기지 않음에 따라, 이 욕망은 그의 상상력 속에 남아 있게 된다. 하고는 싶으나 해서는 안 되는 그 일이 이제는 배우자에게로 자리가 옮겨진다.

"내가 해서는 안 되는 일을 그 사람은 마음껏 누리겠지."

자극

일부일처제의 방식을 결정한 사람들이 흔쾌히 자기 배우자를 불륜의 반경으로 옮겨놓는 또 다른 이유는 이러한 상상력 속에 내재하는 성적 자극과 연관된다. 자신의 배우자가 다른 사람과 어떤 행위를 할지도 모른다는 에로틱한 상상력이 자신의 욕구를 일깨우는 것이다.

배우자의 불륜을 의심하는 경우의 대부분이 실제로는 단지 상상력에 근거하는 것이라는 사실은 통계를 통해서도 증명된다. 배우자의 정절 여부에 대한 구체적 질문에서 자신은 절대적으로 정절을 지킨다고 표시한 사람들의 88%가 배우자의 정절에 대해서도 확신한다고 대답했다.

그 외에 배우자가 정절을 지킨다는 사실이 기쁘고 신뢰감을 주기는 하지만, 성적인 면에서는 흥미를 일으키지는 못한다고 답변했다. 배우자도 부부관계에서 많은 자유 공간을 필요로 하는 것이다.

각각의 배우자가 못마땅하게 느끼는 점은 무엇인가? 그리고 상대 배우자에게서 발견하는 못마땅한 점은 무엇인가?

부부간 만족하며 살아가는 사람은 자신의 배우자에 대해 감정이 풍부하고, 사람이 반듯하며, 자기비판적이고 아이를 잘 대해 준다고 묘사한다. 또한 말이 통하고, 자기 관점만 고집하지 않는데도 자기 생각을 관철할 만큼 자기 확신이 있는 사람이라고 생각하는 것이다. 부부생활에서도 유머가 넘치고 관대하다. 부정적인 면을 찾아본다면 상대 배우자에게 너무 훈계하는 경향이 있다는 점이다.

설문 문항 중 자기 자신에 대해 기술하는 문항을 통해 놀랄 정도로 단순한 결론을 접하게 되었다. 즉, 한 사람이 행복감을 많이 느낄수록 그 사람이 맺고 있는 관계 역시 그만큼 행복하다는 것이다.

부부관계에 만족하는 부부에게서는 불가피한 리비도의 상실과 거기서 기인하는 삼각관계가 훨씬 덜 나타났다. 더불어 부부관계의 갈등 잠재 요인 역시 물론 적게 나타난다. 왜냐하면 불륜, 특히 배우자의 불륜이야말로 부부관계를 해치는 가장 강력한 요인으로 여기기 때문이다.

부부간의 정절을 지키지 않은 여성이 배우자에게서 못마땅하게 느끼는 특징들로는 어떤 것들이 있는가?

보수

이런 특징들 중 최고의 히트 목록은 낮은 보수이다. 높은 보수를 받는 남성이 실제로 여성들에게 인기가 있는 것을 시사해준다.

그다음으로 남녀 누구나 인정하는 영원한 문제인 성적 매력의 감소(리비도 상실), 외모를 가꾸지 않은 것, 과체중, 대화가 결핍된 문화풍토 등이 잇따른다.

일부일처제의 관계에서 배우자에게 느끼는 못마땅한 특징들 중 상위는 직장에서의 낮은 지위, 교양 부족이 차지했다. 그다음으로 세계관, 매력 포인트가 부족하다는 점, 낮은 사회적 관심도의 순서로 이어졌다.

배우자가 못마땅하게 여기는 점은 무엇일까?

기존의 부부관계에서 단 한 번도 정절을 어긴 적 없는 사람은 대개 파트너가 자신에 대해 비판하는 부분이 도무지 '매력이라고는 없는 면'일 거라고 생각들 한다. 배우자가 자신에게 바라는 건 관심과 관용이라는 것이다. 자신이 너무 배운 것이 적고, 또 부부간에 서로 공통적인 점이 없다고 생각한다.

시각적인 면

일부일처제의 부부관계에서 특히 배우자가 못마땅하게 여기는 것으로 밝혀진 점은 육체적 비만, 성적 매력의 결핍, 추진력 결여와 같은 것들이다. 또한 상이한 정치적 견해, 낮은 지위, 대화의 부

재, 외모를 방치하는 것 등의 요소를 통해서도 갈등이 생긴다고
한다.

부부간의 정절을 지키는 사람들의 배우자에게서 나올 수 있는
불만 사항들은 외도하는 사람들이 자신의 배우자에게서 흠으로
여기는 특징들과 정확히 일치한다.

부담 요소와
갈등

여러 파트너관계에 부담을 주는 문제들을 비교해볼 때, 일부일처제의 관계는 성적 부조화와 과도하게 높은 알코올 소비로 말미암아 다른 관계들과 압도적 차이를 보였다. 부부간의 정절이 모든 행복한 관계의 토대라는 주장은 환상에 불과하다는 것이 드러나는 대목이다.

대리만족

성적 욕구가 충족되지 않을 경우, 일부일처의 관계 형태에선 이러한 욕구불만이 강한 스트레스로 나타나 대리만족의 형태, 다시 말해 먹는 것과 마시는 것으로 이어진다. 과도한 알코올 소비는 불만족스러운 성적 욕구를 시원하게 해주는 통풍구이다. 억제된 성욕과 알코올 문제 사이에는 현저한 연관성이 존재한다.

질투심

배우자 중 한쪽이 외도 경향을 지닌 부부의 경우, 전면에 드러나는 현상이 질투임은 자연스러운 일이다(어떻게 안 그럴 수 있겠는가). 이외에도 이런 부부에게는 가사 분담의 불균형, 그리고 만나는 친구 그룹이 서로 다는 것도 충돌 원인이 된다. 특히 '남자들끼리의 저녁 회식'은 거의 모든 여성의 눈엣가시이다.

내연관계에 있는 커플들에게서 '애정 결핍'은 갈등을 불러올 때가 많은 반면, 일부일처의 관계에서는 육체적 권리에 대한 침해에 이르게 한다.

리비도 상실

설문에 응답한 사람 중 거의 반수가 배우자에 대한 열정적 욕구가 1년도 안 되어 사라져버렸다고 대답했다. 리비도는 처음 1년 동안에만 계속 높은 수치를 보인다. 그다음엔 남녀 모두에게서 꾸준히 감소한다. 이 과정은 특히 남성들에게서 빠른 속도로 진행된다. 아내의 성적 매력은 대부분 6년에서 9년 사이에 최저치에 이르는데, 이것은 남성의 나이와는 상관없이 나타나는 현상이다.

여성의 경우 남성 배우자에 대해 성적 관심을 잃는 현상은 좀 더 늦게 나타난다. 결혼 10년 차부터는 여성들의 욕구 역시 급격히 감소한다.

부부관계가 오래될수록 리비도의 감퇴도 그만큼 커진다.

불륜의 심리학

초판 1쇄 발행 2023년 1월 20일
초판 4쇄 발행 2024년 10월 21일

지은이 게르티 젱어 · 발터 호프만
옮긴이 함미라
펴낸이 이효원
편집인 미토스
마케팅 추미경
디자인 양미정(표지), 이수정(본문)
펴낸곳 탐나는책
출판등록 2015년 10월 12일 제 2021-000142호
주소 경기도 고양시 덕양구 삼송로 222, 101동 305호(삼송동, 현대헤리엇)
전화 070-8279-7311   **팩스** 02-6008-0834
전자우편 tcbook@naver.com

ISBN 979-11-89550-85-1 03180